Jungbauer

Vergütung und Kosten

Vergütung und Kosten

Ausgewählte Prüfungsschwerpunkte des RVG und GKG

Übungsfälle und Lösungen

von

Sabine Jungbauer

geprüfte Rechtsfachwirtin, Autorin und Referentin, München

2., neu bearbeitete Auflage

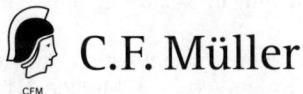 C.F. Müller

In Liebe

für Werner

Bibliografische Information der Deutschen Nationalbibliothek
Die Deutsche Nationalbibliothek verzeichnet diese Publikation in der
Deutschen Nationalbibliografie;
detaillierte bibliografische Daten sind im Internet
über <http://dnb.d-nb.de> abrufbar.

ISBN 978-3-8114-0722-0

E-Mail: kundenservice@cfmueller.de

Telefon: +49 89 2183-7923
Telefax: +49 89 2183-7620

www.cfmueller.de

© 2018 C.F. Müller GmbH, Waldhofer Straße 100, 69123 Heidelberg

Satz: Strassner ComputerSatz, Heidelberg
Druck: Kessler Druck + Medien, Bobingen

Vorwort der Herausgeberinnen
mit Prüfungshinweisen

Die neue ReNoPat-AusbV ist zum 01.08.2015 in Kraft getreten und parallel dazu ein neuer Rahmenlehrplan für den Unterricht an den Berufsschulen. Die Anforderungen an die Qualifikation der Auszubildenden haben sich in den letzten Jahren stark verändert, und in der beruflichen Bildung spielt neben der Vermittlung von Fachwissen auch die Vermittlung von Handlungskompetenzen eine sehr wichtige Rolle. Dieser Entwicklung wurde durch die Novellierung der Ausbildungsverordnung und der Gestaltung des neuen Rahmenlehrplans Rechnung getragen.

Die neue Prüfungsbuchreihe des C.F. Müller Verlags soll sowohl Hilfestellung und Hinweise für Auszubildende und Prüflinge als auch Mitglieder von Prüfungsausschüssen geben. Es handelt sich dabei – auf Grundlage der gesetzlichen Vorschriften (ReNoPat-AusbV) – um die Vorstellung von Möglichkeiten, wie die in den sogenannten „Prüfungsbereichen" zu bearbeitenden Fälle gestaltet sein können. Wir hatten bei der ersten Auflage nach der neuen ReNoPat-AusbV schon im Jahr 2015 angekündigt, dass die nächsten Jahre die notwendigen Erfahrungen bringen werden, die dann wiederum zu einem Überdenken und Aktualisieren dieser Reihe führen werden. Nun ist es soweit. Zwei Jahre sind seit Einführung der neuen Verordnung vergangen und es konnten bereits Erfahrungswerte gesammelt werden. Auch sind die ersten Prüfungen im Jahr 2017 bereits nach der neuen Verordnung erfolgt.

Bei der Gestaltung der zukünftigen Prüfungsfälle bzw. -situationen in den einzelnen Prüfungsbereichen wird es sicherlich auch künftig zu unterschiedlichen Ausprägungen in den verschiedenen OLG-Bezirken kommen. So wie bisher jeder OLG-Bezirk eigene Abschlussprüfungen erstellt und durchführt, wird dies auch nach der Neuordnung sein, und daher wird jeder Bezirk eigene Vorstellungen entwickeln und Vorgehensweisen festlegen.

Ebenso kann es auf Grundlage des Rahmenlehrplanes in den einzelnen Bundesländern, die teilweise Lehrplanrichtlinien herausgeben, bis in die einzelnen Berufsschulen zu unterschiedlichen Ausgestaltungen kommen. Dies ist der Kulturhoheit in diesem Bereich geschuldet. Lernfelder, „Fächerbezeichnungen" der einzelnen Schulen stimmen in der Regel nicht überein mit den Bezeichnungen der neuen Prüfungsbereiche. Fragen Sie hier im Bedarfsfall Ihre Lehrkräfte; diese können Ihnen in der Regel fundierte Auskunft erteilen.

Mit dieser Buchreihe wollen wir sowohl den Prüferinnen und Prüfern Hilfestellungen als auch den Auszubildenden eine Idee davon geben, wie Fälle in den Prüfungsbereichen gestaltet sein könnten.

Diese Prüfungsbuchreihe erhebt nicht den Anspruch, eine vollständige Abdeckung möglicher Inhalte und Ausgestaltungsmöglichkeiten zu sein. Sie kann und will die Vorbereitung mit Lehrbüchern nicht ersetzen. Auszubildende sollten sich immer auch an dem orientieren, was sie an Hinweisen von ihren Lehrkräften und in den Ausbildungskanzleien erhalten.

Vorwort der Herausgeberinnen mit Prüfungshinweisen

Damit die Einordnung des jeweiligen Prüfungsbuch-Bandes leichter fällt, stellen wir eine Übersicht über die Prüfungsbereiche mit den groben Inhalten laut Ausbildungsverordnung an den Anfang und nehmen eine Zuordnung der Bände vor.

Prüfungsbereiche der Abschlussprüfung gem. § 7 II ReNoPatAusbV

Orientiert an den Tätigkeitsfeldern der Berufspraxis werden folgende (Prüfungs-)Bereiche geprüft (der in diesem Prüfungsbuch-Band behandelte Bereich ist im Folgenden grau hinterlegt).

1. Geschäfts- und Leistungsprozesse,
2. Mandantenbetreuung,
3. Rechtsanwendung im Rechtsanwaltsbereich,
4. Vergütung und Kosten sowie
5. Wirtschafts- und Sozialkunde.

Prüfungszeiten und Gewichtungen aller Prüfungsbereiche der Abschlussprüfung:

		Prüfungszeiten	Gewichtung	Prüfungsinstrument
1.	Geschäfts- und Leistungsprozesse	60 Minuten	15 %	Fallbezogene Aufgaben **schriftlich**
2.	Mandantenbetreuung	15 Minuten	15 %	Fallbezogenes Fachgespräch **mündlich**
3.	Rechtsanwendung im Rechtsanwaltsbereich	150 Minuten	30 %	Fallbezogene Aufgaben **schriftlich**
4.	Vergütung und Kosten	90 Minuten	30 %	Fallbezogene Aufgaben **schriftlich**
5.	Wirtschafts- und Sozialkunde	60 Minuten	10 %	Fallbezogene Aufgaben **schriftlich**

1. Prüfungsbereich: Geschäfts- und Leistungsprozesse gem. § 7 III ReNoPatAusbV (schriftlich):

a) arbeitsorganisatorische Prozesse planen, durchführen und kontrollieren, b) zur Qualitätsverbesserung betrieblicher Prozesse beitragen, c) Büro- und Verwaltungsaufgaben planen, durchführen und kontrollieren, d) elektronischen Rechtsverkehr nutzen, e) Auskünfte aus Registern einholen und verarbeiten,	**Band I: Tietje, Geschäfts- und Leistungsprozesse**

f) Aktenbuchhaltung führen, g) Aufgaben im Bereich Rechnungs- und Finanzwesen ausführen.	**Band II: Okon/Sabo, Geschäfts- und Leistungsprozesse**

Wie die Gewichtung und Aufteilung der einzelnen Inhalte, welche Bestandteil dieses Prüfungsbereiches sind, in den Prüfungen dann ausgestaltet ist, wird vom jeweiligen Aufgaben- bzw. Prüfungsausschuss der zuständigen Kammer abhängig sein.

2. Mandantenbetreuung gem. § 7 IV ReNoPatAusbV (Fallbezogenes Fachgespräch – mündlich):

a) Mandanten serviceorientiert betreuen, b) Anliegen von Mandanten erfassen, c) Gespräche mit Mandanten adressatenorientiert führen, d) Auskünfte einholen und erteilen, e) Konfliktsituationen bewältigen.	**Jungbauer/Dives, Fallbezogenes Fachgespräch – Mandanten-betreuung**
Hierfür wählt der **Prüfungsausschuss** eines der folgenden Gebiete aus: a) Zivilrechtliches Mandat, b) Zwangsvollstreckungsrechtliches Mandat, c) Vergütung und Kosten im Zivilrechtlichen Mandat, d) Zahlungsverkehr.	
Die fachbezogene Anwendung der englischen Sprache ist zu berücksichtigen.	

3. Rechtsanwendung im Rechtsanwaltsbereich gem. § 7 V ReNoPatAusbV (schriftlich):

a) Sachverhalte, insbesondere in den Bereichen bürgerliches Recht sowie Gesellschafts-, Wirtschafts- und Europarecht, rechtlich erfassen und beurteilen,	**Band I: Boiger, Rechtsanwendung im Rechtsanwaltsbereich**
b) Maßnahmen im Zivilprozess- und Zwangsvollstreckungsrecht vorbereiten, durchführen und kontrollieren,	**Band II: Jungbauer/ Natterer, Rechtsanwendung im Rechtanwaltsbereich**
c) fachkundliche Texte formulieren und gestalten.	**Band I und Band II**
Die fachbezogene Anwendung der englischen Sprache ist zu berücksichtigen.	

Auch hier wird – ebenso wie im Prüfungsbereich „Geschäfts- und Leistungsprozesse" – die Gewichtung und Aufteilung der einzelnen Inhalte, welche Bestandteil dieses Prüfungsbereiches sind, vom jeweiligen Aufgaben- bzw. Prüfungsausschuss der zuständigen Kammer abhängig sein. Für den Teil c) „Fachkundliche Texte formulieren und gestalten" bietet sich aus unserer Sicht an, einen festen Zeitanteil für die organisatorische Durchführung dieser Prüfungsanforderung am PC vorzusehen.

Vorwort der Herausgeberinnen mit Prüfungshinweisen

---

4. Vergütung und Kosten gem. § 7 VI ReNoPatAusbV (schriftlich):

a) Werte, Gebühren und Auslagen für Vergütungsrechnungen ermitteln, b) Vergütungsrechnungen im außergerichtlichen und gerichtlichen Bereich sowie im Zwangsvollstreckungsverfahren erstellen, c) Kostenfestsetzungsanträge und Anträge auf Vergütung im Prozesskostenhilfeverfahren erstellen, d) Gerichtskostenvorschüsse berechnen und Gerichtskostenrechnungen kontrollieren.	**Jungbauer, Vergütung und Kosten**

---

5. Wirtschafts- und Sozialkunde gem. § 7 VII ReNoPatAusbV (schriftlich):

> Der Prüfling soll nachweisen, dass er allgemeine wirtschaftliche und gesellschaftliche Zusammenhänge der Berufs- und Arbeitswelt darstellen und beurteilen kann.

Zu dem Prüfungsbereich Wirtschafts- und Sozialkunde ist anzumerken, dass dieses Thema in der nächsten Auflage noch aufgenommen wird. In diesem Bereich (z.B. Sozialkunde) gibt es in den einzelnen Bundesländern unterschiedliche Lehrpläne – abzuwarten bleibt, ob sich ein gemeinsamer Nenner für diesen Prüfungsbereich herauskristallisiert. Die Inhalte können unter anderem auch den Inhalten des Ausbildungsrahmenplans der AusbV oder den Lehrplänen entnommen werden.

Weitere wichtige Hinweise zur Abschlussprüfung finden Sie im Werk dieser Reihe: Jungbauer/Dives, Mandantenbetreuung.

Inhalte der Abschlussprüfung			
Berufsübergreifende berufsprofilgebende Fertigkeiten, Kenntnisse und Fähigkeiten	Weitere berufsprofilgebende Fertigkeiten, Kenntnisse und Fähigkeiten	Berufsübergreifende integrative Fertigkeiten, Kenntnisse und Fähigkeiten	Im Berufsschulunterricht zu vermittelnder Lehrstoff, soweit für die Berufsausbildung wesentlich
Anlage (ARP)[1] Abschnitt A	Anlage (ARP) Abschnitt B **(RA-spezifisch)**	Anlage (ARP) Abschnitt F	RLP[2] Lehrplanrichtlinie

Für Ihre Abschlussprüfung wünschen wir Ihnen von Herzen viel Glück und Erfolg!

München, im Januar 2018 *Sabine Jungbauer* und *Veronika Dives*

---

1 ARP = Ausbildungsrahmenplan
2 RLP = Rahmenlehrplan

Vorwort

Liebe Auszubildende, liebe Leserinnen und Leser,

der Unterrichtsstoff zum Thema Vergütung und Kosten wird in der Schule innerhalb der jeweiligen Lernfelder vermittelt, so z.B. in den Lernfeldern 4, 9, 10, 11, 12 und 14. Da in den einzelnen Schulen möglicherweise Verschiebungen innerhalb der Lernfelder erfolgen und die Ausbildung zudem im dualen System auch in den Kanzleien erfolgt, habe ich den Stoff nicht nach Lernfeldern sortiert, sondern nach einem für mich logischen Aufbau.

Im Vergütungs- und Kostenrecht sind durch die neue ReNoPatAusbVO die geringsten Änderungen zu verzeichnen. Weggefallen sind die Straf- und Bußgeldsachen; diese habe ich daher komplett aus dem Werk herausgenommen. Das Thema Abrechnung in Familiensachen wurde gesondert im Anhang in einem Kapitel aufgenommen, da die Prüfungsrelevanz sehr fraglich ist, siehe auch die Ausführungen dort.

Mit diesem Buch können Sie sich gezielt und intensiv auf die Abschlussprüfung zur(m) Rechtsanwaltsfachangestellten vorbereiten. In den einzelnen Kapiteln finden Sie einen kurzen Abriss über die wichtigsten Punkte, die zu den jeweiligen Gebühren zu beachten sind. Die folgenden Kapitel ersetzen ein umfassendes Lehrbuch nicht, sondern helfen Ihnen, das Lösen von Aufgaben für die Prüfung zu trainieren. Es wurden daher Prüfungsschwerpunkte ausgewählt. Die Fragestellung ist handlungsorientiert, so wie es die neue Ausbildungsverordnung auch vorsieht. In der Regel sollen Vergütungsrechnungen erstellt werden, Kostenfestsetzungsanträge der Gegenseite und Gerichtskostenrechnungen auf Richtigkeit überprüft werden. Einige Kapitel habe ich ausführlicher gestaltet als bisher, so z.B. das Kapitel zur Kostenfestsetzung oder auch zur Beratung.

Die Übungsfälle sind mit Lösungsvorschlägen versehen. Anhand der Lösungsvorschläge können Sie Ihre Ergebnisse überprüfen.

Ich habe mich bemüht, in einer einfachen Sprache zu schreiben, damit auch für junge Auszubildende, die nicht schon seit Jahren im Lesen von Gesetzestexten Übung haben, die Ausführungen verständlich sind. Das Buch wurde mit größter Sorgfalt erstellt. Dennoch lassen sich Fehler nicht immer vermeiden. Sollte sich das Fehlerteufelchen doch einmal eingeschlichen haben, bitte ich um Nachsicht. Anregungen, Ergänzungen und Feedback nehme ich gerne entgegen.

Ein Buch zu schreiben, sich in die Leser und ihre Bedürfnisse hineinzuversetzen braucht Zeit. Ich möchte all den Menschen danken, die mir bei der Umsetzung geholfen haben. An erster Stelle meinem Mann für seine Geduld, Liebe und tatkräftige Unterstützung.

Danken möchte ich auch Edith, Lydia und Jana für ihren unermüdlichen Beta-Tester-Einsatz sowie dem Team vom C.F. Müller Verlag, insbesondere Frau Becker und Frau Enzmann, für die immer freundliche und kompetente Betreuung.

Erfolg ist auch eine Sache des Fleißes. Noch mehr aber der Einstellung und Liebe zum Beruf. Dies zu entdecken wünsche ich Ihnen als angehenden Kollegen und Kolleginnen von Herzen.

München, im Januar 2018   *Sabine Jungbauer*

Wichtige Hinweise

1. Abkürzungen

Folgende Abkürzungen wurden in diesem Buch verwendet:

Anm.	Anmerkung
ArbGG	Arbeitsgerichtsgesetz
BRAO	Bundesrechtsanwaltsordnung
EVT	Termin zur Verkündung einer Entscheidung
FamFG	Gesetz über das Verfahren in Familiensachen und in den Angelegenheiten der freiwilligen Gerichtsbarkeit
FamGKG	Gerichtskostengesetz für Familiensachen
GKG	Gerichtskostengesetz
GNotKG	Gerichts- und Notarkostengesetz
GVG	Gerichtsverfassungsgesetz
JVEG	Justizvergütungs- und Entschädigungsgesetz
KostRMoG	Kostenrechtsmodernisierungsgesetz
KV	Kostenverzeichnis
PfÜb	Pfändungs und Überweisungsbeschluss
PKH	Prozesskostenhilfe
PT-Pauschale	Pauschale für die Entgelte für Post- und Telekommunikationsdienstleistungen
RA	Rechtsanwalt
RAe	Rechtsanwälte
RAin	Rechtsanwältin
RVG	Rechtsanwaltsvergütungsgesetz
VKH	Verfahrenskostenhilfe
Vorbem.	Vorbemerkung
VV	Vergütungsverzeichnis
ZPO	Zivilprozessordnung
ZV	Zwangsvollstreckung

2. Beispiele und Übungsfälle

Zu den **Beispielen** in diesem Buch erfolgen oft Erläuterungen. Die Beispiele sind daher manchmal ausführlicher, als dies für die Prüfung benötigt wird. Bei den **Übungsfällen** handelt es sich um Aufgaben, wie sie auch in Abschlussprüfungen vorkommen können. Die Lösungen sind bewusst gleich im Anschluss an die jeweilige Aufgabe abgedruckt, um eine sofortige Lernkontrolle zu ermöglichen und damit sich das Wissen verfestigen kann. Sie können die Lösungen zu den Übungsfällen auch trainieren, indem Sie die Lösungen zunächst abdecken.

Sie finden in diesem Buch selten Rechtsprechungshinweise zu problematischen Fällen, da in den Abschlussprüfungen für Rechtsanwaltsfachangestellte das Arbeiten mit Kommentaren nicht zugelassen ist und somit die Aufgaben in der Regel so gestellt werden, dass sie anhand von Gesetzestexten gelöst werden können.

3. Arbeitsweise

Bevor Sie loslegen, sollten Sie sich außer Papier, Stift, einer Gebührentabelle und einem Taschenrechner eine aktuelle (!) Textausgabe des RVG zurechtlegen, denn Sie sollten die Aufgaben mit Hilfe des Gesetzestextes lösen! Nur so können Sie sicher sein, die notwendigen Inhalte und die Paragrafen mit Absätzen auch alle in der Lösung angegeben zu haben. Wer lieber digital unterwegs ist, darf natürlich im Rahmen der Bearbeitung dieses Buchs die Gesetze auch im Internet „aufschlagen", z.B. unter www. gesetze-im-Internet.de oder www.buzer.de oder auch www.dejure.org – oder welche Seite auch immer Sie bevorzugen.

Übungsfall:

Der RA erhält den Auftrag, für seinen Auftraggeber einen Prozess zu führen. Er reicht die Klage ein. Kann der RA neben den zu verauslagenden Gerichtskosten von seinem Auftraggeber einen Vorschuss auf seine Gebühren über eine 1,3 Verfahrens- und eine 1,2 Terminsgebühr zzgl. Auslagen und Umsatzsteuer verlangen?

Lösungsvorschlag:

Ja, der RA ist nach **§ 9 RVG** berechtigt, von seinem Auftraggeber die **entstandenen** und die **voraussichtlich entstehenden Gebühren** und **Auslagen** im Rahmen eines **angemessenen** Vorschusses zu verlangen.

Erläuterung: Ohne Gesetz würde man hier vielleicht aus dem Gedächtnis nur unvollständig antworten. Wichtig für die Antwort sind die fett markierten Stellen. Hand aufs Herz. Hätten Sie diese alle angegeben, ohne in das Gesetz zu schauen?

---

4. Zitierweise

Damit man entsprechende Stellen im Gesetz schnell findet, sind Gesetze in Paragrafen unterteilt. So auch das RVG. Das RVG verfügt über einen Gesetzesteil mit rund 62 Paragrafen und hat 2 Anlagen (1. Anlage ist die Gebührentabelle zu § 13 I RVG und 2. Anlage ist das Vergütungsverzeichnis zu § 2 II RVG).

Innerhalb eines Paragrafen gibt es oft mehrere Sätze, manchmal auch nur Halbsätze oder Alternativen, aus denen sich Wichtiges ergibt. Neben den Absätzen und Sätzen gibt es noch Nummern.

Beispiel 1:   Aus § 19 I 2 Nr. 14 RVG ergibt sich, dass der RA, der als Prozessbevollmächtigter tätig ist, für das Kostenfestsetzungsverfahren keine Gebühren berechnen kann, da diese Tätigkeit zum Rechtszug gehört.

Es ist möglich, so zu zitieren: **§ 19 I 2 Nr. 14 RVG**

Möglich wäre auch zu schreiben: **§ 19 Abs. 1 S. 2 Nr. 14 RVG**

Erlaubt und korrekt wäre auch: **§ 19 (1) 2 Nr. 14 RVG**

Ebenfalls möglich: **§ 19 Absatz 1 Satz 2 Nr. 14 RVG**

Alle Schreibweisen sind richtig. Einprägsamer und zeitsparender (vor allem für die Abschlussprüfung) ist die erste Schreibweise. Auch aus Platzgründen ist in der Prüfung die erste Schreibweise günstiger.

Die Verfasserin hat zumeist die kürzere Schreibweise verwendet. Muss jedoch ein Absatz einer Vorbemerkung zitiert werden, so kann diese Schreibweise optisch ungünstig sein. Hier wurde dann Absatz mit Abs. abgekürzt.

Beispiel 2: Vorbemerkung 3 Abs. 6 VV RVG statt Vorbemerkung 3 VI VV RVG

Wählt man die (kürzere) Schreibweise aus Beispiel 1, sind Absätze in römischen Ziffern (I, II, III usw.) und die Sätze in arabischen Ziffern (1, 2, 3 usw.) darzustellen. Wie Sie die Gebühren, die im Vergütungsverzeichnis aufgeführt sind, richtig zitieren, wird im Kapitel „Das Vergütungsverzeichnis" umfassend dargestellt.

Gewöhnen Sie sich am besten möglichst frühzeitig an, die Gebühren korrekt zu bezeichnen. Es wäre schade, wenn falsche Bezeichnungen in der Abschlussprüfung Punkte kosten und erfahrungsgemäß sind Prüfer unterschiedlich „pingelig". Mit der korrekten Schreibweise sind Sie jedoch immer auf der richtigen Seite.

5. Welche Paragrafen sind in der Prüfung anzugeben?

Häufig wird die Frage gestellt, welche Paragrafen in einer Prüfung anzugeben sind.

Beispiel: Geschäftsgebühr nach Nr. 2300 VV RVG oder

1,3 Geschäftsgebühr, Nr. 2300 VV RVG

oder

1,3 Geschäftsgebühr, §§ 2 II, 13 I, 14 I RVG, Nr. 2300 VV RVG?

(§ 2 II für die Anwendung des Vergütungsverzeichnisses, § 13 I RVG für die Anwendung der „normalen" Tabelle für Wahlanwaltsgebühren und § 14 I RVG, weil die Geschäftsgebühr eine Rahmengebühr ist).

Hierzu ist Folgendes zu sagen. Der Gesetzgeber fordert in § 10 RVG lediglich die Angabe von Vergütungsverzeichnis-Nummern. Dem Gesetzgeber war dies so wichtig, dass er es sogar mit der Einführung des RVG in seiner Gesetzesbegründung betont hat: „Die Angabe der Vergütungsverzeichnis-Nummern soll daher ausreichen." Das Gebührenrecht sollte einfacher werden. Die Verfasserin vertritt die Auffassung, dass es in der Praxis ausreichend sein sollte, in einer Vergütungsrechnung die entsprechende Vergütungsverzeichnis-Nummer anzugeben. Einige sehen das anders und geben die Paragrafen zu den Gebühren immer mit an, weil nach ihrer Meinung die Rechnung für den Mandanten nur auf diese Weise transparent wird. Wie auch immer. Die Prüfung ist natürlich ein etwas anderes Thema als die Praxis. Der Verfasserin ist bekannt, dass einige Kammern nur die Angabe der Vergütungsverzeichnis-Nummern fordern, bei anderen Kammerbezirken will man auch die Paragrafen bei den einzelnen Gebühren sehen. Da dieses Buch nicht auf einen Kammerbezirk beschränkt ist, muss ich Ihnen raten, sich danach zu erkundigen, was in Ihrem Kammerbezirk gefordert wird. Die Paragrafen, die zu den einzelnen Gebühren gehören, sind in diesem Buch in Klammern gesetzt. Sofern Sie unsicher sind, was in der Prüfung gefordert wird, sollten Sie vorsichtshalber die entsprechenden Paragrafen mit angeben.

Aber Achtung: Werden allgemeine Fragen gestellt, wie z.B. „Aus welcher Vorschrift ergibt sich die Anrechnungspflicht für die Geschäftsgebühr?", so muss natürlich in der Antwort die Vorbemerkung 3 Abs. 4 des VV RVG immer zitiert werden! Auch wenn eine Aufgabe mit PKH-Bezug gestellt ist, sollten Sie angeben, nach welcher Tabelle Sie die Gebühren berechnen (§ 13 oder § 49 RVG). Entsprechende Hinweise, wann welche Paragraphen anzugeben sind, erhalten Sie auch in den jeweiligen Kapiteln.

Zur Frage, wie man Gebührenvorschriften richtig zitiert, lesen Sie bitte auch das Kapitel 2 „Das Vergütungsverzeichnis".

Inhaltsverzeichnis

Teil 1
Anwaltliche Vergütungsrechnung

Kapitel 1
Grundsätze der anwaltlichen Vergütung

Kapitel 2
Das Vergütungsverzeichnis

Kapitel 3
Rahmen- und Festgebühren

Inhaltsverzeichnis

Inhaltsverzeichnis

Inhaltsverzeichnis

Inhaltsverzeichnis

Kapitel 21
Hebegebühr

Teil 2
Übungsklausuren mit Lösungsvorschlägen

Teil 3
Die etwas andere
Prüfungsvorbereitung

Teil 4
Anhang Familiensachen

Teil 1
Anwaltliche Vergütungsrechnung

Kapitel 1
Grundsätze der anwaltlichen Vergütung

1. Geltungsbereich des RVG (Rechtsanwaltsvergütungsgesetz)

Nach RVG können abrechnen, § 1 I 1–3 RVG:

- Rechtsanwälte,
- Rechtsanwältinnen,
- Partnerschaftsgesellschaften,
- sonstige Rechtsanwaltsgesellschaften (z.B. RA-GmbH, GbR),
- andere Mitglieder einer Rechtsanwaltskammer,
- Prozesspfleger nach §§ 57, 58 ZPO.

Nicht nach RVG kann abgerechnet werden, wenn der RA eine der folgenden Tätigkeiten übernimmt, § 1 II 1 RVG:

- Vormund,
- Betreuer,
- Pfleger,
- Verfahrenspfleger,
- Verfahrensbeistand,
- Testamentsvollstrecker,
- Insolvenzverwalter,
- Sachverwalter,
- Mitglied des Gläubigerausschusses,
- Nachlassverwalter,
- Zwangsverwalter,
- Treuhänder,
- Schiedsrichter
- oder eine ähnliche Tätigkeit.

Der RA kann jedoch für die in § 1 II 1 RVG genannten Tätigkeiten ggf. nach anderen Bestimmungen eine Vergütung erhalten, so z.B. nach § 1835 III BGB oder § 158 VII FamFG, nicht aber nach dem RVG!

Übungsfall:

Ihr Chef hat eine Tätigkeit als Insolvenzverwalter übernommen und bittet Sie zu prüfen, ob er eine Vergütung nach dem RVG abrechnen kann.

Lösungsvorschlag:

Eine Abrechnung nach dem RVG ist dem Insolvenzverwalter nicht möglich, denn gem. § 1 II 1 RVG gilt das RVG für die Tätigkeit des RA als Insolvenzverwalter nicht.

Übungsfall:

Die Anwälte der Sozietät, in der Sie arbeiten, gründen eine Rechtsanwalts GmbH und bitten Sie zu prüfen, ob es auch der GmbH möglich ist, die Tätigkeiten der Gesellschafter als Anwälte nach dem RVG abzurechnen oder ob hier eine Honorarvereinbarung getroffen werden muss. Welches Ergebnis der Prüfung können Sie Ihrem Chef mitteilen?

Lösungsvorschlag:

Die Rechtsanwaltsgesellschaft (hier: GmbH) kann ebenfalls nach dem RVG abrechnen, § 1 I 1 und 3 RVG. Eine Verpflichtung zum Abschluss von Honorarvereinbarungen gibt es nicht.

---

2. Vorschuss

Der RA ist berechtigt, vom Auftraggeber einen Vorschuss zu verlangen. Dies ergibt sich aus § 9 RVG. Der RA kann dabei

- alle bereits entstandenen und
- auch die voraussichtlich entstehenden Gebühren und Auslagen

als Vorschuss vom Auftraggeber verlangen.

Dabei sollte darauf geachtet werden, dass der Vorschuss immer zuzüglich der gesetzlichen Umsatzsteuer (seit 01.01.2007: 19 %) in Rechnung gestellt wird.

Übungsfall:

Der RA erhält den Auftrag, für seinen Auftraggeber einen Prozess zu führen. Er reicht die Klage ein. Ihr Chef bittet Sie zu prüfen, ob neben den zu verauslagenden Gerichtskosten vom Auftraggeber ein Vorschuss für die Anwaltsvergütung gefordert werden kann (1,3 Verfahrens- und eine 1,2 Terminsgebühr zzgl. Auslagen und Umsatzsteuer)?

Lösungsvorschlag:

Ja, der RA ist nach § 9 RVG berechtigt, von seinem Auftraggeber die entstandenen und die voraussichtlich entstehenden Gebühren und Auslagen im Rahmen eines angemessenen Vorschusses zu verlangen.

Erläuterung:

Die Verfahrensgebühr i.H.v. 1,3 ist mit der Entgegennahme der Information und Einreichung der Klage entstanden (vgl. Vorbem. 3 Abs. 2, Nr. 3100 VV RVG; Erläuterung: Sie ist zwar entstanden, aber noch nicht zur Zahlung fällig. Fällig wird sie z.B. erst mit Beendigung des Rechtszugs/Verfahrens; vgl. § 8 RVG; noch nicht fällige aber bereits entstandene Gebühren kann der RA vorschussweise abrechnen). Der RA geht davon aus, dass ein Gerichtstermin stattfinden wird. Die Terminsgebühr ist noch nicht entstanden, kann aber bereits, da sie im vorliegenden Fall voraussichtlich entsteht, ebenfalls als Vorschuss gefordert werden. Auslagen und Umsatzsteuer können daneben nach § 9 RVG ebenfalls im Rahmen eines Vorschusses verlangt werden, soweit sie bereits entstanden sind oder voraussichtlich künftig entstehen werden.

3. Fälligkeit/Verjährung

Wir unterscheiden:

- Entstehung von Gebühren
- Erstattungsfähigkeit von Gebühren
- Fälligkeit von Gebühren
- Verjährung von Gebührenansprüchen.

Gebühren entstehen

- sobald der erste Gebührentatbestand erfüllt ist.

Beispiel: RA nimmt die Informationen eines Mandanten entgegen, der ihn beauftragt, eine außergerichtliche Vertretung zu übernehmen. Die Geschäftsgebühr Nr. 2300 ist **entstanden**.

Gebühren sind **erstattungsfähig**

- wenn der Gegner verpflichtet ist, die Kosten, die dem Auftraggeber entstanden sind, zurückzuzahlen. Im Prozess (= prozessualer Kostenerstattungsanspruch) ergibt sich die Erstattungsfähigkeit von Gebühren meistens aus § 91 ZPO, d.h., es sind nur solche Kosten erstattungsfähig, die zur zweckentsprechenden Rechtsverfolgung oder Rechtsverteidigung notwendig waren. Außerhalb eines Prozesses (= materiell-rechtlicher Kostenerstattungsanspruch) kann sich ein Anspruch auf Erstattung von Kosten z.B. aus Verzug ergeben (z.B.: Wir senden dem Gegner eine Berechnung unserer Kosten zusammen mit dem Aufforderungsschreiben), aus unerlaubter Handlung (z.B. Unfall) oder aus anderen Haftungsnormen des BGB.

Die Gebühren des RA sind nach § 8 I RVG **fällig**, wenn

- der Auftrag erledigt oder
- die Angelegenheit beendet ist.

Ist der RA in einem gerichtlichen Verfahren tätig, so wird die Vergütung auch **fällig**, wenn

- eine Kostenentscheidung ergangen oder
- der Rechtszug beendet ist oder
- wenn das Verfahren länger als drei Monate ruht.

Übungsfall:

In einem Zivilprozess verkündet das Amtsgericht Dresden im Dezember 2016 ein Urteil. Der Mandant erhält die Vergütungsrechnung für die anwaltliche Tätigkeit in der I. Instanz im Januar 2017 mit der Aufforderung, die Rechnung binnen 2 Wochen auszugleichen.

Aufgabenstellung: Der Anwalt beauftragt Sie, das Ende der Verjährungsfrist für seine Vergütung zu notieren.

Lösungsvorschlag:

Da der Rechtszug im Dezember 2016 beendet war, ist die Vergütung im Dezember 2016 fällig geworden, § 8 I 2 RVG. Die Vergütung des Anwalts unterliegt der Regelverjährung von 3 Jahren ab dem Schluss des Jahres, in dem der Anspruch entstanden/fällig geworden ist. Die Verjährung für die Vergütungsansprüche tritt daher am 31.12.2019 ein. Dieses Datum ist als Verjährungsablauf zu notieren.

Hinweis: Der Verzug des Mandanten richtet sich nach §§ 286 ff. BGB.

Vorsicht: Der Lauf der Verjährungsfrist hängt von der Fälligkeit ab, nicht – wie vielfach in der Praxis angenommen wird – von der Rechnungstellung (vgl. dazu § 10 RVG). Ist z.B. eine Instanz beendet, hat der Auftraggeber das Mandat gekündigt oder der Anwalt das Mandat niedergelegt ist die 3-jährige Regelverjährungsfrist (§ 195 BGB) unbedingt zu beachten! Die Verjährungsfrist beginnt mit dem Schluss des Jahres zu laufen, in dem der Anspruch entstanden (fällig geworden) ist. Wird z.B. die Instanz durch Urteil im Dezember 2016 beendet und die Rechnung im Januar 2017 übersandt, beginnt die Verjährungsfrist schon am 31.12.2016, 24.00 Uhr (= 01.01.2017, 00.00 Uhr) zu laufen und nicht erst am 31.12.2017. Dass die Rechnung daher erst im Januar 2017 gestellt wird, spielt für die Verjährungsfrist keine Rolle!

Die Verjährung der Vergütung in einem gerichtlichen Verfahren wird nach § 8 II 1 RVG gehemmt, solange das Verfahren anhängig ist.

Die Hemmung endet, § 8 II 2 und 3 RVG,

- mit rechtskräftiger Entscheidung oder
- anderweitiger Beendigung,
- bei Ruhen endet die Hemmung der Verjährung 3 Monate nach Eintritt der Fälligkeit.

Aber: Die Hemmung beginnt erneut, wenn das Verfahren weiter betrieben wird, § 8 II 4 RVG.

4. Vergütungsrechnung

Der RA kann seine Vergütung nur aufgrund einer von ihm unterzeichneten und dem Auftraggeber mitgeteilten Berechnung einfordern, § 10 RVG.

Wichtig: In der Berechnung sind anzugeben:

- die Beträge der einzelnen Gebühren und Auslagen,
- Vorschüsse,
- kurze Bezeichnung des jeweiligen Gebührentatbestands,

- Bezeichnung der Auslagen sowie
- angewandte Vergütungsverzeichnisnummern und
- bei Gebühren, die nach dem Gegenstandswert berechnet werden, auch dieser.

Bei Entgelten für Post- und Telekommunikationsdienstleistungen (Nr. 7001 VV RVG) genügt die Angabe des Gesamtbetrags. Dies ergibt sich aus § 10 RVG.

Beispielrechnung:

Briefkopf Kanzlei – Rechnungsadressat – Datum

Gegenstandswert: 7.344,20 €, § 2 I RVG		
1,3 Verfahrensgebühr		
(§§ 2 II, 13 I RVG), Nr. 3100 VV RVG	€	592,80
1,2 Terminsgebühr		
(§§ 2 II, 13 I RVG), Nr. 3104 VV RVG	€	547,20
PT-Pauschale, Nr. 7002 VV RVG	€	20,00
Zwischensumme	€	1.160,00
19 % Umsatzsteuer, Nr. 7008 VV RVG	€	220,40
Summe	€	1.380,40
verauslagte 3,0 Verfahrensgebühr Gerichtskosten, § 12 I 1 GKG, Nr. 1210 KV GKG		
als Anlage 1 zu § 3 II GKG	€	609,00
Summe	€	**1.989,40**

eigenhändige Unterschrift RA Müller

Hinweis: Keine Umsatzsteuer auf für eine Klage verauslagte Gerichtskosten, denn Kostenschuldner ist der Auftraggeber und diese stellen somit durchlaufende Posten dar.

Hinweis: Nach § 14 UStG (Umsatzsteuergesetz) muss eine Rechnung weiteres enthalten, so z.B.:

- Rechnungsnummer
- Umsatzsteuer-Identnummer oder Steuernummer
- Leistungszeitraum

Übungsfall:

Die Auszubildende legt Ihnen eine im Entwurf erstellte Vergütungsrechnung für ein Klageverfahren (Entscheidung durch Urteil) vor. Erläutern Sie unter Angabe der gesetzlichen Bestimmung Ihrer Auszubildenden, was an der Vergütungsrechnung im Sinne des RVG verbessert werden muss.

Briefkopf Kanzlei – Rechnungsadressat – Datum

1,3 Gebühr		
(§§ 2 II, 13 I RVG)	€	592,80
1,2 Gebühr		
(§§ 2 II, 13 I RVG), Nr. 3104 VV RVG	€	547,20
PT-Pauschale, Nr. 7002 VV RVG	€	20,00
Zwischensumme	€	1.160,00
19 % Umsatzsteuer, Nr. 7008 VV RVG	€	220,40
Summe (Übertrag)	€	1.380,40

Summe (Übertrag)	€	1.380,40
verauslagte 3,0 Verfahrensgebühr Gerichtskosten, § 12 I 1 GKG, Nr. 1210 KV GKG		
als Anlage 1 zu § 3 II GKG	€	609,00
Summe	**€**	**1.989,40**
eigenhändige Unterschrift RA Müller		

Lösungsvorschlag:

In der von der Auszubildenden erstellten Entwurfs-Rechnung sind gem. § 10 II RVG folgende Fehler enthalten:

- es fehlt die Angabe des Gegenstandswertes,
- die 1,3 Gebühr muss als Verfahrensgebühr bezeichnet werden,
- die Vergütungsverzeichnis-Nr. 3100 VV RVG bei der Verfahrensgebühr fehlt,
- die 1,2 Gebühr muss als Terminsgebühr bezeichnet werden.

Prüfungstipp: In einer Prüfungsaufgabe zum Vergütungs- und Kostenrecht müssen fehlende Angaben nach dem Umsatzsteuergesetz i.d.R. nicht geprüft werden. Achten Sie auf die Aufgabenstellung.

5. Gebührentabelle und Gebührenhöhe

Richten sich die Gebühren nach einem Gegenstandswert, so berechnet der RA seine Gebühr nach der Tabelle zu § 13 I RVG.

Der Mindestbetrag einer Gebühr ist 15,00 €, § 13 II RVG. Hier ist besonders bei ZV-Aufträgen aufzupassen. Denn eine 0,3 Verfahrensgebühr nach Nr. 3309 VV RVG aus einem Wert von bis zu 500,00 € beträgt eigentlich 13,50 €. Hier wäre dann aber die Mindestgebühr mit 15,00 € zu berechnen.

Vorsicht: Das gilt aber nicht, wenn man eine Erhöhung nach Nr. 1008 VV RVG abrechnet.

Beispiel: Wegen einer Forderung in Höhe von 450,00 € soll für die Eheleute ein Zwangsvollstreckungsauftrag erteilt werden gegen den Schuldner Hatnix.

Falsch:

0,3 Verfahrensgebühr, Nr. 3309 VV RVG	€	15,00
0,3 Erhöhung, Nr. 1008 VV RVG	€	15,00

Richtig:

0,6 erhöhte Verfahrensgebühr, Nrn. 3309, 1008 VV RVG	€	27,00

Aber: Ist dem Auftraggeber Prozesskostenhilfe (PKH) bewilligt worden, so berechnet der RA seine Gebühren nur bis zu einem Gegenstandswert von 4.000,00 € nach der Tabelle zu § 13 I RVG (also der „normalen" Tabelle), bei Gegenstandswerten darüber hat der RA die Tabelle zu § 49 RVG heranzuziehen. Die Gebührentabellen nach § 13 I und § 49 RVG schließen sich somit gegenseitig aus.

Hinweis: Beide Tabellen wurden zum 01.08.2013 durch das 2. KostRMoG (BGBl. I 2013, S. 2586–2712) deutlich verändert. Teilweise wurden die Gebühren angehoben,

teilweise erfolgten neue Gebührensprünge durch veränderte Streitwertstufen. In der Regel kommt es auf das Datum der Auftragserteilung an, welche Gebührentabelle zum Einsatz kommt, vgl. dazu auch § 60 RVG.

Tabelle § 13 RVG	Tabelle § 49 RVG
Tabelle für Wahlanwaltsgebühren (auch Regelgebühren genannt) bei Abrechnung mit dem **Mandanten**	Tabelle bei Abrechnung mit der **Staatskasse** ist erst bei einem Streitwert über 4.000 € vom PKH-Anwalt heranzuziehen; bis 4.000 € gilt auch für den PKH-Anwalt die Tabelle zu § 13 RVG
ist beim Gegenstandswert auf 30 Mio., bzw. bei Vertretung mehrerer Auftraggeber auf 100 Mio. begrenzt, vgl. § 22 II RVG	ist beim Gegenstandswert auf über 30.000 € begrenzt; höhere Gegenstandswerte haben keine Auswirkung mehr auf die Gebührenhöhe

---

Übungsfall:

RA Franzke ist dem Kläger im Wege der PKH beigeordnet worden. Im Gerichtstermin erscheint der Beklagte nicht, so dass für den Kläger gegen den Beklagten ein Versäumnisurteil beantragt wird. Der Gegenstandswert beträgt 6.240,00 €.

Bitte erstellen Sie die Vergütungsrechnung für RA Franzke.

Lösungsvorschlag:

Gegenstandswert: 6.240,00 €, § 2 I RVG		
1,3 Verfahrensgebühr (§§ 2 II, 49 RVG), Nr. 3100 VV RVG	€	360,10
0,5 Terminsgebühr (§§ 2 II, 49 RVG), Nr. 3105 VV RVG	€	138,50
PT-Pauschale, Nr. 7002 VV RVG	€	20,00
Zwischensumme	€	518,60
19 % Umsatzsteuer, Nr. 7008 VV RVG	€	98,53
Summe	€	**617,13**

Erläuterung: Da vorliegend die Tabelle zu § 49 RVG verwendet wird, sollte § 49 RVG unbedingt angegeben werden! Die Angabe von § 13 I RVG wäre hier falsch!

Variante:
Der Gegenstandswert beträgt 2.000,00 €.

Lösungsvorschlag:

1,3 Verfahrensgebühr (§§ 2 II, 13 I RVG), Nr. 3100 VV RVG	€	195,00
0,5 Terminsgebühr (§§ 2 II, 13 I RVG), Nr. 3105 VV RVG	€	75,00
PT-Pauschale, Nr. 7002 VV RVG	€	20,00
Zwischensumme	€	290,00
19 % Umsatzsteuer, Nr. 7008 VV RVG	€	55,10
Summe	€	**345,10**

Erläuterung: Weil der Streitwert unter 4.000 € liegt, wird hier die Tabelle zu § 13 RVG herangezogen und auch angegeben, da es eine Besonderheit ist, wenn bei einem PKH-Verfahren die Tabelle zu § 13 RVG Verwendung findet.

Die Gebührenhöhe richtet sich nach § 2 RVG. So bestimmt zunächst § 2 I RVG, dass sich die Gebühren – soweit im RVG nichts anderes geregelt ist – nach dem Wert berechnen, den der Gegenstand der anwaltlichen Tätigkeit hat (Gegenstandswert).

Die Höhe der Vergütung bestimmt sich nach dem Vergütungsverzeichnis, das als Anlage 1 dem RVG beigefügt ist, § 2 II 1 RVG. Gebühren werden auf den nächstliegenden Cent auf- oder abgerundet; 0,5 Cent werden aufgerundet, § 2 II 2 RVG.

6. Abgeltungsbereich

a) Allgemeines

Nach § 15 I RVG gelten die Gebühren, soweit das RVG nichts anderes bestimmt, die gesamte Tätigkeit des RA vom Auftrag bis zur Erledigung der Angelegenheit ab. § 15 I RVG regelt das sogenannte Pauschgebührensystem, d.h. der RA erledigt eine Reihe von Tätigkeiten und erhält hierfür pauschal eine Gebühr.

Beispiel: Durch die Geschäftsgebühr Nr. 2300 VV RVG werden z.B. folgende Tätigkeiten pauschal abgegolten:

- Entgegennahme der Information
- Fertigung eines Schreibens an den Gegner
- Besprechung mit dem Mandanten
- Telefonat mit dem Gegner
- Recherchen im Rahmen des Mandats
- Lesen eines gegnerischen Briefes
- Diktieren eines Antwortschreibens
- usw.

Der RA kann die Gebühren in derselben Angelegenheit nur einmal fordern, § 15 II RVG. In gerichtlichen Verfahren kann er die Gebühren in jedem Rechtszug fordern, § 17 Nr. 1 RVG (verschiedene Angelegenheiten).

Beispiel: RA Flott nimmt in einem Zivilprozess fünf Verhandlungstermine wahr. Es entsteht für jeden Verhandlungstermin eine Terminsgebühr. RA Flott kann aber die Terminsgebühr wg. § 15 II RVG nur einmal von seinem Auftraggeber fordern.

Welche Tätigkeiten als „**dieselbe**" Angelegenheit bezeichnet werden, ergibt sich aus § 16 RVG. In § 17 RVG sind „verschiedene Angelegenheiten" und in § 18 RVG „besondere Angelegenheiten" geregelt. § 15 II RVG ist daher in Verbindung mit diesen §§ 16–18 RVG zu sehen.

Prüfungstipp: § 15 II RVG sollte immer in Verbindung mit §§ 16–18 RVG (je nachdem, welcher Paragraph zur Anwendung kommt) zitiert werden. Denn aus § 15 II RVG ergibt sich erst, dass die in § 16 RVG aufgezählten Verfahren nur einmal abgerechnet werden können. Im Umkehrschluss zu § 15 II RVG bilden die §§ 17 und

18 RVG die Ausnahme, so dass eben gesondert abgerechnet werden kann. Näheres finden Sie auch in den folgenden Abschnitten „Dieselbe, verschiedene und besondere Angelegenheiten".

§ 17 Nr. 1 RVG besagt, dass das Verfahren über ein Rechtsmittel und der vorausgegangene Rechtszug verschiedene Angelegenheiten sind. Welche Tätigkeiten wiederum zum Rechtszug gehören und damit nicht gesondert abgerechnet werden können, ergibt sich aus § 19 RVG. In § 19 RVG aufgeführte Tätigkeiten können nicht gesondert abgerechnet werden, wenn der RA sonst schon als Vertreter in derselben Sache tätig geworden ist.

> **Beispiel:** RA Klose hat den Auftraggeber in einem gerichtlichen Verfahren in 1. Instanz vertreten. Nachdem er den Prozess gewonnen hat, beantragt er, die entstandenen Kosten gegen den unterlegenen Gegner festzusetzen. Die Kostenfestsetzung gehört nach § 19 I 2 Nr. 14 RVG zum Rechtszug. Es kann diese Tätigkeit damit nicht mehr gesondert abgerechnet werden.

Aber: Wenn RA Klose im gerichtlichen Verfahren als Prozessbevollmächtigter nicht tätig war, und er **lediglich** für seinen Mandanten Kostenfestsetzung (z.B. wegen der Gerichtskosten) beantragt, handelt es sich um eine Einzeltätigkeit, für die nach Nr. 3403 VV RVG eine 0,8 Verfahrensgebühr entsteht. Wann kommt so etwas vor? Manche Mandanten wollen aus Kostengründen einen Prozess vor dem Amtsgericht (kein Anwaltszwang) selbst führen. Wenn sie dann ein Urteil in den Händen halten, sind sie oft mit ihrem „Latein" am Ende, wenn der Gegner nicht zahlt und suchen dann doch einen RA auf. Dieser wird i.d.R. dann zunächst vor einer Vollstreckung noch die eingezahlten Gerichtskosten für den Mandanten festsetzen lassen und eine vollstreckbare Ausfertigung des Titels beantragen.

b) Kürzung/Abgleich nach § 15 III RVG

In den Fällen, in denen für Teile des Gegenstands verschiedene Gebührensätze anzuwenden sind, erhält der RA für die Teile gesondert berechnete Gebühren, jedoch nicht mehr als die aus dem Gesamtbetrag der Wertteile nach dem höchsten Gebührensatz berechnete Gebühr, § 15 III RVG. Diese Regelung wird allgemein auch als „Kürzungsvorschrift", „Obergrenze" oder „Abgleichung" bezeichnet.

> **Beispiel:** RA Scholl wird beauftragt, eine Klage über 4.000,00 € einzureichen. Vor Klageerhebung zahlt der Gegner S einen Betrag in Höhe von 1.000,00 €, so dass Klage nur noch über den Restbetrag erhoben wird. RA Scholl kann wie folgt abrechnen:
>
> | | | |
> |---|---|---|
> | 1,3 Verfahrensgebühr aus 3.000,00 € | | |
> | (§§ 2, 13 I RVG), Nr. 3100 VV RVG | € | 261,30 |
> | 0,8 Verfahrensgebühr aus 1.000,00 € | | |
> | (§§ 2, 13 I RVG), Nr. 3101 Nr. 1 VV RVG | € | 64,00 |
> | Summe | **€** | **325,30** |
>
> nach § 15 III RVG höchstens:
> 1,3 aus 4.000,00 € = 327,60 €
>
> **Fazit:** Hier keine Kürzung, weil die Summe aus den einzeln berechneten Gebühren niedriger ist, als die Gebühr mit dem höchsten Satz aus dem addierten Wert.

Übungsfall:

Rechtsanwalt Scholl wird beauftragt, eine Klage über 29.000,00 € einzureichen. Vor Klageerhebung zahlt der Gegner S einen Betrag in Höhe von 7.000,00 €, so dass die Klage nur noch über den Restbetrag erhoben wird. Das Gericht verkündet im Anschluss an die streitige Verhandlung ein Urteil.

Erstellen Sie die Vergütungsrechnung für RA Scholl.

Lösungsvorschlag:

Gegenstandswert: 22.000,00 €/7.000,00 €, § 2 I RVG

1,3 Verfahrensgebühr aus 22.000,00 € (§§ 2 II, 13 I RVG), Nr. 3100 VV RVG	€ 964,60	
0,8 Verfahrensgebühr aus 7.000,00 € (§§ 2 II, 13 I RVG), Nr. 3101 Nr. 1 VV RVG	€ 324,00	
Summe	€ 1.288,60	
nach § 15 III RVG höchstens:		
1,3 Verfahrensgebühr aus 29.000,00 € =		€ 1.121,90
1,2 Terminsgebühr aus 22.000,00 € (§§ 2 II, 13 I RVG), Nr. 3104 VV RVG		€ 890,40
PT-Pauschale, Nr. 7002 VV RVG		€ 20,00
Zwischensumme		€ 2.032,30
19 % Umsatzsteuer, Nr. 7008 VV RVG		€ 386,14
Summe		**€ 2.418,44**

Wir halten fest: Für die Anwendung des § 15 III RVG müssen drei Voraussetzungen vorliegen:

- unterschiedliche Gebührensätze
- verwandte Gebühren (z.B. 1,3 u. 0,8 Verfahrensgebühr; 1,0 und 1,5 Einigungsgebühr)
- die Einzelgebühren berechnen sich aus Teilen des Gesamtgegenstandswertes

Prüfungstipp: § 15 III RVG sollten Sie gut anwenden können, da dieser regelmäßig in Abschlussprüfungen vorkommt. Dabei sollten Sie detailliert angeben, was Sie geprüft haben, siehe das Beispiel oben.

c) Kein Wegfall einmal entstandener Gebühren

Nach § 15 IV RVG ist es auf bereits entstandene Gebühren, soweit das RVG nichts anderes bestimmt, ohne Einfluss, wenn sich die Angelegenheit vorzeitig erledigt oder der Auftrag endigt, bevor die Angelegenheit erledigt ist.

Mit dieser Vorschrift wird der allgemeine Grundsatz, dass **einmal entstandene Gebühren nicht wieder wegfallen**, beschrieben. Im Vergütungsverzeichnis zu § 2 II RVG finden sich jedoch eine Reihe von Vorschriften, die für eine vorzeitige Beendigung des Auftrags reduzierte Gebühren vorsehen, so z.B. Nr. 3101 VV RVG (vorzeitige Beendigung im 1. Rechtszug) oder Nr. 3201 VV RVG (vorzeitige Beendigung im 2. Rechtszug) usw.

Übungsfall:

Rechtsanwalt Scholl wird nach intensiver mündlicher Beratung des Mandanten noch im Beratungsgespräch von diesem beauftragt, eine Klage beim Landgericht Traunstein über 9.000,00 € einzureichen. Am nächsten Tag ruft der Mandant an und meint, er habe es sich über Nacht noch einmal überlegt. Er möchte doch nicht klagen. Er fürchtet einen langen Prozess und ein für ihn ungutes Ende. Der Mandant bittet Sie, keine weiteren Tätigkeiten zu erbringen und teilt Ihnen am Telefon mit, dass er davon ausgeht, dass die Beratung kostenlos war.

a) Klären Sie den Mandanten am Telefon darüber auf, dass diese Annahme falsch ist und welche Kosten hier bereits entstanden sind (keine vollständige Vergütungsrechnung erforderlich).

b) Aus welchen gesetzlichen Bestimmungen ergibt sich Ihre Antwort an den Mandanten?

Lösungsvorschlag:

a) Ich weise den Mandanten darauf hin, dass mit der Auftragserteilung (Entgegennahme der Information) bereits eine Verfahrensgebühr entstanden ist und wegen der vorzeitigen Beendigung nun aber nicht eine 1,3 sondern vielmehr eine 0,8 Verfahrensgebühr gezahlt werden muss. Diese Verfahrensgebühr berechnet sich nach dem Gegenstandswert. Die Gebühr reduziert sich, weil der Auftrag vorzeitig endet, sie entfällt aber nicht völlig.

b) Die Entstehung der Verfahrensgebühr ergibt sich aus Vorbem. 3 I u. II VV RVG. Die reduzierte Verfahrensgebühr ergibt sich aus Nr. 3101 Nr. 1 VV RVG. Die Tatsache, dass die Gebühr nicht völlig entfällt, ergibt sich aus § 15 IV RVG.

d) Weitergehende Tätigkeit

Wird der RA, nachdem er in einer Angelegenheit tätig geworden ist, beauftragt, in derselben Angelegenheit weiter tätig zu werden, so erhält er nicht mehr an Gebühren, als er erhalten würde, wenn er von vornherein hiermit beauftragt worden wäre, § 15 V 1 RVG.

Beispiel: RA Huber reicht Klage auf Zahlung von 4.000,00 € gegen Schuldner Zahltnix ein. Die Klage wird schließlich um weitere 3.000,00 € erweitert.

RA Huber erhält nach § 15 V 1 RVG eine 1,3 Verfahrensgebühr gem. Nr. 3100 VV RVG aus 7.000,00 € = 526,50 €. RA Huber kann wegen § 15 V 1 RVG **nicht** eine 1,3 Verfahrensgebühr aus 4.000,00 € = 327,60 € und zusätzlich eine 1,3 Verfahrensgebühr aus 3.000,00 € = 261,30 €, somit zusammen 588,90 € abrechnen.

Ist der frühere Auftrag seit mehr als zwei Kalenderjahren erledigt, gilt die weitere Tätigkeit als neue Angelegenheit, § 15 V 2 RVG. Dies bedeutet, dass der RA die Gebühren neu abrechnen darf bzw. im RVG bestimmte Anrechnungen von Gebühren entfallen.

Übungsfall:

RA Huber vertritt seinen Auftraggeber in einer Darlehensangelegenheit gegenüber der Bank. Nach drei Kalenderjahren erhält er betreffend dieser Darlehensangelegenheit einen Prozessauftrag. Muss die Geschäftsgebühr, die für die außergerichtliche Tätigkeit entstanden ist, bei Erstellung der Kostenrechnung für das gerichtliche Verfahren auf die Verfahrensgebühr des gerichtlichen Verfahrens angerechnet werden?

Lösungsvorschlag:

Nein, die vor drei Kalenderjahren entstandene Geschäftsgebühr ist auf die Verfahrensgebühr des gerichtlichen Verfahrens nicht anzurechnen, § 15 V 2 RVG.

e) Mehrere Einzeltätigkeiten

Ist der RA nur mit einzelnen Handlungen beauftragt, so erhält er nicht mehr an Gebühren, als der mit der gesamten Angelegenheit beauftragte RA für die gleiche Tätigkeit erhalten würde, § 15 VI RVG.

Beispiel: RA Huber wird zunächst als Unterbevollmächtigter beauftragt. Später wird er zum Prozessbevollmächtigten im 1. Rechtszug. RA Huber kann nur die 1,3 Verfahrensgebühr nach Nr. 3100 VV RVG berechnen. Nach § 15 VI RVG steht ihm die Verfahrensgebühr nach Nr. 3401 VV RVG daneben nicht zu.

7. Dieselbe Angelegenheit

Die §§ 16–18 RVG stellen eine Ergänzung zu § 15 RVG dar, da sie den Begriff der Angelegenheit weiter definieren, indem sie eine Unterscheidung zwischen „dieselbe", „verschiedene" und „besondere" Angelegenheiten vornehmen.

Dieselbe Angelegenheit (und damit Angelegenheiten, die nur einmal abgerechnet werden können, § 15 II RVG) sind nach § 16 RVG z.B.:

- das Verfahren über die Prozesskostenhilfe und das Verfahren, für das Prozesskostenhilfe beantragt worden ist, § 16 Nr. 2 RVG;
- eine Scheidungssache oder ein Verfahren über die Aufhebung der Lebenspartnerschaft und die Folgesachen, § 16 Nr. 4 RVG.

Vorsicht: Eine Angelegenheit bedeutet aber nicht, dass diese nicht verschiedene Gegenstände haben könnte. Verschiedene Gegenstände werden in einer Angelegenheit addiert und hieraus werden die Gebühren einmal berechnet, § 22 I RVG.

Beispiel: Eine Scheidungssache und die Folgesachen. Wird z.B. in einem Scheidungsverfahren der Versorgungsausgleich mit durchgeführt, so ist die Ehesache (Scheidung) zu bewerten und auch der Versorgungsausgleich. Die beiden ermittelten Werte für Ehesache und Versorgungsausgleich werden addiert, die Gebühren werden sodann hieraus berechnet. Die Addition der Werte ergibt sich aus § 22 I RVG. Dort heißt es: In **derselben Angelegenheit** werden die Werte **mehrerer Gegenstände** zusammengerechnet.

Ein weiteres sehr schönes Beispiel ist z.B. auch eine Unfallsache. Im Anschreiben an die gegnerische Versicherung macht man den Fahrzeugschaden, den Nutzungsausfall, Sachverständigenkosten, Barauslagen usw. geltend. Wir legen eine Akte an. Es gibt **ein** Aktenzeichen beim RA und auch **ein** Aktenzeichen (Schadennummer) bei der Versicherung. Es handelt sich um **dieselbe Angelegenheit**. Geltend gemacht werden aber **mehrere Gegenstände**, z.B. der Fahrzeugschaden, Sachverständigenkosten, Nutzungsausfall usw. Dabei spielt es keine Rolle, ob wir diese mehreren Gegenstände in einem Schreiben an die Versicherung geltend machen oder in mehreren Schreiben. Die Werte werden addiert. Gerade in Unfallsachen kommt es oft vor, dass der Mandant immer wieder irgendwelche Quittungen vorbeibringt (z.B. von der Apotheke, vom Arzt), die wir dann der Versicherung mitteilen. Aber eben immer in „**derselben Angelegenheit**".

Sie sehen, die Begriffe Angelegenheit und Gegenstand tauchen immer wieder im Gebührenrecht auf. Daher ist es enorm wichtig, diese Begriffe richtig zu verstehen.

Übungsfall:

RA N beantragt für die Einreichung einer Klage beim Landgericht München I (Gegenstandwert 12.000,00 €) die Bewilligung von Prozesskostenhilfe für seinen Auftraggeber, den Kläger. Neben dem Antrag auf Bewilligung von Prozesskostenhilfe beantragt RA N auch seine Beiordnung, damit er seine Vergütung mit der Staatskasse abrechnen kann. Die Klage wird noch nicht unterschrieben eingereicht, sondern lediglich als Entwurf zur Darstellung des Sachverhalts und der Beweismittel beigefügt. Das Gericht bewilligt die begehrte Prozesskostenhilfe und ordnet RA N bei. Nach Bewilligung und Beiordnung reicht RA N die Klage ordnungsgemäß beim Landgericht München I ein. Nach Termin zur mündlichen Verhandlung und Beweisaufnahme ergeht ein die Klage zurückweisendes Urteil.

a) Berechnen Sie die Vergütung von RA N gegenüber der Staatskasse.

b) Kann RA N gegenüber seinem Mandanten für die Tätigkeit im Bewilligungsverfahren (auch PKH-Prüfungsverfahren genannt) weitere Gebühren berechnen?

Lösungsvorschlag:

a) Abrechnung gegenüber der Staatskasse:
Gegenstandswert: 12.000,00 €, § 2 I RVG

1,3 Verfahrensgebühr (§§ 2 II, 49 RVG), Nr. 3100 VV RVG	€	417,30
1,2 Terminsgebühr (§§ 2 II, 49 RVG), Nr. 3104 VV RVG	€	385,20
PT-Pauschale, Nr. 7002 VV RVG	€	20,00
Zwischensumme	€	822,50
19 % Umsatzsteuer, Nr. 7008 VV RVG	€	156,28
Summe	€	978,78

b):
RA N kann keine weitere Vergütung gegenüber seinem Mandanten abrechnen. Das PKH-Prüfungsverfahren bildet zusammen mit dem Verfahren, für das die PKH bewilligt worden ist (hier Klageverfahren) dieselbe gebührenrechtliche Angelegenheit (§ 16 Nr. 2 RVG). RA N kann daher keine weitere Vergütung mit seinem Auftraggeber abrechnen, da in derselben Angelegenheit die Gebühren nur 1 × gefordert werden dürfen, § 15 II RVG. Ist PKH bewilligt, darf gegenüber dem Mandanten auch keine Differenzvergütung gefordert werden, § 122 I Nr. 3 ZPO.

Erläuterung:

Zwar entstehen Gebühren für das PKH-Prüfungsverfahren gem. § 23a RVG, Nr. 3335 i.V.m. Vorbem. 3.3.6. nach der Tabelle zu § 13 RVG und könnten rein theoretisch zunächst gegenüber dem Auftraggeber abgerechnet werden. Das kommt z.B. vor, wenn die PKH abgelehnt wird und der Mandant dann auch nicht klagen möchte. Hier würde man dann eine 1,0 Verfahrensgebühr (max., siehe Nr. 3335 VV RVG) und eine 1,2 Terminsgebühr nebst Auslagen mit dem Mandanten abrechnen können. Hier verbietet sich die Abrechnung aber wegen § 16 Nr. 4 RVG i.V.m. § 122 I Nr. 3 ZPO. Das gilt auch für die Differenz der Vergütung aus den beiden unterschiedlichen Tabellen (§ 13 u. § 49 RVG) bei Werten über 4.000,00 €. Von diesen Grundsätzen gibt es Ausnahmen (z.B. nur teilweise Bewilligung der PKH, Klage aber wegen des gesamten Betrages).

---

8. Verschiedene Angelegenheiten nach § 17 RVG

„Verschiedene Angelegenheiten" gem. § 17 RVG bedeutet, dass § 15 II RVG im Umkehrschluss anzuwenden ist und diese Angelegenheiten gesondert abgerechnet werden können.

Verschiedene Angelegenheiten nach § 17 RVG sind **z.B.**:

- das Verfahren über ein Rechtsmittel **und** der vorausgegangene Rechtszug, § 17 Nr. 1 RVG;
- das Mahnverfahren **und** das streitige Verfahren, § 17 Nr. 2 RVG;
- das vereinfachte Verfahren über den Unterhalt Minderjähriger **und** das streitige Verfahren, § 17 Nr. 3 RVG;
- das Verfahren in der Hauptsache **und** ein Verfahren über einen Antrag auf a) Anordnung eines Arrestes, b) Erlass einer einstweiligen Verfügung oder, einer einstweiligen Anordnung, (c) usw.), § 17 Nr. 4a) u. b) RVG;
- der Urkunden- und Wechselprozess **und** das ordentliche Verfahren, das nach Abstandnahme vom Urkunden- oder Wechselprozess oder nach einem Vorbehaltsurteil anhängig bleibt (§§ 596, 600 ZPO), § 17 Nr. 5 RVG;
- das gerichtliche Verfahren **und** ein vorausgegangenes a) Güteverfahren vor einer durch die Landesjustizverwaltung eingerichteten oder anerkannten Gütestelle (§ 794 I Nr. 1 ZPO) oder, wenn die Parteien den Einigungsversuch einvernehmlich unternehmen, vor einer Gütestelle, die Streitbeilegung betreibt (§ 15a III EGZPO), b) Verfahren vor einem Ausschuss der in § 111 II ArbGG bezeichneten Art (Schlichtungsausschuss betr. Ausbildungsverhältnisse), c) Verfahren vor dem Seemannsamt zur vorläufigen Entscheidung von Arbeitssachen und d) Verfahren vor sonstigen gesetzlich eingerichteten Einigungsstellen, Gütestellen oder Schiedsstellen, § 17 Nr. 7 RVG.

Nehmen wir zur **Erläuterung** mal das Beispiel des § 17 Nr. 2 RVG:

Hier heißt es zunächst, „Verschiedene Angelegenheiten sind: 2. das Mahnverfahren und das streitige Verfahren." Kann man diese beiden Verfahren also nun gesondert abrechnen? Die Antwort lautet: Ja. Diese beiden Verfahren (das Mahnverfahren und ein sich nach dem Wider- oder Einspruch anschließendes streitiges Verfahren) werden nach dem RVG gesondert abgerechnet!

Aber Achtung: Es gibt eine Anrechnungsvorschrift für die Verfahrensgebühr des Mahnverfahrens auf die Verfahrensgebühr für das gerichtliche Verfahren! Es sind also zwei Berechnungen (in einer Abrechnung, z.B. 1. Mahnverfahren; 2. streitiges Verfahren) zu erstellen, wobei die Anrechnung der Mahnverfahrensgebühr auf die Verfahrensgebühr des gerichtlichen Verfahrens vorzunehmen ist.

Merksatz: Anrechnungsvorschriften ergeben sich immer nur aus dem Vergütungsverzeichnis!

Während uns im Gesetzesteil zunächst mitgeteilt wird, ob, gegen wen und wie oft wir abrechnen können, ergibt sich eine Anrechnungsvorschrift nur aus dem Vergütungsverzeichnis! Die Anrechnungsvorschrift für die Mahnverfahrensgebühr ergibt sich aus der Anmerkung zu Nr. 3305 VV RVG.

Hoppla: Für die in § 17 RVG aufgeführten Tätigkeiten **kann** es Anrechnungsvorschriften geben, muss es aber nicht. So ist z.B. in § 17 Nr. 4b RVG geregelt, dass eine einstweilige Verfügung und ein späteres gerichtliches Hauptsacheverfahren verschiedene Angelegenheiten darstellen. Hier wird jeweils gesondert abgerechnet, eine Anrechnungsvorschrift für die Verfahrensgebühr des einstweiligen Verfügungsverfahrens gibt es aber nicht.

Und: Wenn Anrechnungsvorschriften bestehen, ergeben sich diese aus dem Vergütungsverzeichnis, vgl. dazu z.B. die Abs. 4–6 zu Vorbem. 3, Vorbem. 2.3 sowie die Anmerkungen Abs. 1–3 zu Nr. 3100 VV RVG!

Aber: Die PT-Pauschale fällt für die in § 17 RVG aufgeführten Angelegenheiten immer jeweils gesondert an. In unserem Fall mit dem Mahnverfahren bedeutet dies, dass die PT-Pauschale sowohl einmal für das Mahnverfahren als auch einmal für das streitige Verfahren anfällt.

Übungsfall:

RA Bogs beantragt auftragsgemäß einen Mahnbescheid gegen Schuldner Hatimmernochnix. Die Hauptforderung beträgt 3.450,00 €. Der Schuldner erhebt gegen den zugestellten Mahnbescheid Widerspruch. Die Sache wird an das Streitgericht abgegeben. Der Anspruch wird begründet. Das Gericht bestimmt Termin zur mündlichen Verhandlung. Die Parteien schließen einen Vergleich.

Bitte erstellen Sie die Vergütungsrechnung für RA Bogs.

Lösungsvorschlag:

Gegenstandswert: 3.450,00 €, § 2 I RVG

1. Mahnverfahren:

1,0 Mahnverfahrensgebühr		
(§§ 2 II, 13 I RVG), Nr. 3305 VV RVG	€	252,00
PT-Pauschale, Nr. 7002 VV RVG	€	20,00
Zwischensumme	€	272,00
19 % Umsatzsteuer, Nr. 7008 VV RVG	€	51,68
Summe	€	**323,68**

2. Gerichtliche Tätigkeit:		
1,3 Verfahrensgebühr		
(§§ 2 II, 13 I), Nr. 3100 VV RVG	€	327,60
abzgl. 1,0 Mahnverfahrensgebühr		
(§§ 2 II, 13 I), Anmerkung zu Nr. 3305 VV RVG	./. €	252,00
Zwischensumme	€	75,60
1,2 Terminsgebühr, Nr. 3104 VV RVG	€	302,40
1,0 Einigungsgebühr, Nr. 1003 VV RVG	€	252,00
PT-Pauschale, Nr. 7002 VV RVG	€	20,00
Zwischensumme	€	650,00
19 % Umsatzsteuer, Nr. 7008 VV RVG	€	123,50
Summe	€	**773,50**

Hinweis: Es erscheint unverständlich, warum man erst eine Gebühr berechnet, die man dann nachher wieder voll abziehen muss und die Frage stellt sich dabei, ob man nicht einfach das Mahnverfahren bei der Abrechnung unberücksichtigt lässt.

Vorsicht: Aus praktischen Gründen mag dies nachvollziehbar sein, in einer Prüfung wäre dies aber falsch. Denn im Gesetz ist nun mal geregelt, dass man die Gebühr zunächst berechnet und dann anrechnet (abzieht). Zum einen erhält man so auch die PT-Pauschale doppelt und zum anderen prägt sich die Systematik der Anrechnung besser ein. Das heißt, dass man mit der Abrechnung dann weniger Probleme hat, wenn z.B. die Anrechnung mal nicht aus dem vollen Wert erfolgt, weil die Gegenstandswerte unterschiedlich sind.

Merksatz bei der Erstellung von Vergütungsrechnungen:

1. Schritt: Prüfen, wie viele Angelegenheiten vorliegen.
2. Schritt: Die einzelnen Gebühren für diese Angelegenheiten werden abgerechnet.
3. Schritt: Nun wird geprüft, ob und ggf. in welcher Höhe eine Anrechnung einer oder mehrerer Gebühren vorzunehmen ist.

9. Besondere Angelegenheiten nach § 18 RVG

In § 18 RVG sind die Tätigkeiten aufgezählt, die grundsätzlich selbständige Angelegenheiten bilden, gleichgültig mit welchen anderen Tätigkeiten des Anwalts sie in Zusammenhang stehen. Dies unterscheidet § 18 RVG von 17 RVG, da in § 17 RVG die Tätigkeiten eines Anwalts, die als verschiedene Angelegenheiten aufgeführt sind, immer in Zusammenhang mit einer bestimmten anderen Tätigkeit stehen (Bitte beachten Sie das im obigen Kapitel fett gedruckte Wort „und", aus dem sich dies ergibt).

Wir halten fest: Für die in § 18 RVG aufgeführten Tätigkeiten gibt es keine Anrechnungsvorschriften!

Prüfungstipp: Da sich immer wieder das RVG durch verschiedene Gesetze auch in Detailfragen ändern kann, sollten Sie grundsätzlich mit einem aktuellen Gesetzestext in die Prüfung gehen!

Besondere Angelegenheiten nach § 18 I RVG sind:

- jede Vollstreckungsmaßnahme zusammen mit den durch diese vorbereiteten weiteren Vollstreckungshandlungen bis zur Befriedigung des Gläubigers; dies gilt entsprechend im Verwaltungszwangsverfahren (Verwaltungsvollstreckungsverfahren), § 18 I Nr. 1 RVG;
- weitere Maßnahmen der Zwangsvollstreckung, § 18 I Nr. 2–21 RVG;
- die Vollziehung eines Arrestes und die Vollstreckung nach dem FamFG, § 18 II RVG.

Besondere Angelegenheiten werden also gesondert abgerechnet, Anrechnungsvorschriften gibt es für die hier aufgeführten Angelegenheiten nicht.

Übungsfall:

RA Schön lässt auftragsgemäß ein vorläufiges Zahlungsverbot an den Drittschuldner/Arbeitgeber des Schuldners durch den Gerichtsvollzieher zustellen. Gleichzeitig beantragt er beim Vollstreckungsgericht den Erlass eines Pfändungs- und Überweisungsbeschlusses. Der Gegenstandswert für beide Tätigkeiten beträgt 433,00 €.

Bitte erstellen Sie die Vergütungsrechnung für RA Schön (ohne Gerichtskosten).

Lösungsvorschlag:

Die Vollstreckungsmaßnahme (Pfändungs- und Überweisungsbeschluss) stellt mit dem vorläufigen Zahlungsverbot (vorbereitende Maßnahme) **zusammen** eine besondere Angelegenheit dar, § 18 I Nr. 1 RVG. Die Vollstreckungsgebühr kann daher nur einmal abgerechnet werden.

Gegenstandswert: 433,00 €, § 25 I Nr. 1 RVG
0,3 Verfahrensgebühr, Nr. 3309 VV RVG

Mindestgebühr § 13 II RVG	€	15,00
PT-Pauschale, Nr. 7002 VV RVG	€	3,00
Zwischensumme	€	18,00
19 % Umsatzsteuer, Nr. 7008 VV RVG	€	3,42
Summe	€	**21,42**

---

10. Der Rechtszug – § 19 RVG

Zum Rechtszug oder dem Verfahren gehören auch alle Vorbereitungs-, Neben- und Abwicklungstätigkeiten und solche Verfahren, die mit dem Rechtszug oder Verfahren zusammenhängen, wenn die Tätigkeit nicht nach § 18 RVG eine besondere Angelegenheit ist, § 19 I 1 RVG.

Tätigkeiten, die zum Rechtszug gehören, können nicht gesondert abgerechnet werden, sondern sind mit den Gebühren für das Verfahren selbst abgegolten.

Zum Rechtszug gehören insbesondere:

- die Vorbereitung der Klage, des Antrags oder Rechtsverteidigung, soweit kein besonderes gerichtliches oder behördliches Verfahren stattfindet, § 19 I 2 Nr. 1 RVG;
- außergerichtliche Verhandlungen, § 19 I 2 Nr. 2 RVG;

- Zwischenstreite, die Bestimmung des zuständigen Gerichts, die Bestellung von Vertretern durch das in der Hauptsache zuständige Gericht, die Ablehnung von Richtern, Rechtspflegern, Urkundsbeamten der Geschäftsstelle oder Sachverständigen, die Festsetzung des Streit- oder Geschäftswerts, § 19 I 2 Nr. 3 RVG;
- das Verfahren über die Erinnerung (§ 573 ZPO) und die Gehörsrüge (§ 321a ZPO), § 19 I 2 Nr. 5 RVG;
- die Berichtigung und Ergänzung der Entscheidung oder ihres Tatbestandes, § 19 I 2 Nr. 6 RVG;
- die erstmalige Erteilung der Vollstreckungsklausel, § 19 I 2 Nr. 13 RVG;
- die Kostenfestsetzung und die Einforderung der Vergütung, § 19 I 2 Nr. 14 RVG, usw.

Übungsfall:

RA Huber, der den Kläger in der 1. Instanz erfolgreich vertreten hat, stellt einen Kostenfestsetzungsantrag an das Gericht. Hierauf wird der Mandant in einem Anschreiben hingewiesen. Voller Sorge ruft er am nächsten Tag in Ihrer Kanzlei an und fragt nach, ob er für diesen Kostenfestsetzungsantrag nochmal gesondert Gebühren zahlen muss.

Wie antworten Sie unter Berücksichtigung der gesetzlichen Bestimmungen auf diese Frage des Mandanten?

Lösungsvorschlag:

Da RA Huber bereits als Prozessbevollmächtigter tätig geworden ist, gehört das Kostenfestsetzungsverfahren nach § 19 I 2 Nr. 14 RVG zum Rechtszug. Er erhält somit für diese Tätigkeit keine gesonderte Vergütung, § 15 II RVG.

Übungsfall:

Ihre Auszubildende hat gehört, dass Anwälte manche Tätigkeiten auch kostenlos erbringen müssen. Nennen Sie ihr beispielhaft 4 Tätigkeiten, die nicht gesondert abgerechnet werden können, wenn der Rechtsanwalt bereits als Prozessbevollmächtigter in einem Zivilprozess tätig wird.

Lösungsvorschlag:

- außergerichtliche Verhandlungen, § 19 I 2 Nr. 2 RVG;
- Tatbestandsberichtigung eines Urteils, § 19 I 2 Nr. 6 RVG;
- Erteilung einer Abrechnung/Einforderung der Vergütung, § 19 I 2 Nr. 14 RVG;
- Herausgabe der Handakten oder ihre Übersendung an einen anderen Rechtsanwalt, § 19 I 2 Nr. 17 RVG;
- u.a. (vgl. dazu § 19 RVG).

Kapitel 2
Das Vergütungsverzeichnis

1. Vergütungsverzeichnis

Das Vergütungsverzeichnis ist als Anlage zu § 2 II RVG beigefügt und bildet das Kernstück des RVG, da sich aus ihm die einzelnen Gebühren und ihre Höhe ergeben.

Das Vergütungsverzeichnis ist in drei bzw. vier Spalten aufgeteilt. Die Teile 1, 2, 3 und 7 haben drei Spalten. In Spalte 1 ist die Nummer des Vergütungsverzeichnisses zu der jeweiligen Gebühr, in Spalte 2 der Gebührentatbestand und in Spalte 3 die Gebühr oder der Satz der Gebühr nach § 13 RVG eingestellt.

Die Teile 4, 5 und 6 des Vergütungsverzeichnisses haben eine weitere vierte Spalte, in der die Gebühr des gerichtlich bestellten oder beigeordneten Rechtsanwalts (Pflichtverteidiger) verzeichnet ist.

2. Die 7 Teile des Vergütungsverzeichnisses

Das Vergütungsverzeichnis ist gegliedert. So lassen sich die einzelnen Gebühren schneller finden.

Prüfungstipp: Die nachfolgenden Überschriften der 7 Teile des Vergütungsverzeichnisses sollten Sie kennen. So haben Sie in Ihrer Abschlussprüfung einen klaren Zeitvorteil und müssen nicht in sämtlichen Teilen suchen, wenn Sie z.B. die Gebühren für die außergerichtliche Vertretung berechnen sollen, sondern lediglich in Teil 2.

Die 7 Teile sind wie in der folgenden Tabelle aufgeführt untergliedert:

Teil 1	Allgemeine Gebühren
Teil 2	Außergerichtliche Tätigkeit einschließlich Tätigkeit im Verwaltungsverfahren
Teil 3	Zivilsachen, Verfahren der öffentlich-rechtlichen Gerichtsbarkeiten, Verfahren nach dem Strafvollzugsgesetz; auch in Verbindung mit § 92 des Jugendgerichtsgesetzes und ähnliche Verfahren
Teil 4	Strafsachen
Teil 5	Bußgeldsachen
Teil 6	Sonstige Verfahren (Rechtshilfeverfahren, Disziplinarverfahren, etc.)
Teil 7	Auslagen

3. Vergütungsverzeichnisnummern

Im Vergütungsverzeichnis (VV RVG) sind über 230 Vergütungsverzeichnisnummern aufgeführt. Damit man sich in diesen vielen Nummern schnell zurechtfindet, ist die Gliederung des Vergütungsverzeichnisses wichtig. Sollen Gebühren für das Zivilverfahren berechnet werden, so sind diese z.B. in Teil 3 VV RVG geregelt. Hier hilft die weitere Untergliederung (1. Instanz, Vorverfahren etc.) weiter, die gesuchten Gebühren schnell zu finden.

4. Vorbemerkungen und Abschnitte

Um dem Leser das rasche Einfinden in das neue Vergütungsverzeichnis zu erleichtern, soll der Aufbau im Einzelnen zunächst erläutert werden.

Wie oben dargelegt, ist das Vergütungsverzeichnis in sieben Teile untergliedert. Jeder Teil hat eigene Vorbemerkungen, die oft wichtige Inhalte haben. So finden sich in den Vorbemerkungen z.B. auch Anrechnungsvorschriften oder Hinweise darauf, wann eine Gebühr entstehen kann (vgl. z.B. zur Terminsgebühr Vorbemerkung 3 Abs. 3 VV RVG).

Die Vorbemerkungen tragen als erste arabische Ziffer immer die gleiche Ziffer wie der Teil, in dem man sich befindet, so findet sich z.B. Vorbemerkung 1 in Teil 1, Vorbemerkung 2 in Teil 2, Vorbemerkung 3 in Teil 3 usw. Eine Vorbemerkung 2 in Teil 1 gibt es nicht!

Die Vorbemerkungen, die zu jedem Teil aufgeführt sind, regeln Grundsätze, die für alle Gebühren, die in diesem Teil geregelt sind, gelten.

> **Beispiel:** „Vorbemerkung 1: Die Gebühren dieses Teils entstehen neben den in anderen Teilen bestimmten Gebühren."
>
> In Teil 1 gibt es 10 Vergütungsverzeichnisnummern (1000–1010 VV RVG). Die oben zitierte Vorbemerkung 1 ist auf jede Vergütungsverzeichnisnummer anzuwenden.

Nicht alle, jedoch die meisten Teile des Vergütungsverzeichnisses sind weiter in Abschnitte und Unterabschnitte eingeteilt. Vorbemerkungen, die vor Abschnitte gestellt sind, gelten nur für die in diesem Abschnitt geregelten Gebühren. Vorbemerkungen zu einzelnen Abschnitten tragen die gleiche arabische Ziffer wie der Abschnitt, in dem man sich gerade befindet, so findet sich die Vorbemerkung 2.4 in Teil 2 Abschnitt 4 des Vergütungsverzeichnisses.

Weitergehend sind Vorbemerkungen zu Unterabschnitten ebenfalls der jeweiligen Ziffer zugeordnet, die Vorbemerkung 3.2.1 findet sich z.B. in Teil 3, 2. Abschnitt, 1. Unterabschnitt des Vergütungsverzeichnisses.

Vorbemerkung	3.	2.	1.
	Teil	Abschnitt	Unterabschnitt

Auch anhand der Vergütungsverzeichnisnummern kann man erkennen, in welchem Teil und welchem Abschnitt des Vergütungsverzeichnisses man sich befindet.

Beispiel: Geschäftsgebühr Nr. 2300 VV RVG

Diese Geschäftsgebühr ist in Teil 2, Abschnitt 3 geregelt.

Nr. 2300 VV RVG

↙ ↘

Teil   Abschnitt

Verfahrensgebühr Nr. 3100 VV RVG

Nr. 3100 VV RVG

↙ ↘

Teil   Abschnitt

5. Anmerkungen

Unter einzelnen Gebührentatbeständen finden sich oft Anmerkungen. Die Anmerkungen sind optisch daran zu erkennen, dass sie kleiner gedruckt sind als die Gebührentatbestände und regelmäßig unterhalb der Gebührenhöhe aufgeführt sind. Beispielhaft soll die Einigungsgebühr nach Nr. 1000 VV RVG angeführt werden. Zur Einigungsgebühr nach Nr. 1000 VV RVG finden sich fünf Anmerkungen. Haben die Parteien z.B. eine außergerichtliche Einigung auf Widerruf geschlossen, so entsteht die Einigungsgebühr erst mit dem Ablauf der Widerrufsfrist. Dies ergibt sich aus Abs. 3 der Anmerkung (= Anm.) zu Nr. 1000 VV RVG.

Prüfungstipp: Die Anmerkungen sind in der Rechnung dann anzugeben, wenn sich aus ihnen z.B. eine Anrechnungsvorschrift ergibt.

Anhand der Nr. 3101 VV RVG soll beispielhaft die vom Gesetzgeber vorgesehene Zitierweise erläutert werden:

Nr.	Gebührentatbestand	Gebühr oder Satz der Gebühr nach § 13 RVG
3101	1. Endigt der Auftrag, bevor der RA die Klage, den ein Verfahren einleitenden Antrag oder einen Schriftsatz, der Sachanträge, Sachvortrag, die Zurücknahme der Klage oder die Zurücknahme des Antrags enthält, eingereicht oder bevor er einen Termin wahrgenommen hat, 2. soweit Verhandlungen vor Gericht zur Einigung der Parteien oder der Beteiligten oder mit Dritten über in diesem Verfahren nicht rechtshängige Ansprüche geführt werden; der Verhandlung über solche Ansprüche steht es gleich, wenn beantragt ist, eine Einigung zu Protokoll zu nehmen oder das Zustandekommen einer Einigung festzustellen (§ 278 Abs. 6 ZPO); oder 3. soweit in einer Familiensache, die nur die Erteilung einer Genehmigung oder die Zustimmung des Familiengerichts zum Gegenstand hat, oder in einem Verfahren der freiwilligen Gerichtsbarkeit lediglich ein Antrag gestellt und eine Entscheidung entgegengenommen wird, beträgt die Gebühr 3100	0,8

21

> (1) In den Fällen der Nummer 2 wird eine Gebühr nach dem Wert der nicht rechtshängigen Ansprüche auf eine Verfahrensgebühr, die wegen desselben Gegenstands in einem anderen Verfahren entsteht, angerechnet.
>
> (2) Nummer 3 ist in streitigen Verfahren der freiwilligen Gerichtsbarkeit und in Verfahren nach dem Gesetz über das gerichtliche Verfahren in Landwirtschaftssachen, nicht anzuwenden.

Die ersten drei Nummern (1., 2. u. 3.) sind Nummern der Vergütungsverzeichnis-Nr. 3101. Zitiert werden diese z.B.:

– Nr. 3101 Nr. 1 VV RVG (vorzeitige Beendigung);
   Nr. 3101 Nr. 2 VV RVG (Differenzverfahrensgebühr).

Am Beispiel des obigen Auszugs aus dem Vergütungsverzeichnis ist sehr schön zu erkennen, dass die Gebührenhöhe, nämlich 0,8, nicht in der gleichen Zeile steht wie die Zahl 3101. Damit ist klargestellt, dass der gesamte Text, der sich zwischen der Nr. 3101 und der Gebührenhöhe 0,8 befindet, zum Gebührentatbestand zählt. Es wird nochmals auf die **optische Unterscheidung** zwischen Gebührentatbestand und Anmerkung hingewiesen. Der Gebührentatbestand ist im Schriftbild größer als die unterhalb der Gebührenhöhe 0,8 stehende Anmerkung.

Bei den zwei unteren Absätzen (1) und (2) handelt es sich um Anmerkungen zu der Nr. 3101 VV RVG. Zitiert z.B. als: „Abs. 2 der Anm. zu Nr. 3101 VV RVG" oder „Nr. 3101 Anm. Abs. 2 VV RVG" oder „Nr. 3101 Anm. II VV RVG".

In diesem Beispiel besteht die Anmerkung zu Nr. 3101 VV RVG aus zwei Absätzen. Anmerkungen zu VV-Nrn. können auch einfach, d.h. ohne in Absätze unterteilt zu sein auftreten, so z.B. die Anm. zu Nr. 4118 VV RVG. Dann wird diese Anmerkung einfach als „Anm. zu Nr. 4118 VV RVG" zitiert.

Die Anmerkungen selbst können wiederum auch mehrere Nummern aufweisen, vgl. z.B. Nr. 3104 VV RVG. Dann lautet das Zitat „Abs. 1 Nr. 1 der Anm. zu Nr. 3401 VV RVG". In der Nr. 3201 VV RVG weist die Anmerkung hingegen zwar Nummern auf, jedoch keine Absätze. Dann wird folgendermaßen zitiert: „Nr. 2 der Anm. zu Nr. 3201 VV RVG".

Zur besseren Verständlichkeit: Arabische Zahlen, die mit einem Punkt versehen sind, so z.B. 1., werden als Nr. bezeichnet, so z.B. hier Nr. 1. Zahlen die sich in Klammern befinden sind Absätze, z.B. (1) = Absatz 1.

Obwohl es ungewöhnlich scheint zu schreiben: **Nr.** 3101 **Nr.** 1 VV RVG hat die Verfasserin für dieses Werk diese Schreibweise gewählt, da der Gesetzgeber dies ebenfalls so handhabt.

Frage: Könnte man auch schreiben: Nr. 3101 Ziff. 1 VV RVG? Einige Autoren zum RVG zitieren die 0,8 Verfahrensgebühr auf diese Art. 100 % korrekt sei dies nicht, erzählte mir ein zuständiger Mitarbeiter des Bundesjustizministeriums auf Nachfrage, da Ziffer nur bis 12 geht (Ziffernblatt) und im RVG aber z.B. auch Nr. 20 vorkommt (siehe § 18 RVG). Klären Sie daher bitte mit Ihren Lehrkräften, ob diese Schreibweise in der Abschlussprüfung akzeptiert wird. In vielen Kammerbezirken lässt man beides gelten (Nr. 3101 Nr. 1 VV RVG oder Nr. 3101 Ziff. 1 VV RVG). Falsch wäre jedoch: Nr. 3101 Abs. 1 VV RVG.

Prüfungstipp: Es wird immer wieder die Frage gestellt, ob Vorbemerkungen, Anmerkungen und Paragrafen in einer Abrechnung anzugeben sind. Dabei muss zwischen Praxis und Prüfung unterschieden werden.

In der Praxis fordert der Gesetzgeber weder die Angabe von Vorbemerkungen, noch Anmerkungen oder Paragrafen. In § 10 RVG, der den notwendigen Inhalt einer Rechnung behandelt, wird diesbezüglich nur die Angabe der Vergütungsverzeichnisnummer gefordert. Eine BGH-Rechtsprechung zu dieser Frage zu § 10 RVG gibt es noch nicht.

Was aber ist in der Prüfung zu beachten? Die Verfasserin kann naturgemäß keine Angaben darüber machen, welche Angaben Ihre Prüfer in Zukunft verlangen werden (vgl. bitte auch das Kapitel 1 „Welche Paragrafen sind in der Prüfung anzugeben?"). Sie sollten daher die Angaben auf Ihrer Prüfungsaufgabe genauestens studieren. Ist dort die Angabe von Vorbemerkungen oder Anmerkungen **generell** gefordert, sollten Sie diese auch in den Lösungen angeben. Möglicherweise fordert man dies aber nicht im Vorspann zur Prüfung, sondern gibt Ihnen bei den einzelnen Aufgaben an, welche Angaben zu machen sind. **Lesen Sie bitte daher aufmerksam Ihre Prüfungsaufgaben durch!**

Der Verfasserin ist bekannt, dass einige Kammern sich entschieden haben, bei den vollständigen Abrechnungen (nicht bei den allgemeinen Fragen!) nur die Vergütungsverzeichnisnummern abzufragen und nicht die entsprechenden Paragrafen. Dies wird aber in den verschiedenen Kammerbezirken unterschiedlich gehandhabt, so dass es sinnvoll sein kann, wenn Sie sich bei Ihren Lehrern bzw. bei der für Sie zuständigen Rechtsanwaltskammer danach erkundigen, welche Angaben in der Prüfung verlangt werden. Es sind bei den Beispielrechnungen die notwendigen Paragrafen in Klammern angegeben.

Im Zweifel sollten Sie Paragrafen, Vorbemerkungen oder Anmerkungen angeben. Haben Sie **richtig** zitiert, wird man Ihnen für zu viel Angegebenes, das richtig ist, sicherlich keine Punkte abziehen.

Beispiel Geschäftsgebühr:

1,3 Geschäftsgebühr
§§ 2 II,13 I, 14 I, Nr. 2300 VV RVG
(§ 2 II = Vergütungsverzeichnis
§ 13 I = Tabelle
§ 14 I = Rahmengebühr
Nr. 2300 VV RVG = Geschäftsgebühr)
Notwendig nach § 10 RVG:
1,3 Geschäftsgebühr
Nr. 2300 VV RVG

Beispiel: Anrechnungsvorschrift Geschäftsgebühr – außergerichtlich gemahnt, Klageerhebung:

1,3 Geschäftsgebühr
(§§ 2 II, 13 I, 14 I RVG), Nr. 2300 VV RVG
PT-Pauschale, Nr. 7002 VV RVG
Zwischensumme
19 % Umsatzsteuer, Nr. 7008 VV RVG
Summe

1,3 Verfahrensgebühr
(§§ 2 II, 13 I), Nr. 3100 VV RVG
PT-Pauschale, Nr. 7002 VV RVG
./. 0,65 Geschäftsgebühr,
Nr. 2300, Abs. 4 der Vorbem. 3 VV RVG
Zwischensumme
19 % Umsatzsteuer, Nr. 7008 VV RVG
Summe

Kapitel 3
Rahmen- und Festgebühren

Bei den anwaltlichen Gebühren werden verschiedene Gebührenarten unterschieden.

1. Rahmengebühren

Die Rahmengebühren sind eingeteilt in

- Satzrahmengebühren und
- Betragsrahmengebühren.

Beispiele für eine **Satzrahmengebühr** sind z.B. die Gebühr für die Prüfung der Erfolgsaussichten eines Rechtsmittels nach Nr. 2100 VV RVG und die Geschäftsgebühr, Nr. 2300 VV RVG. Die Gebühr für die Prüfung der Erfolgsaussichten eines Rechtsmittels nach Nr. 2100 VV RVG wird innerhalb eines Satzrahmens von 0,5 bis 1,0 gebildet (Mittelgebühr: 0,5 + 1,0 = 1,5; 1,5 : 2 = 0,75). Der Satzrahmen der Geschäftsgebühr nach Nr. 2300 VV RVG beträgt 0,5 bis 2,5 (Mittelgebühr: 0,5 + 2,5 = 3,0; 3,0 : 2 = 1,5).

Betragsrahmengebühren finden wir hauptsächlich in den Teilen 4–6 RVG. Hier sind Beträge vorgegeben, so z.B. in Nr. 4100 (Grundgebühr) ein Betragsrahmen von 40,00 bis 360,00 €. Aber auch die Geschäftsgebühr nach Nr. 2302 VV RVG ist eine Betragsrahmengebühr von 50,00 bis 640,00 €.

> **Wichtig:** Der **RA** bestimmt innerhalb des vorgegebenen Satz- oder Betragsrahmens seine Gebühr gemäß **§ 14 RVG** nach billigem Ermessen unter
> - Berücksichtigung des Einzelfalls, vor allem aber
> - des Umfangs der der anwaltlichen Tätigkeit,
> - der Schwierigkeit der anwaltlichen Tätigkeit,
> - der Bedeutung der Angelegenheit für den Auftraggeber sowie
> - der Einkommens- und Vermögensverhältnisse des Auftraggebers.

Das **Haftungsrisiko** kann berücksichtigt werden, bei Betragsrahmengebühren ist es zu berücksichtigen.

Sofern der Rechtsanwalt eine Geschäftsgebühr berechnen möchte, hat der Gesetzgeber aber bei Gebühren oberhalb einer Regelgebühr die Kriterien des § 14 I RVG eingeschränkt. So ist z.B. in der Anmerkung zu Nr. 2300 VV RVG geregelt, dass der Rechtsanwalt eine Gebühr von mehr als 1,3 nur fordern darf, wenn seine Tätigkeit umfangreich oder schwierig war. Alle übrigen Kriterien wie z.B. die Bedeutung der Angelegenheit für den Auftraggeber spielen über 1,3 dann keine Rolle mehr, wenn der Anwalt z.B. eine 1,6 Geschäftsgebühr abrechnen möchte.

2. Mittelgebühr

Hinweis: Bei durchschnittlichen Fällen wird in der Regel von der sogenannten Mittelgebühr ausgegangen.

Die Mittelgebühr bei **Satz**rahmengebühren errechnet sich, indem Mindestsatz und Höchstsatz addiert werden und der sich ergebende Betrag sodann durch 2 geteilt wird.

Die Mittelgebühr bei **Betrags**rahmengebühren errechnet sich, indem Mindest- und Höchstbetrag addiert und durch 2 geteilt werden.

Prüfungstipp: In den Abschlussprüfungen soll meistens von der Mittelgebühr ausgegangen werden. Denn eine Bemessung der Gebühr allein anhand einer gestellten Aufgabe ist schwierig vorzunehmen und noch schwieriger zu korrigieren. Ein entsprechender Hinweis findet sich meist zu Beginn der Prüfungsaufgabe. Daher ist es unbedingt erforderlich, dass das Berechnen der Mittelgebühr keine Schwierigkeiten bereitet.

Übungsfall:

Sie geben Ihrer Auszubildenden eine kleine Übungsaufgabe. Sie soll die jeweiligen Mittelgebühren berechnen:

a) Gebühr für die Prüfung der Erfolgsaussichten eines Rechtsmittels gem. Nr. 2100 VV RVG aus 2.000,00 €

b) Geschäftsgebühr gem. Nr. 2300 RVG aus 4.500,00 €

Als Ergebnis legt Ihnen die Auszubildende folgendes vor:

a) 112,50 €

b) 393,90 €

Überprüfen Sie die Berechnung (ausführlich) Ihrer Auszubildenden und erläutern Sie ihr ggf., was sie falsch gemacht hat.

Lösungsvorschlag:

a) 0,5 + 1,0 = 1,5; 1,5 : 2 = 0,75 (Mittelgebühr)
   Eine 1,0 Gebühr aus 2.000,00 € beträgt: 150,00 €

   150,00 € × 0,75 = 112,50 €. Aufgabe a) wurde von der Auszubildenden korrekt berechnet.

b) 0,5 + 2,5 = 3,0; 3,0 : 2 = 1,5 (Mittelgebühr)
   Eine 1,0 Gebühr aus 4.500,00 € beträgt: 303,00 €

   303,00 € × 1,5 = 454,50 €. Aufgabe b) wurde von der Auszubildenden nicht korrekt berechnet. Offensichtlich ist die Auszubildende bei der Geschäftsgebühr nicht von der Mittelgebühr, sondern vielmehr der Regelgebühr ausgegangen. Die Regelgebühr beträgt 1,3 und beläuft sich bei einem Wert in Höhe von 4.500 € auf 393,90 €.

Prüfungstipp: Möglicherweise verlangt man bei der Geschäftsgebühr, dass Sie von der Regelgebühr in Höhe von 1,3 ausgehen. **Bitte beachten Sie diesbezüglich unbedingt Ihre Angaben in der Prüfung!** Zur Regelgebühr siehe auch den nachfolgenden Abschnitt.

3. Die Regelgebühr von 1,3 bei der Geschäftsgebühr

Aus der Anmerkung zu Nr. 2300 VV RVG ergibt sich, dass der RA eine Gebühr von mehr als 1,3 nur fordern kann, wenn seine Tätigkeit **umfangreich *oder* schwierig** war.

Will der RA daher eine Geschäftsgebühr von mehr als 1,3 in Rechnung stellen, muss seine Tätigkeit umfangreich oder schwierig gewesen sein. Die anderen Kriterien, die in § 14 RVG genannt werden, spielen daher bei einer Geschäftsgebühr über 1,3 keine Rolle. Dies ist eine Besonderheit.

Übungsfall:

RA Huber hat in einer durchschnittlichen Unfallsache zwei Schreiben an die gegnerische Versicherung gerichtet. Er möchte nun die entstandene Geschäftsgebühr von der gegnerischen Versicherung erstattet verlangen und bittet Sie um Vorbereitung der Vergütungsrechnung. Von welchem Gebührensatz gehen Sie bei der abzurechnenden Geschäftsgebühr aus?

Lösungsvorschlag:

Da es sich um eine durchschnittliche Angelegenheit handelte und aus der obigen Fallgestaltung nicht ersichtlich ist, ob die Tätigkeit des Anwalts umfangreich oder schwierig war, wäre hier eine 1,3 Geschäftsgebühr in der Kostenrechnung anzusetzen, vgl. dazu Anmerkung zu Nr. 2300 VV RVG.

Prüfungstipp: Achten Sie in Ihrer Abschlussprüfung bei der Aufgabenstellung auf den Hinweis: „Die Tätigkeit des RA war weder umfangreich noch schwierig." Sie können davon ausgehen, dass in einem solchen Fall nach der sogenannten **Regel**-Geschäftsgebühr gefragt ist. Dies sind z.B. bei der Geschäftsgebühr Nr. 2300 die 1,3 und bei der Geschäftsgebühr Nr. 2302 VV RVG 300,00 €.

Übungsfall:

Die Auszubildende Ihrer Kanzlei kommt zu Ihnen und teilt mit, dass soeben ein wichtiger Mandant angerufen hat. Dieser hat sich am Telefon fürchterlich darüber beschwert, dass ihm gegenüber eine 1,8 Geschäftsgebühr abgerechnet worden sei. Üblicherweise würde doch immer nur eine 1,3 Geschäftsgebühr abgerechnet. Er verstand überhaupt nicht, wie die Kanzlei nun auf eine 1,8-Gebühr kommt. Es muss sich hier nach Ansicht des Mandanten um einen Fehler handeln. Die Auszubildende war etwas aufgeregt, da sie nicht gewusst hat, wie sie den Mandanten beruhigen soll. Sie hat ihm dann erklärt, dass sie sich der Sache annehmen werde, Rücksprache hält und ihn noch am selben Tag zurückrufen würde. Ihre Auszubildende weiß nun nicht, was sie dem Mandanten hierzu sagen kann. Welchen Hinweis würden Sie ihr geben?

Lösungsvorschlag:

Es wäre gut, die Auszubildende dafür zu loben, dass sie am Telefon so souverän reagiert hat. Sie hat ihre Sache sehr gut gemacht, da sie den aufgeregten Mandanten etwas beruhigen konnte und ihn um Geduld für einen Rückruf gebeten hat, sobald sie ihm Näheres zu seiner Frage sagen kann. Es sollte mit der Auszubildenden abklärt werden, ob sie dieses Telefonat selber führen aber ihrer Ausbilderin überlassen möchte. Der Mandant wird darauf hingewiesen, dass der Rechtsanwalt die Gebühr unter Berücksichtigung bestimmter Kriterien zu bilden hat. Diese Kriterien sind gesetzlich in § 14 I RVG geregelt. In der Regel fällt eine Geschäftsgebühr in Höhe von 1,3 nach Nr. 2300 VV RVG für die entsprechende Tätigkeit an. Inhaltlich wird der Mandant dann beim Rückruf darauf hingewiesen, dass die Geschäftsgebühr einen Rahmen bis 2,5 hat und aufgrund der Tatsache, dass die Sache umfangreich und/oder schwierig war, der Anwalt hier den Ansatz einer 1,8 Geschäftsgebühr für angemessen hält. Hier war die Sache offensichtlich umfangreich und/oder schwierig, so dass der Rechtsanwalt den Ansatz einer 1,8 Geschäftsgebühr für angemessen erachtet hat. Der Ansatz dieser Gebühr ist daher nicht zu beanstanden. Der Mandant wird höflich um Ausgleich der Rechnung gebeten.

4. Festgebühren

Festgebühren sind Gebühren, die feststehen und von denen weder nach oben noch nach unten abgewichen werden kann. Festgebühren sind auch nicht abhängig von der Höhe des Gegenstandswertes. Beispiele für Festgebühren finden wir in Teil 2, Abschnitt 5 des Vergütungsverzeichnisses (Beratungshilfe).

So beträgt beispielsweise die Beratungsgebühr bei Beratungshilfe nach Nr. 2501 VV RVG 35,00 €.

5. Wertgebühren

Wertgebühren werden aus dem Gegenstandswert berechnet. Dabei können Wertgebühren einen festen Gebührensatz aufweisen, aber auch einen Satzrahmen.

Beispiel: Wertgebühr mit festem Gebührensatz:
1,3 Verfahrensgebühr, Nr. 3100 VV RVG

Beispiel: Wertgebühr mit Satzrahmen:
0,5 bis 2,5 Geschäftsgebühr, Nr. 2300 VV RVG

Kapitel 4
Beratung – Gutachten – Mediation

1. § 34 RVG

Für die Tätigkeiten, die in § 34 I RVG genannt sind, soll der RA eine Gebührenvereinbarung treffen.

Diese Tätigkeiten sind:

- Beratung
- Erstellung eines Gutachtens
- Mediation

> **Beispiel:** Eine Mandantin sucht RAin Klar auf. Sie bittet um Beratung in einer erbrechtlichen Angelegenheit. Eine Vertretung wünscht sie nicht. Worauf weist RAin Klar die Mandantin hin?
>
> RAin Klar wird die Mandantin darauf hinweisen, dass sie eine Gebührenvereinbarung mit ihr treffen soll, § 34 RVG.

Hinweis: „Soll" heißt nicht „muss". Es gibt aber gute Gründe für den Anwalt, dieser „Sollvorschrift" des § 34 I RVG zu folgen. Schließt er keine Vereinbarung, hat dies für ihn Konsequenzen, die in § 34 I 2 RVG geregelt sind (§ 34 RVG unbedingt lesen!). Bei Fehlen einer Gebührenvereinbarung schuldet der Auftraggeber eine Vergütung nach dem BGB. Da der Anwaltsvertrag ein Dienstvertrag ist (Unterform: Geschäftsbesorgungsvertrag, § 675 BGB), gilt § 612 II BGB. Der Auftraggeber schuldet dann also die „übliche Vergütung". Die übliche Vergütung richtet sich nach dem, was in der speziellen Branche (hier: Anwälte) bei einem vergleichbaren Fall bei vergleichbarer Tätigkeit für einen vergleichbaren Anwalt ortsüblich ist. In den meisten Fällen wird dies eine Stundensatz- oder Pauschalvereinbarung sein (Bei Stundensatzvereinbarungen verpflichtet sich der Auftraggeber, die Tätigkeit des Anwalts mit einem bestimmten Betrag pro Stunde zu vergüten. Die Stundensätze können je nach Stadt/Ort sehr unterschiedlich hoch sein.

Aber: Ist der Auftraggeber ein Verbraucher, schuldet dieser bei fehlender Gebührenvereinbarung nicht eine Vergütung nach § 612 II BGB, sondern maximal 250,00 €, wobei § 14 RVG zu beachten ist, und, wenn es sich um ein erstes Beratungsgespräch handelte, maximal 190,00 €. Diese Beschränkung gilt für Beratungen und die Erstellung eines Gutachtens. Sie gilt nicht, wenn der Auftraggeber zwar ein Verbraucher ist, der Anwalt aber als Mediator tätig ist.

Was macht ein Mediator? Der Mediator ist so etwas wie ein Schlichter. Er kommt sehr häufig in Familiensachen vor. Hier suchen die Eheleute gemeinsam einen Anwalt auf, der als Mediator tätig wird und der versucht, mit den Parteien zusammen eine Scheidungsvereinbarung zu erreichen. Da der Mediator neutral sein muss, darf er im späteren gerichtlichen Verfahren aber keine der Parteien vertreten. Aber auch bei Erbauseinandersetzungen oder Unternehmensproblemen sucht man häufig die Hilfe eines Mediators.

> **Übungsfall:**
>
> RAin Klar hat mit ihrer Auftraggeberin, die sie in einer erbrechtlichen Angelegenheit mehrmals beraten hat, keine Gebührenvereinbarung getroffen. Sie beauftragt Sie, die Vergütungsrechnung schon einmal im Entwurf vorzubereiten. Sie sollen dabei die höchstmögliche Abrechnung vornehmen. Welche Überlegungen stellen Sie dabei an? (keine vollständige Gebührenabrechnung erforderlich)

> **Lösungsvorschlag:**
>
> Die Auftraggeberin gilt in einer erbrechtlichen Beratung als Verbraucherin. Sie schuldet RAin Klar maximal 250,00 € für die Beratung, wobei § 14 I RVG zu berücksichtigen ist. Hier hat es sich nicht um ein erstes Beratungsgespräch gehandelt, so dass die Obergrenze in Höhe von 190,00 € nicht gilt, § 34 I 3 RVG. Die Umsatzsteuer kann daneben gesondert verlangt werden. Eine PT-Pauschale oder einzeln berechnete Auslagen darf RAin Klar nur dann abrechnen, wenn sie auch wirklich Auslagen gehabt hat. Dies ist bei einem ersten Beratungsgespräch häufig nicht der Fall. Für das Übersenden der Vergütungsrechnung entstehen zwar Auslagen (Porto), dieses darf aber nach Anmerkung zu Nr. 7001 VV RVG nicht geltend gemacht werden.

> **Übungsfall:**
>
> RAin Klar hat mit ihrer Auftraggeberin, die sie in einer Angelegenheit für ihr Unternehmen beraten hat, keine Gebührenvereinbarung getroffen. Sie beauftragt Sie, die Vergütungsrechnung schon einmal im Entwurf vorzubereiten. Was ist bei der Erstellung der Vergütungsrechnung im Entwurf zu beachten?

> **Lösungsvorschlag:**
>
> Die Auftraggeberin schuldet RAin Klar eine Vergütung nach dem BGB („übliche Vergütung"), § 34 I 2 RVG. Man kann daher das abrechnen, was ein vergleichbarer Anwalt in einer vergleichbaren Region für eine vergleichbare Tätigkeit abrechnen würde. Konkrete Angaben sind aber aus der Aufgabenstellung nicht ersichtlich. Ohne weitere Angaben der Anwältin ist es daher nicht möglich, eine Vergütungsrechnung im Entwurf zu erstellen.

Wir unterscheiden: Es gibt eine gesetzliche Vorgabe, nach der ein RA eine Vereinbarung über seine Gebühren treffen **soll**. Dies gilt für die in § 34 I RVG aufgeführten Tätigkeiten. In anderen Fällen (z.B. außergerichtliche oder gerichtliche Vertretung) ist dem RA der Abschluss einer Vergütungsvereinbarung gem. § 3a ff. RVG mit dem Mandanten freigestellt.

Interessant: Die Gebühr für eine Beratung nach § 34 RVG kann nur dann abgerechnet werden, wenn der Anwalt keine andere gebührenpflichtige Tätigkeit gleichzeitig erbringt. Rechtsberatung ist das tägliche Geschäft des Anwalts. D. h. ein Anwalt berät auch z.B. im Zusammenhang mit einer außergerichtlichen Vertretung. Aber nur, wenn die Beratung allein erfolgt, also nicht auch zugleich eine Vertretung erfolgt, oder andere Gebührentatbestände erfüllt sind, kann die Abrechnung über § 34 RVG erfolgen.

Achtung: Sollte der Rechtsanwalt in unterschiedlichen gebührenrechtlichen Angelegenheit beraten, so kann die Gebühr für die Beratung auch zweimal entstehen.

Beispiel: Eine Mandantin sucht RAin Klar auf. Sie bittet um Beratung in einer arbeitsrechtlichen Angelegenheit, da sie unsicher darüber ist, wie viel Urlaubsanspruch ihr gesetzlich zusteht und welche Pausenzeiten vom Arbeitgeber einzuhalten sind. Gleichzeitig bittet sie RAin Klar um Auskunft darüber, was sie unternehmen kann, wenn ihr Nachbar eine neue Garage direkt angrenzend an die Grundstücksgrenze bauen möchte. Eine Gebührenvereinbarung wurde nicht getroffen.

RAin Klar wird in zwei unterschiedlichen Beratungsmandaten tätig. Zunächst einmal soll sie die Mandantin in einer arbeitsrechtlichen Angelegenheit beraten. Für den Fall einer gerichtlichen Auseinandersetzung würde hier das Arbeitsgerichtsgesetz greifen. Die Frage, welche Abstandsgrenzen einzuhalten sind, wenn der Grundstücksnachbar eine Garage errichten möchte, ist eine verwaltungsrechtliche Frage. Hier kommen bereits allein deshalb zwei gebührenrechtliche Angelegenheit in Frage, da schon unterschiedliche Verfahrensgesetze anzuwenden sind (Arbeitsrecht und Verwaltungsrecht). Aus diesem Grund kann RAin Klar auch zwei Beratungen abrechnen. Hat RAin Klar keine Gebührenvereinbarung getroffen, so wäre, da in unserem Beispiel von einer Erstberatung auszugehen ist, von zwei gebührenrechtlichen Angelegenheiten auszugehen. Hier darf jeweils maximal 190,00 € als Gebühr für die arbeitsrechtliche Angelegenheit und zusätzlich maximal 190,00 € für die verwaltungsrechtliche Angelegenheit abgerechnet werden, da die Mandantin Verbraucherin ist.

2. Anrechnung der Beratungsgebühr

Wenn nichts anderes vereinbart ist, ist die Gebühr für die Beratung auf eine Gebühr für eine sonstige Tätigkeit, die mit der Beratung zusammenhängt, anzurechnen, § 34 II RVG.

Übungsfall:

Ein Mandant lässt sich zunächst schriftlich beraten und erhält hierfür eine Abrechnung über 250,00 € zzgl. 20,00 € PT-Pauschale, netto. 8 Monate später beauftragt er den Anwalt, eine Klage wg. des Beratungsgegenstands einzureichen. Der Gegenstandswert beträgt 6.444,22 €. Der Gegenstand ist identisch mit dem Gegenstand der Beratung. Da der Gegner vor Klageeinreichung zahlt, muss die Klage nicht mehr eingereicht werden. Der Mandant erhält eine Vergütungsrechnung wie folgt:

Gegenstandswert: 6.444,22 €, § 2 I RVG

0,8 Verfahrensgebühr		
(§§ 2 II, 13 I RVG), Nr. 3101 Nr. 1 VV RVG	€	324,00
PT-Pauschale, Nr. 7002 VV RVG	€	20,00
Zwischensumme	€	344,00
19 % Umsatzsteuer, Nr. 7008 VV RVG	€	65,36
Summe	€	409,36

Nach Erhalt der Vergütungsrechnung ruft der Mandant an und beschwert sich, dass er noch einmal so viel zahlen muss, er habe schließlich schon die Beratung gezahlt. Er bittet um Überprüfung und Übersendung einer berichtigten Vergütungsrechnung.

Prüfen Sie die Angabe und erstellen Sie ggf. eine berichtigte Vergütungsrechnung.

Lösungsvorschlag:

Der Mandant hat recht, denn die Gebühr für die Beratung ist anzurechnen, § 34 II RVG. Auch liegen keine zwei Kalenderjahre zwischen den Aufträgen, so dass die Anrechnung entfallen könnte, § 15 V RVG. Da der Gegenstand der Beratung völlig deckungsgleich ist mit dem Gegenstand der Tätigkeit nach Prozessauftrag, ist in voller Höhe anzurechnen. Der Mandant erhält daher folgende berichtigte Kostenrechnung:

Gegenstandswert: 6.444,22 €, § 2 I RVG

0,8 Verfahrensgebühr (§§ 2 II, 13 I RVG), Nr. 3101 Nr. 1 VV RVG	€	324,00
./. Anrechnung der Beratungsgebühr, § 34 II RVG	./. €	250,00
Zwischensumme	€	74,00
PT-Pauschale, Nr. 7002 VV RVG	€	20,00
Zwischensumme	€	94,00
19 % Umsatzsteuer, Nr. 7008 VV RVG	€	17,86
Summe	**€**	**111,86**

Die PT-Pauschale für die Beratung ist nicht anzurechnen.

Wir halten fest:

- Die Beratung fällt unter § 34 RVG, eine Vergütungsvereinbarung für eine außergerichtliche oder gerichtliche Vertretung fällt jedoch unter die §§ 3a bis 4a RVG.
- Hat der RA für eine Beratung keine Vereinbarung getroffen, schuldet der Auftraggeber die übliche Vergütung; bei einem Verbraucher max. 250,00 € und beim ersten Beratungsgespräch gegenüber einem Verbraucher max. 190,00 €, § 34 I 3 RVG.
- Der RA kann für die Beratung eines Verbrauchers nicht 250,00 € plus 190,00 € abrechnen, sondern maximal 250,00 € oder maximal 190,00 €.
- Beim Unternehmer und bei der Mediation gelten die Höchstbeträge von maximal 250,00 € oder maximal 190,00 € nicht.
- Die PT-Pauschale nach Nr. 7002 VV RVG darf nur dann abgerechnet werden, wenn Auslagen auch entstanden sind; wobei das Porto für die Rechnung an den Mandanten nicht zählt.
- Zu der Gebühr für die Beratung wird Umsatzsteuer addiert (Ausnahme: manche Auslandsmandate oder Anwalt ist Kleinunternehmer).
- Wenn nichts anderes vereinbart ist, ist die Gebühr für die Beratung auf eine Gebühr für eine sonstige Tätigkeit, die mit der Beratung zusammenhängt, anzurechnen, § 34 II RVG.
- Die Anrechnungsvorschrift aus § 34 II RVG trifft sowohl für die vereinbarte Gebühr als auch für die Kappungsgrenzen beim Verbraucher zu.
- Der Rechtsanwalt kann die Anrechnung der vereinbarten Gebühr für die Beratung sowie der Kappungsgrenzen vertraglich ausschließen.
- Es ist darauf zu achten, wie viele gebührenrechtliche Angelegenheiten vorliegen.

3. Beratungshilfe

Ist der Mandant bedürftig und kann die Kosten einer anwaltlichen Beratung oder außergerichtlichen Vertretung nicht aufbringen, kann er Beratungshilfe beantragen, sofern die Inanspruchnahme nicht mutwillig erscheint und eine andere Möglichkeit zur Hilfe nicht zur Verfügung steht. Es gibt ein eigenes Beratungshilfegesetz, in dem die Voraussetzungen und der Verfahrensablauf geregelt sind.

Der Anwalt kann mit der Staatskasse abrechnen, sofern dem Mandanten Beratungshilfe bewilligt worden ist. Die Gebühren sind sogenannte Festgebühren.

Übersicht Festgebühren

2500	Beratungshilfegebühr	15,00 €
2501	Beratungsgebühr	35,00 €
2502	Beratungstätigkeit mit dem Ziel einer außergerichtlichen Einigung mit den Gläubigern über die Schuldenbereinigung auf der Grundlage eines Plans (§ 305 Abs. 1 Nr. 1 InsO)	70,00 €
2503	Geschäftsgebühr	85,00 €
2504	Tätigkeit mit dem Ziel einer außergerichtlichen Einigung mit den Gläubigern über die Schuldenbereinigung auf der Grundlage eines Plans (§ 305 Abs. 1 Nr. 1 InsO) bei Vertretung bis zum fünf Gläubigern	270,00 €
2505	wie 2504 bei sechs bis zehn Gläubigern	405,00 €
2506	wie 2504 bei Vertretung bis zu elf bis 15 Gläubigern	540,00 €
2507	wie 2504 bei mehr als 15 Gläubigern	675,00 €
2508	Einigungs- und Erledigungsgebühr	150,00 €

Sofern der Mandant eine gerichtliche Vertretung wünscht, greift die Prozesskostenhilfe. Diese ist in Kapitel 17 behandelt.

Hinweis: Bei der Beratungshilfegebühr in Höhe von 15,00 € handelt es sich um einen Brutto-Betrag, der vom Auftraggeber geschuldet wird. Damit beträgt die Gebühr netto 12,60 €, die hierauf entfallende Umsatzsteuer 2,39 €. Es ergibt sich ein Gesamtbetrag von 14,99 €, nicht 15,00 €. Der Rechtsanwalt ist verpflichtet, die Umsatzsteuer in Höhe von 2,39 € abzuführen, sofern er nicht als Kleinunternehmer nach § 19 UStG tätig wird. Dann kann er lediglich den Nettobetrag abrechnen.

Zu beachten ist, dass es sich bei der Beratungshilfegebühr in Höhe von 15,00 € nach Nr. 2500 VV RVG um einen Bruttobetrag handelt; die Umsatzsteuer ist hierin bereits enthalten. Diese ist auch entsprechend an das Finanzamt abzuführen. Der Gesetzgeber hat bedauerlicherweise nicht bedacht, dass hier eine Rundungsdifferenz entsteht. Würde der Rechtsanwalt 12,61 € berechnen, würde die hierauf entfallende Umsatzsteuer 2,40 € betragen. Damit ergäbe sich ein Gesamtbrutto-Betrag in Höhe von 15,01 €. Zu viel darf der Rechtsanwalt aber gegenüber dem Mandanten als Beratungshilfegebühr nicht berechnen. Er wird daher netto 12,60 € abrechnen. Die hierauf entfallende Umsatzsteuer beträgt dann 2,39 € und es ergibt sich ein Gesamtbetrag, der vom Mandanten zu zahlen ist, in Höhe von 14,99 €. Dies fällt insbesondere dann auf, wenn mit einer Anwaltssoftware gearbeitet wird.

Übungsfall:

Ein rechtsuchender Mandant wendet sich an RA K. Er bittet ihn, die Gegenseite außergerichtlich anzuschreiben, was auch geschieht. Nach einem weiteren Anschreiben an die Gegenseite ist die Sache erledigt. Da der Mandant hilfebedürftig war, hatte er sich beim zuständigen Amtsgericht einen Berechtigungsschein für eine Vertretung im Rahmen der Beratungshilfe ausstellen lassen. Diesen Berechtigungsschein hat er Herrn RA K zu Beginn des Mandats ausgehändigt. Erstellen Sie bitte die Vergütungsrechnung von RA K gegenüber der Staatskasse sowie gegenüber dem Mandanten.

Lösungsvorschlag:

Abrechnung gegenüber der Staatskasse:

Geschäftsgebühr, Nr. 2503 VV RVG	€	85,00
PT-Pauschale, Nr. 7002 VV RVG	€	20,00
Zwischensumme	€	102,00
19 % Umsatzsteuer, Nr. 7008 VV RVG	€	19,38
Summe	€	**121,38**

Abrechnung gegenüber Mandant:

Beratungshilfegebühr, § 2 II RVG, Nr. 2500 VV RVG	€	12,60
19 % Umsatzsteuer, Nr. 7008 VV RVG	€	2,39
Summe	€	**14,99**

Zu beachten ist darüber hinaus, dass die Erhöhung bei Vertretung mehrerer Auftraggeber nach Nr. 1008 VV RVG bei Wertgebühren voraussetzt, dass die Tätigkeit des Anwalts sich auf denselben Gegenstand erstreckt, Abs. 1 der Anmerkung zu Nr. 1008 VV RVG. Diese Einschränkung gilt jedoch nur für Wertgebühren und nicht für Festgebühren. Es ist also möglich, bei Vertretung von Mutter und Kind wegen verschiedener Gegenstände (Ehegattenunterhalt, Kindesunterhalt) die Erhöhung zu berechnen, soweit vom Gericht dieselbe Angelegenheit angenommen wird. Damit würde sich die Festgebühr für die außergerichtliche Vertretung im Rahmen der Beratungshilfe von 85,00 € um 25,50 € pro weiterem Auftraggeber, max. um 170,00 € erhöhen.

Vorsicht: Dies gilt aber eben nur bei Beratungshilfe. In einer „normalen" Unterhaltssache, d.h. einer solchen Angelegenheit außerhalb von Festgebühren, wenn nämlich Wertgebühren abgerechnet werden, kann man keine Erhöhung abrechnen, wenn man mehrere Auftraggeber wegen verschiedener Gegenstände vertritt. Hier wird die Mehrarbeit des Anwalts bereits über die Addition der Gegenstandswerte vergütet.

Wir halten fest:

- Bei Beratungshilfe zahlt die Staatskasse die Vergütung des Anwalts, § 44 S. 2 RVG.
- Beratungshilfe kann ein Mandant nur für die außergerichtliche Beratung oder Vertretung beantragen. Sobald die Tätigkeit des Anwalts gerichtlich werden soll, müsste Prozesskostenhilfe beantragt werden.
- Beratungshilfe wird nur gewährt, wenn der Auftraggeber die finanziellen Mittel für die Rechtsberatung oder außergerichtliche Vertretung nicht selbst aufbringen kann, die Inanspruchnahme nicht mutwillig ist und andere Möglichkeiten zur Hilfe nicht zur Verfügung stehen. Sie muss vor Auftragserteilung an den Anwalt beantragt werden, nachträglich spätestens innerhalb von 4 Wochen nach Inanspruchnahme der Hilfe durch einen Anwalt, § 6 II BerHG.

- Nach Ablauf von vier Wochen kann Beratungshilfe nachträglich nicht mehr bewilligt werden.
- Das Gericht kann eine Beratungshilfe auch wieder aufheben, vgl. dazu § 6a BerHG. Der Antrag kann auch vom Anwalt gestellt werden, wenn die in § 6a II BerHG genannten Voraussetzungen erfüllt sind.
- Beratungshilfe kann erteilt werden von Anwälten, aber auch von Steuerberatern, Wirtschaftsprüfern oder durch den Rechtspfleger bei Gericht gleich selbst.

Kapitel 5
Vergütungsvereinbarung

1. Vergütungsvereinbarung statt gesetzlicher Vergütung

Die Gebühren und Auslagen, die im RVG geregelt sind, nennt man „gesetzliche Vergütung". Es gibt verschiedene Gründe, warum ein RA nicht die gesetzliche Vergütung abrechnet, sondern vielmehr mit seinem Auftraggeber eine andere Vergütung vereinbart. Die Gründe können sein:

- die gesetzliche Vergütung ist in dem speziellen Fall zu niedrig,
- die gesetzliche Vergütung ist z.B. aufgrund eines sehr hohen Gegenstandswerts zu hoch oder
- der RA führt eine Tätigkeit gemäß § 34 I RVG aus, d.h. z.B.:
  - eine mündliche Beratung oder Auskunft
  - eine schriftliche Beratung oder Auskunft
  - die Erstellung eines Gutachtens
  - die Tätigkeit als Mediator.

Aufgepasst: Der RA darf in gerichtlichen Verfahren grundsätzlich keine Vergütungsvereinbarung schließen, die unter den gesetzlichen Gebühren liegt! Ausnahme: Er hat eine erlaubte Erfolgshonorarvereinbarung, vgl. dazu § 49b I BRAO (Bundesrechtsanwaltsordnung) in Verbindung mit § 4 I u. II sowie § 4a RVG geschlossen oder entscheidet sich am Ende des Mandats im Einzelfall dazu, die Gebühren zu reduzieren oder zu erlassen, z.B. weil der Mandant bedürftig geworden ist.

2. Bezeichnung

Wieso heißt es in § 34 RVG „Gebührenvereinbarung", in § 3a ff. RVG aber „Vergütungsvereinbarung"? Wenn wir uns genauer anschauen, was sich hinter dem Begriff „Vergütung" versteckt, gibt uns § 1 I RVG Aufschluss. Dort finden wir gleich im ersten Satz die Legaldefinition (gesetzliche Definition) des Begriffs „Vergütung": Es sind die Gebühren und Auslagen. Eine Gebührenvereinbarung ist also etwas anderes als eine Vergütungsvereinbarung.

Es wird teilweise angenommen, dass bei einer Gebührenvereinbarung nach § 34 RVG der Auftraggeber die Auslagen nach Teil 7 gesondert schuldet, ohne dass man dies extra vereinbaren müsste. Bei einer Vergütungsvereinbarung sind die Auslagen inklusive. Das heißt: Will der RA neben dem vereinbarten Honorar noch die Auslagen abrechnen, muss er das auch mit dem Auftraggeber vereinbaren, indem er z.B. in die Vereinbarung aufnimmt: „Die Auslagen einschließlich der Umsatzsteuer werden nach Teil 7 gesondert geschuldet." Auch gelten die Vorschriften des § 3a I 1 und 2 RVG nicht für eine Gebührenvereinbarung nach § 34 RVG.

Zur Bezeichnung als „Vergütungsvereinbarung" bei Vertretungsmandaten siehe auch die nachfolgende Ziff. 3. In der Praxis kann es leicht zu Verwirrungen kommen, wenn für Vereinbarungen mit dem Mandanten über die entstehenden Anwaltsgebühren unterschiedliche Begriffe verwendet werden wie Gebührenvereinbarung oder Vergütungsvereinbarung. Entweder ist hier strikt zu trennen: Man verwendet den Begriff „Gebührenvereinbarung" bei Tätigkeiten nach § 34 RVG und „Vergütungsvereinbarung" bei Vertretungsmandanten, die z.B. nach Teil 2 oder 3 VV RVG abgerechnet werden. Möglich ist es aber selbstverständlich auch im Beratungsbereich, d.h. der Abrechnung nach § 34 RVG, von einer Vergütungsvereinbarung zu sprechen. Hier sollte nur daran gedacht werden, dass in die Vereinbarung dann aufzunehmen ist, dass Auslagen wie Reisekosten, Dokumentenpauschale, PT-Pauschale und Umsatzsteuer neben der vereinbarten Gebühr für die Tätigkeit des Anwalts immer gesondert geschuldet werden. Fehlt dieser Zusatz, schuldet der Auftraggeber solche Auslagen nicht, wenn der Begriff Vergütungsvereinbarung gewählt wurde, da in diesem Begriff eben gerade auch die Auslagen mit umfasst sind, vgl. § 1 I RVG.

3. Anforderungen an die Wirksamkeit

Es gibt einige Anforderungen an eine wirksame Vergütungsvereinbarung. Zunächst einmal ist die Formvorschrift einzuhalten. Eine Vereinbarung über die Vergütung bedarf der Textform, § 3a I 1 RVG.

Textform? Was versteht man denn hierunter, fragt Ihre Auszubildende?

Zum 01.07.2008 hat der Gesetzgeber statt der früheren Schriftform die Textform für Vergütungsvereinbarungen eingeführt. Was unter Textform zu verstehen ist, regelt § 126b BGB. Textform bedeutet, dass es sich um lesbare Schriftzeichen handeln muss (z.B. also auch Dateiformate wie html, doc, docx, rtf, pdf), die Person des Erklärenden genannt ist und die Erklärung auf einem dauerhaften Datenträger abgegeben wurde. Die Textform ist also gewahrt, wenn man z.B. eine Vergütungsvereinbarung eingescannt, per Mail oder auch per Fax verschickt wird. Allerdings ist die Einhaltung der Textform nicht die einzige Voraussetzung für eine wirksame Vergütungsvereinbarung.

Eine Vereinbarung über die Vergütung muss als Vergütungsvereinbarung oder in vergleichbarer Weise bezeichnet werden, von anderen Vereinbarungen mit Ausnahme der Auftragserteilung deutlich abgesetzt sein und darf nicht in der Vollmacht enthalten sein, § 3a I 2 RVG. Bei dieser Regelung geht es vor allem darum, dass dem Mandanten klar wird, dass er eine Vergütungsvereinbarung unterzeichnet und er nicht „versehentlich" etwas unterzeichnet, wie z.B. eine Vollmacht, in der eine Vereinbarung über die Vergütung enthalten ist.

Weitere wichtige Voraussetzung ist, dass die Vereinbarung einen Hinweis enthalten muss, dass die gegnerische Partei, ein Verfahrensbeteiligter oder die Staatskasse im Falle der Kostenerstattung regelmäßig nicht mehr als die gesetzliche Vergütung erstatten muss, § 3a I 3 RVG.

Übungsfall:

Die Auszubildende in Ihrer Kanzlei fragt, ob es für den Abschluss einer Vergütungsvereinbarung zwischen RA und Auftraggeber eine Formvorschrift gibt

a) wenn der RA den Mandanten außergerichtlich vertritt?

b) wenn der RA den Mandanten berät? Sie hätte da so etwas gehört.

Was werden Sie der Auszubildenden antworten?

Lösungsvorschlag:

a) Für die außergerichtliche Vertretung gilt § 3a RVG. Danach ist gem. § 3a I 1 RVG eine Vergütungsvereinbarung in Textform (§ 126b BGB) abzuschließen.

b) Für ein Beratungsmandat gilt die Formvorschrift des § 3a I 1 RVG nicht, vgl. dazu § 3a I 4 RVG und in § 34 RVG ist keine Formvorschrift geregelt. Aus Beweisgründen empfiehlt es sich aber, die Vereinbarung ebenfalls in Textform festzuhalten.

Übungsfall:

Die Auszubildende in Ihrer Kanzlei hat einen Entwurf für eine Vergütungsvereinbarung erstellt und bittet Sie um Rat, ob sie alles richtig gemacht hat. Prüfen Sie den Entwurf und klären Sie die Auszubildende unter Angabe der gesetzlichen Bestimmungen über 3 Fehler der Vergütungsvereinbarung auf.

Beratervertrag

zwischen der Kanzlei

Meyer GbR
Musterstr. 13, 80137 München

– Vertragspartner zu I –

und

Fritz Beispiellos
Vorschlagstr. 77, 20003 Hamburg

– Vertragspartner zu II –

Vertragspartner zu I übernimmt die Vertretung in Sachen gegen Anton Müller wegen einer Mietsache.

Die Vertragspartner vereinbaren anstelle der gesetzlichen Gebühren nach dem Rechtsanwaltsvergütungsgesetz die folgende Vergütung:

1. Stundensatzvereinbarung

Die Abrechnung erfolgt nach Zeitaufwand, wobei die Vertragspartner einen Stundensatz von 250,00 € (in Worten: zweihundertfünfzig Euro) vereinbaren.

Es ist aber mindestens die gesetzliche Vergütung geschuldet, falls die Vergütung nach Stundensatz die gesetzliche Vergütung unterschreitet.

2. Fälligkeit

Die Vergütung ist nach Rechnungstellung fällig. Der Anwalt ist berechtigt, monatliche Abrechnungen zu erteilen.

Ort, Datum, Unterschrift

Lösungsvorschlag:

Die Vereinbarung ist nicht als Vergütungsvereinbarung bezeichnet, § 3a I 1 RVG. Beratervertrag ist auch keine vergleichbare Bezeichnung.

Darüber hinaus fehlt der Hinweis auf die begrenzte Kostenerstattungspflicht, § 3a I 3 RVG.

Die Angelegenheit, für die der Stundensatz vereinbart wird, ist nicht konkret genug bezeichnet. Es fehlt die Angabe, ob dies für eine außergerichtliche oder gerichtliche Tätigkeit gelten soll und falls ja, für welche Instanzen.

Das Mietobjekt ist nicht konkret bezeichnet, dies ist ebenso streitanfällig wie der Punkt zuvor.

Der Anwalt hat zum Stundensatz keine Regelung über die Auslagen und Umsatzsteuer getroffen. Diese wären daher mit dem Stundensatz abgegolten.

Prüfungstipp: In der Aufgabenstellung sind 3 Fehler gefordert; der Lösungsvorschlag enthält insgesamt 5 Fehler. In der Prüfung sollten Sie nur die notwendige Anzahl der Fehler benennen, denn Sie verlieren sonst Zeit.

4. Möglichkeiten der Vereinbarung

Mit einer Vergütungsvereinbarung, die für eine **Vertretung** (außergerichtlich oder gerichtlich) geschlossen wird, kann z.B. Folgendes vereinbart werden:

- Pauschalgebühr (z.B. 3.000,00 €)
- Stundensatz (z.B. 150,00 € oder 300,00 €)
- Zusatzhonorar für Besprechungen
- doppelter oder dreifacher Satz der gesetzlichen Gebühren
- Berechnung der Höchstgebühren bei Rahmengebühren (z.B. 2,5 bei der Geschäftsgebühr)
- Festlegung eines willkürlichen Streitwertes
- Tagespauschale für Abwesenheit
- höhere Reisekosten
- etc.

Nicht zulässig ist:

- die Vereinbarung eines Erfolgshonorars, das nicht den strengen gesetzlichen Anforderungen des § 4a RVG entspricht, vgl. dazu auch § 49b I 1 BRAO.
- der Abschluss einer Vergütungsvereinbarung unter Druck (z.B. „auf dem Gerichtsflur: Entweder Sie unterschreiben hier, oder ich werde Sie im Termin hängenlassen."), § 138 I BGB.

5. Erfolgshonorare

Erfolgshonorare darf man nur unter ganz bestimmten Voraussetzungen vereinbaren. Diese sind (vgl. dazu § 4a RVG):

- Vereinbarung nur im Einzelfall;
- Vereinbarung nur, wenn der Auftraggeber aufgrund seiner wirtschaftlichen Verhältnisse bei verständiger Betrachtung ohne die Vereinbarung eines Erfolgshonorars von der Rechtsverfolgung abgehalten würde;
- in gerichtlichen Verfahren nur, wenn für den Fall des Misserfolgs keine oder geringere Gebühren zu zahlen sind, wenn im Gegenzug für den Erfolgsfall ein angemessener Zuschlag auf die gesetzliche Vergütung vereinbart wird;
- wenn die in § 4a II u. III RVG geforderten Bestandteile enthalten sind, d.h. voraussichtliche gesetzliche Vergütung; ggf. die erfolgsunabhängige vertragliche Vergütung, zu der der RA bereit wäre, den Auftrag zu übernehmen;
- eine Angabe, welche Vergütung bei Eintritt welcher Bedingungen verdient sein soll;
- wesentliche Gründe für die Bemessung des Erfolgshonorars sowie
- ein Hinweis, dass die Vereinbarung keinen Einfluss auf die ggf. vom Auftraggeber zu zahlenden Gerichtskosten, Verwaltungskosten und die von ihm zu erstattenden Kosten anderer Beteiligter hat.

Die übrigen Voraussetzungen des § 3a RVG sind **zusätzlich** einzuhalten.

6. Zusammenfassung

Wir halten fest:

- Gebührenvereinbarungen für Beratungen, Mediation und Erstellung eines Gutachtens sind in § 34 RVG geregelt.
- Vergütungsvereinbarungen nach §§ 3a bis 4a RVG gelten in außergerichtlichen und gerichtlichen Angelegenheiten.
- **Vergütungs**vereinbarungen nach §§ 3a bis 4a RVG **kann** der RA abschließen.
- **Gebühren**vereinbarungen nach § 34 RVG **soll** der RA abschließen.
- Erfolgshonorare darf man unter ganz engen Voraussetzungen vereinbaren, vgl. § 4a RVG.
- Die Vergütung des RA besteht aus Gebühren und Auslagen, § 1 I RVG.
- Eine Vergütungsvereinbarung bedarf der Textform, § 3a I 1 RVG.
- Nach § 3a I 2 RVG muss die Vergütungsvereinbarung als Vergütungsvereinbarung oder in vergleichbarer Weise bezeichnet sein.
- Eine Vergütungsvereinbarung darf nicht in einer Vollmacht enthalten sein, § 3a I 2 RVG.
- Andere Vereinbarungen dürfen enthalten sein, müssen aber deutlich abgesetzt werden, § 3a I 2 RVG.
- Bei Stundensatzvereinbarungen wird die Tätigkeit des RA mit einem „Stundenlohn" vergütet.
- Man kann auch höhere Abwesenheitsgelder, Sonderhonorare für Besprechungen und z.B. Pauschalvergütungen vereinbaren.
- Es ist dem RA verboten, Gerichtskosten oder gegnerische Kosten für seinen Mandanten zu übernehmen, § 49b II BRAO.

Kapitel 6
Gerichtskosten

Das Gerichtskostengesetz (GKG) regelt im Wesentlichen die Gerichtskosten des Zivil- und Strafprozesses, in Arbeits- und Verwaltungsgerichtssachen, das FamGKG regelt die Gerichtskosten aus dem Bereich der freiwilligen Gerichtsbarkeit.

Hoppla: Das Gerichtskostengesetz gibt es bereits seit 1878! Es ist also wesentlich „älter" als das BGB (01.01.1900). Das GKG gliedert sich in 9 Abschnitte (Allgemeine Vorschriften, Fälligkeit, Vorschuss und Vorauszahlung, Kostenansatz, Kostenhaftung, Gebührenvorschriften, Wertvorschriften, Erinnerungen und Beschwerde sowie Schluss- und Übergangsvorschriften). Der **Anhang zum GKG** besteht aus **2 Anlagen** (Kostenverzeichnis – Anlage 1 zu § 3 II GKG und Tabelle der vollen Gebühren – Anlage 2 zu § 34 GKG).

Das GKG enthält in den §§ 39–60 wichtige Streitwertbestimmungen – näheres dazu siehe auch Kapitel 7 Gegenstandswert.

Prüfungstipp: Müssen Sie die Gerichtskosten für ein bestimmtes Verfahren berechnen und haben Sie keine Ahnung, wo dieses Verfahren im Kostenverzeichnis (KV) geregelt ist, können Sie die Gliederung zum schnelleren Suchen heranziehen, die vor dem KV steht.

Hinweis: Auch die Gerichtskosten für Arbeitsgerichtssachen werden nach dem GKG berechnet.

Achtung: Gemäß § 12 I GKG soll die Klage in bürgerlichen Rechtsstreitigkeiten erst nach Zahlung der Gebühr für das Verfahren im Allgemeinen zugestellt werden. Die Vorschusspflicht besteht auch bei Klageerweiterung, auch wenn diese erst in der Rechtsmittelinstanz erfolgt, § 12 I 2 GKG.

Für eine Zivilklage sind nach Nr. 1210 KV GKG drei volle Gebühren (= 3,0) einzuzahlen.

Ausnahme: Die Vorschusspflicht gilt nicht für
- die Widerklage (§ 12 II Nr. 1 GKG),
- bestimmte Rechtsstreitigkeiten über Erfindungen eines Arbeitnehmers (§ 12 II Nr. 2 GKG).

Nach § 12 III 1 GKG soll der Mahnbescheid erst nach Zahlung der dafür vorgesehenen Gebühr erlassen werden. Nach KV-Nr. 1100 betragen die Gerichtskosten für das Verfahren über den Antrag auf Erlass eines Mahnbescheides in Zivilsachen 0,5, mindestens jedoch 32,00 €.

Aber: Gerichtskosten können sich in zivilprozessualen Angelegenheiten von drei auf eine volle Gebühr (= 1,0) reduzieren, und zwar:
- durch Klagerücknahme in bestimmten Fällen (vgl. dazu Nr. 1211 Nr. 1 a–d KV GKG),
- bei Anerkenntnis- oder Verzichtsurteil und abgekürzten Urteilen nach § 313a II ZPO bzw. in den Fällen, in denen das Urteil nur deshalb Tatbestand und Entscheidungsgründe enthält, weil zu erwarten ist, dass das Urteil im Ausland geltend gemacht wird, § 313 IV Nr. 5 ZPO,

- Abschluss einer gerichtlichen Einigung,
- Erledigungserklärungen nach § 91a ZPO, wenn keine Entscheidung über die Kosten ergeht oder die Entscheidung einer zuvor mitgeteilten Einigung der Parteien über die Kostentragung oder der Kostenübernahmeerklärung einer Partei folgt,

es sei denn, dass bereits ein anderes als ein Anerkenntnis-, Verzichts- oder abgekürztes Urteil ergangen ist.

Dies ergibt sich aus den Nrn. 1211 Nr. 1 a–d, 2, 3, 4 KV GKG als Anlage 1 zu § 3 II GKG.

Übungsfall:

RA Müller erhebt Klage vor dem Landgericht Bamberg auf Zahlung eines Betrags von 6.500,00 €. Bitte berechnen Sie die mit der Klage einzuzahlenden Gerichtskosten, um den Verrechnungsscheck für die Einzahlung vorbereiten zu können.

Lösungsvorschlag:

Vorschusspflicht nach § 12 I GKG, 3 volle Gebühren aus 6.500,00 € = 3 × 184,00 € = 552,00 € gem. Nr. 1210 KV GKG, Anlage 1 zu § 3 II GKG.

Abwandlung:

Die Klage wird nach Zustellung an den Beklagten vom Kläger vor dem Schluss der mündlichen Verhandlung zurückgenommen. Ihr Mandant möchte wissen, welchen Einfluss dies auf die von Ihrer Kanzlei für ihn eingezahlten Gerichtskosten hat?

Lösungsvorschlag:

Die Gerichtskosten reduzieren sich gem. Nr. 1211 Nr. 1 a) KV GKG, Anlage 1 zu § 3 II GKG von drei vollen Gebühren auf eine volle Gebühr. Der Kläger erhält somit zwei Gebühren = 368,00 € erstattet.

Übungsfall:

In einer Klage wegen einer Forderung in Höhe von 8.000 € vor dem Landgericht München I wurde in der mündlichen Verhandlung ein Vergleich geschlossen. Ausweislich der Gerichtskostenrechnung belaufen sich die Gerichtskosten insgesamt auf 609 €.

Bitte überprüfen Sie die Gerichtskostenrechnung auf ihre Richtigkeit.

Lösungsvorschlag:

Da in der mündlichen Verhandlung ein Vergleich geschlossen worden ist, reduziert sich die 3,0 Verfahrensgebühr nach Nr. 1210 KV GKG auf eine 1,0 Verfahrensgebühr nach Nr. 1211 Nr. 3 KV GKG. Aus der Aufgabenstellung ist kein Grund ersichtlich, warum es nicht zu einer Gerichtskostenermäßigung hätte kommen sollen. Die Gerichtskostenrechnung ist daher falsch.

Hinweis: Die Gerichtskosten in Zwangsvollstreckungsangelegenheiten finden sich Teil 2 des Kostenverzeichnisses ab Nr. 2110 KV GKG.

So sind folgende Gerichtskosten zu bezahlen:

Nr.	Gebührentatbestand	
2110	Antrag auf Erteilung einer weiteren vollstreckbaren Ausfertigung nach § 733 ZPO	20,00 €
2111	Pfändungs- und Überweisungsbeschluss etc.	20,00 €
2112	Vollstreckungsschutzantrag nach § 765a ZPO	20,00 €

Achtung: Mahnbescheide können teuer werden. Wird ein Antrag auf Erlass eines Mahnbescheides eingereicht, so fallen für den Antragsteller Gerichtskosten in Höhe einer 0,5 Verfahrensgebühr nach Nr. 1100 KV GKG an, mindestens jedoch 32,00 €. Natürlich könnte man auf die Idee kommen, auch einen Betrag in Höhe von 20,00 € mittels Mahnbescheid gegen einen Schuldner titulieren zu lassen. Die Höhe der Gerichtskosten wird aber hier möglicherweise Manchem zu denken geben.

Interessant: Wird, weil der Antragsgegner bspw. Widerspruch erhoben und der Antragsteller einen entsprechenden Antrag bei Gericht gestellt hat, später das streitige Verfahren durchgeführt, so sind weitere 2,5 Gerichtskosten einzuzahlen. Man wäre dann hinsichtlich der Gerichtskosten bei dem Betrag, der auch eingezahlt werden müsste, wenn eine Klage eingereicht würde (0,5 + 2,5 = 3,0).

Übungsfall:

RA Huber reicht für seinen Mandanten den Antrag auf Erlass eines Mahnbescheids wegen einer offenen Forderung in Höhe von 12.320,00 € beim Zentralen Mahngericht für Bayern, Amtsgericht Coburg, ein. Der Schuldner erhebt fristgerecht Widerspruch. RA Huber beantragt die Abgabe des Verfahrens an das zuständige Streitgericht, das Landgericht München I und begründet den Anspruch.

Bitte berechnen Sie die Gerichtskosten bis zu diesem Zeitpunkt.

Lösungsvorschlag:

Einreichung Mahnbescheid:		
0,5 Verfahrensgebühr, Nr. 1100 KV GKG aus 12.320,00 €	€	133,50
Streitiges Verfahren:		
2,5 Verfahrensgebühr, Nr. 1210 KV GKG aus 12.320,00 €	€	667,50
Summe der Gerichtskosten	**€**	**801,00**

Kapitel 7
Gegenstandswert

1. Einführung

Die Berechnung des Gegenstandswerts macht oft Schwierigkeiten. Dies liegt daran, dass es verschiedene Gesetze mit unterschiedlichen Regelungen gibt. Oft weiß man nicht, welches Gesetz nun gilt. Daher ist es von großem Vorteil, wenn man die Reihenfolge bei der Gegenstandswertberechnung kennt und einhält. Diese Reihenfolge wird gleich erklärt, zuerst aber einen Hinweis zum Begriff.

Im **RVG** heißt es: Die Gebühren werden, soweit dieses Gesetz nichts anderes bestimmt, nach dem Wert berechnet, den der Gegenstand der anwaltlichen Tätigkeit hat (**Gegenstandswert**), § 2 I RVG.

Im **GKG** heißt es: Die Gebühren richten sich nach dem Wert des Streitgegenstands (**Streitwert**), soweit nichts anderes bestimmt ist, § 3 I GKG.

Die Gerichtskosten in Familiensachen und anderen Angelegenheiten der freiwilligen Gerichtsbarkeit, wie z.B. Betreuungssachen, Nachlasssachen, Unterbringungssachen, Freiheitsentziehungssachen und Verfahren in Registersachen sowie unternehmensrechtlichen Verfahren bestimmen sich nach dem FamGKG. In § 3 **FamGKG** heißt es: Die Gebühren richten sich nach dem Wert des Verfahrensgegenstands (**Verfahrenswert**), soweit nichts anderes bestimmt ist, § 3 FamGKG.

Im GNotKG heißt es: „Die Gebühren richten sich nach dem Wert, den der Gegenstand des Verfahrens oder des Geschäfts hat (**Geschäftswert**), soweit nichts anderes bestimmt ist, § 3 I GNotKG. Das GNotKG (Gerichts- und Notarkostengesetz) ersetzt seit 01.08.2013 die bis dahin geltenden Kostenordnung.

In der **ZPO** heißt es: Kommt es nach den Vorschriften dieses Gesetzes oder des GVG auf den Wert des Streitgegenstandes, des Beschwerdegegenstandes, der Beschwer oder der Verurteilung an, so gelten die nachfolgenden Vorschriften, § 2 ZPO. Hier ist der **Zuständigkeits- oder Zulässigkeitswert** gemeint.

Das RVG benutzt also den Begriff Gegenstandswert. Im GKG heißt es „Streitwert" oder und im FamGKG „Verfahrenswert". Gemeint ist im Grunde immer dasselbe. Der Wert, aus dem sich Gebühren oder Kosten berechnen.

Wir halten fest:

Das RVG hat einige Wertbestimmungen, die grundsätzlich anderen Gesetzen vorgehen, wenn der **RA** den Gegenstandswert für **seine Gebühren** berechnen möchte. So findet sich z.B. bei der Berechnung des Gegenstandswertes in Zwangsvollstreckungssachen eine eigene (im Übrigen für die Abschlussprüfung immens wichtige) Bestimmung, der § 25 RVG.

Vieles ist jedoch im RVG nicht geregelt. Daher verweist das RVG bei der Berechnung des Gegenstandswerts auf die „für die Gerichtsgebühren geltenden Wertvorschriften." (siehe dazu § 23 I 1 RVG). Solche Wertvorschriften finden sich z.B. im GKG für ZPO- und Arbeitsgerichtsverfahren und FamGKG für FamGKG-Verfahren (z.B. Ehesache, Sorgerechtssache, Unterhaltssache etc.).

> **Wichtig:** Das **GKG** ist hauptsächlich für die Berechnung des Gegenstandswertes in ZPO-Verfahren und in Arbeitsgerichtssachen maßgeblich. Es gilt aber auch für Verwaltungsgerichts- und Finanzgerichtsverfahren.

Hinweis: Über § 23 I 1 RVG gelten die entsprechenden Wertbestimmungen nicht nur für die Berechnung der Gerichtsgebühren, sondern auch für die Berechnung der Anwaltsgebühren.

Das Wichtigste in einer Tabelle:

RVG	GKG	FamGKG	GNotKG
Gegenstandswert § 2 I RVG	Streitwert § 3 I GKG	Verfahrenswert § 3 I FamGKG	Geschäftswert § 3 I GNotKG
§§ 22–33 RVG gelten für die Berechnung der Anwaltsgebühren	§§ 34–65 GKG gelten für die Berechnung der Gerichtskosten in ZPO-Verfahren	§§ 33–59 FamGKG gelten für die Berechnung der Gerichtskosten in FamGKG-Verfahren (gilt seit 0 1.9.2009)9.2009)	§§ 95–124 GNotKG gelten für die Berechnung der Notarkosten
geht bei der Berechnung des Anwaltsgebührenwertes anderen Regelungen (GKG, FamGKG) immer vor	gilt über § 23 I RVG für die Anwaltsgebühren auch dann, wenn die Tätigkeit des Anwalts gerichtlich ist oder gerichtlich sein könnte	gilt über § 23 I RVG für die Anwaltsgebühren auch dann, wenn die Tätigkeit des Anwalts gerichtlich ist oder gerichtlich sein könnte (FamGKG)	gilt über § 23 III RVG nur für die dort aufgezählten Tätigkeiten des RA bei der Erstellung von Verträgen (Tätigkeit ist nicht gerichtlich und könnte auch nicht gerichtlich sein, sogen. „andere Tätigkeiten")

Aber: Zunächst ist die Unterscheidung zwischen **Zuständigkeits- (Zulässigkeits-)** und **Gegenstandswert für die Berechnung von Gebühren** zu treffen

In den einzelnen Gesetzen finden sich verschiedene Bedeutungen des Wertes. In § 2 ZPO finden sich zunächst der Zuständigkeitsstreitwert (Wert des Streitgegenstandes), der Rechtsmittelstreitwert (Wert des Beschwerdegegenstandes, der Beschwer) und des Verurteilungsgegenstandes (Wert der Verurteilung). Diese Begriffe fallen unter den Oberbegriff des **Zuständigkeits- oder Zulässigkeitswert**. Seine Berechnung ergibt sich aus den §§ 3–9 ZPO.

Vorsicht: Von diesem Zuständigkeits- oder Zulässigkeitswert ist der Gegenstandswert oder auch Streitwert, dessen Berechnung sich nach §§ 22 ff. RVG, §§ 39 ff. GKG richtet, streng zu unterscheiden, da es ansonsten schon zu Beginn der Wertberechnung zu Fehlern kommt.

Prüfungstipp: Nach dem Zuständigkeits- oder Zulässigkeitswert wird häufig in der Abschlussprüfung zum Zivilprozessrecht (Rechtsanwendung im RA-Bereich) gefragt; nach dem Gegenstandswert oder Streitwert meistens in der Gebührenrechtsprüfung!

Da sich dieses Buch mit dem Vergütungs- und Kostenrecht befasst, wird auf den Zuständigkeits- oder Zulässigkeitswert nur eingegangen, um den Unterschied darzustellen und Verwechslungen zu vermeiden.

2. Zuständigkeits-/Zulässigkeits- oder Gegenstandswert?

Achtung: Diese Werte können ganz unterschiedlich sein!

Die **sachliche Zuständigkeit** des Gerichts bestimmt sich – sofern nicht abweichende Vorschriften bestehen – **nach dem Wert des Streitgegenstandes**. Gemäß § 23 Nr. 1 GVG gehören Streitigkeiten, deren Gegenstand an Geld oder Geldeswert bis 5.000,00 € beträgt, in den Zuständigkeitsbereich der Amtsgerichte. Ab Streitigkeiten von 5.000,01 € ist das Landgericht zuständig, § 71 GVG (bitte beachten Sie aber die Ausnahmeregelungen der §§ 23–27 GVG; Familiensachen, Mietstreitigkeiten über Wohnraum, usw.).

Ob ein **Rechtsmittel zulässig** ist, hängt in vermögensrechtlichen Streitigkeiten vom Beschwerdegegenstand ab, so muss z.B.

- der Beschwerdegegenstand im Berufungsverfahren 600,00 € übersteigen, § 511 II Nr. 1 ZPO
- der Beschwerdegegenstand bei der Nichtzulassungsbeschwerde zur Revision 20.000,00 € übersteigen, § 26 Nr. 8 EGZPO
- der Beschwerdewert in Kostensachen (Beschwerde gegen die Kostentragungspflicht) 200,00 € übersteigen, § 567 II 1 ZPO
- der Beschwerdewert in Kostensachen (z.B. gegen KFB, § 567 II 2 ZPO) 200,00 € übersteigen.

Sind keine besonderen Bestimmungen hinsichtlich des Werts vorrangig, so richtet sich der **Zuständigkeits- bzw. Zulässigkeitswert** in ZPO-Verfahren **immer** nach den **§§ 3 bis 9 ZPO**.

Achtung: Der Gegenstandswert für die Berechnung von Gebühren ist nicht zwangsläufig identisch mit dem Zuständigkeits- bzw. Zulässigkeitswert!

Der wichtigste Merksatz lautet daher:

Will man den Wert für die RA-Gebühren berechnen: Immer erst ins RVG dann über § 23 RVG ins GKG, FamGKG oder andere Kostengesetze schauen. Erst wenn man dort keine Wertvorschrift findet, ist es erlaubt, die Wertvorschriften, die sich aus den §§ 3 bis 9 ZPO ergeben, als Berechnungsgrundlage für den Gegenstandswert in Zivilprozesssachen heranzuziehen.

Merksatz:

Für den Anwalts-Gebührenwert gilt: GKG oder FamGKG vor ZPO!!

Beispiel: In einer Verkehrsunfallsache wird eine Klage wegen einer Schadensersatzforderung in Höhe von 3.000,00 € eingereicht. Die Klage wird, da der Wert nicht über 5.000,00 € liegt, beim Amtsgericht eingereicht, § 23 Nr. 1 GVG. Nach Zustellung der Klage an den Beklagten erhebt dieser Widerklage, da er der Auffassung ist, dass der Kläger und nicht er, der Beklagte, den Unfall verschuldet hat (wechselseitiger Schuldvorwurf). Der Beklagte beansprucht im Rahmen seiner Widerklage einen Betrag in Höhe von 2.900,00 €. Es stellen sich nun zwei Fragen:

a) Welches Gericht wird nun für die Verhandlung und Entscheidung über Klage und Widerklage zuständig sein?

b) Aus welchem Gegenstandswert kann der Klägervertreter seine Gebühren berechnen?

Bei Frage a) handelt es sich um eine rein verfahrensrechtliche Frage (welches Gericht ist sachlich zuständig), so dass sich die Antwort auf diese Frage ausschließlich nach dem Verfahrensrecht richtet. Hier gilt § 5 ZPO. Dieser besagt, dass die Werte von Klage und Widerklage nicht addiert werden. Die Sache bleibt daher beim Amtsgericht und wird auch vom Amtsgericht entschieden. Daran ändert sich auch nichts, wenn sich bei der Lösung zu Frage b) (siehe nachstehend) nun ergeben wird, dass der Gegenstandwert für die Rechtsanwaltsgebühren 5.900,00 € beträgt.

Frage b) ist eine gebührenrechtliche Frage. Für das Gebührenrecht regelt § 23 I 1 RVG, dass man zur Berechnung des Gegenstandswerts für die Anwaltsgebühren den für die Gerichtskosten maßgeblichen Paragraphen heranziehen darf. In Verbindung mit § 23 I 1 RVG regelt daher § 45 I GKG, dass die Werte von Klage und Widerklage dann zu addieren sind, wenn nicht derselbe Gegenstand betroffen ist. Bei einer Klage in einer Unfallsache ist generell nicht der derselbe Gegenstand betroffen, wenn bei wechselseitigem Schuldvorwurf Klage und Widerklage eingereicht werden, da das kaputte rote Auto des Klägers nichts mit dem kaputten grünen Auto des Beklagten zu tun hat. Für den Gegenstandwert für die Anwaltsgebühren ergibt sich daher ein Wert in Höhe von 5.900,00 €. „Seltsam, aber so steht es geschrieben."

Aber Vorsicht: Würde der Wert der Widerklage alleine die sachliche Zuständigkeit des Landgerichts begründen, weil z.B. der Beklagte mit seiner Widerklage einen Betrag über 5.000,00 € geltend macht, dann würde sich eine nachträgliche sachliche Unzuständigkeit gem. § 506 ZPO für das Klageverfahren ergeben. Die Sache würde dann vom Amtsgericht an das Landgericht abgegeben werden, wenn der Kläger dies beantragt. Hier ist aber wichtig zu unterscheiden. Im letztgenannten Beispiel erfolgt die Entscheidung durch das Landgericht auch nicht wegen einer Addition der Werte, sondern weil der Widerklagewert alleine die sachliche Zuständigkeit des Landgerichts begründen würde.

3. Gegenstandswert für die Anwaltsgebühren

a) Vorrang des RVG

In § 2 I RVG finden sich erste Hinweise für die Berechnung des Gebührenstreitwertes. So besagt § 2 I RVG, dass die Gebühren, soweit das RVG nichts anderes bestimmt, nach dem Wert berechnet werden, den der Gegenstand der anwaltlichen Tätigkeit hat (Gegenstandswert).

Übungsfall:

RA Müller fordert für Mandant Huber in einem außergerichtlichen Schreiben 2.780,00 €.

Ermitteln Sie den Gegenstandswert, aus dem sich die Vergütung des Anwalts berechnet.

Lösungsvorschlag:

Gegenstandswert: 2.780,00 €, § 2 I RVG.

Weiter: In derselben Angelegenheit werden die Werte mehrerer Gegenstände zusammengerechnet, § 22 I RVG.

Beispiel: Klage auf Zahlung eines Fahrzeugschadens (Unfall), der Sachverständigenkosten, des Nutzungsausfalls sowie unfallbedingter Barauslagen. Es handelt sich um vier Gegenstände in derselben Angelegenheit. Die Werte der einzelnen Gegenstände (Fahrzeugschaden, SV-Kosten, etc.) werden addiert, § 22 I RVG, und die Gebühren einmal hieraus berechnet, § 15 II RVG.

Grundsätzlich: Sind im RVG Gegenstandswerte geregelt, so gehen diese bei der Berechnung des Gebührenwerts immer vor.

So bestimmt sich der Wert in der Vollstreckung und bei der Vollziehung nach § 25 I RVG.

§ 25 I RVG:

„Der Gegenstandswert bestimmt sich
1. *nach dem Betrag der zu vollstreckenden Geldforderung einschließlich der Nebenforderungen; soll ein bestimmter Gegenstand gepfändet werden und hat dieser einen geringeren Wert, so ist der geringere Wert maßgebend; wird künftig fällig werdendes Arbeitseinkommen nach § 850d III ZPO gepfändet, so sind die noch nicht fälligen Ansprüche nach § 51 I 1 FamGKG und § 9 ZPO zu bewerten; im Verteilungsverfahren ist höchstens der zu verteilende Geldbetrag maßgebend;*
2. *nach dem Wert der herauszugebenden oder zu leistenden Sachen; der Gegenstandswert darf jedoch den Wert nicht übersteigen, mit dem der Herausgabe- oder Räumungsanspruch nach den für die Berechnung von Gerichtskosten maßgeblichen Vorschriften zu bewerten ist;*
3. *nach dem Wert, den die zu erwirkende Handlung, Duldung oder Unterlassung für den Gläubiger hat;*
4. *im Verfahren über die Erteilung der Vermögensauskunft nach § 802c ZPO nach dem Betrag, der einschließlich der Nebenforderungen aus dem Vollstreckungstitel noch geschuldet wird; der Wert beträgt jedoch höchstens € 2.000,00."*

Achtung: Es gilt **nur** für Angelegenheiten der Zwangsvollstreckung, dass zur Hauptforderung die Nebenforderungen (Zinsen und Kosten) zu addieren sind. Für übrige Verfahren gilt § 43 I GKG bzw. § 37 I FamGKG, die regeln, dass eben keine Addition der Nebenforderungen erfolgt. Hier geht für die Berechnung des Gegenstandswertes für die Anwaltsgebühren das RVG dem GKG (das für die Berechnung der Gerichtskosten gilt) vor!

Übungsfall:

Gegen Herrn Müller liegt ein Titel vor. Die Hauptforderung beträgt 2.000,00 € zuzüglich Zinsen in Höhe von 67,30 €. Die bisherigen Vollstreckungskosten belaufen sich auf 144,50 € (Vollstreckungsauftrag und Gerichtsvollzieherkosten). Es soll ein Pfändungs- und Überweisungsbeschluss beantragt werden.

Bitte bestimmen Sie den Gegenstandswert für die Berechnung der Anwaltsgebühren.

Lösungsvorschlag:

Hauptforderung	€	2.000,00
ausgerechnete Zinsen	€	67,30
bisherige Vollstreckungskosten	€	144,50
Summe	€	**2.211,80**

Ergebnis: Gegenstandswert: 2.211,80 €, § 25 I Nr. 1 RVG

Abwandlung:

RA Müller verklagt Hermann Friedrich in einer Zivilsache auf Zahlung eines Betrags von 4.000,00 € zzgl. 5 Prozentpunkte über dem Basiszinssatz nach § 247 BGB seit dem 28.07.2017.
Bitte bestimmen Sie den Gegenstandswert für die Berechnung der Anwaltsgebühren.

Lösungsvorschlag:

Gegenstandswert: 4.000,00 €, § 2 I RVG

(Anmerkung: Gemäß § 43 I GKG werden die Nebenforderungen nicht addiert). Hier gilt § 25 I Nr. 1 RVG nicht, da es sich nicht um eine Zwangsvollstreckungsangelegenheit handelt, sondern um eine Klage vor einem Zivilgericht.

Und: Etwas anderes gilt auch, wenn Zinsen als eigenständige Hauptforderung geltend gemacht werden. Dann gilt der Wert der Nebenforderungen, soweit er den Wert des Hauptanspruchs nicht übersteigt, § 43 II GKG.

Übungsfall:

Klage auf Zahlung von 7.400,00 € zzgl. 5 Prozentpunkte Zinsen über dem Basiszinssatz seit dem 02.08.2017 und 600,00 € Zinsen aus einer früheren, bereits bezahlten Hauptforderung.
Berechnen Sie den Gegenstandswert!

Lösungsvorschlag:

Gegenstandswert: 7.400,00 € + 600,00 € = 8.000,00 €, §§ 22 I, 23 I 1 RVG, § 43 I, II GKG (§ 39 I GKG).
Anmerkung: Die Zinsen i.H.v. 600,00 € können addiert werden, weil sie eine eigenständige von der 1. Hauptforderung unabhängige Forderung darstellen. Die übrigen Zinsen sind als Nebenforderung nicht zu addieren.

---

§ 28 RVG regelt den Gegenstandswert in Insolvenzverfahren, insbesondere Abs. 2 für die Forderungsanmeldung (Nennwert der Forderung; Nebenforderungen sind mitzurechnen).

b) Wertvorschrift § 23 RVG

> **Wichtig:** In gerichtlichen Verfahren bestimmt sich der Gegenstandswert nach den für die Gerichtsgebühren geltenden Wertvorschriften, § 23 I 1 RVG. Dies ist in bürgerlichen Rechtsstreitigkeiten das Gerichtskostengesetz (GKG), in Familiensachen gilt das FamGKG.

Und: Diese Wertvorschriften gelten sinngemäß auch für anwaltliche Tätigkeiten, die einem gerichtlichen Verfahren **vorausgehen**, insbesondere für Zahlungsaufforderungen, Mahnungen, Kündigungen, Versuche der gütlichen Einigung, ferner für die Vorbereitung der Klage usw. Dies ergibt sich aus § 23 I 3 RVG.

> **Aufgepasst:** Sind für die Gerichtsgebühren **keine** Wertvorschriften vorgesehen, so bestimmt sich der Gegenstandswert nach § 23 II RVG.

Und: Gemäß § 23 III RVG gelten in **anderen** Angelegenheiten (also die Angelegenheiten, die nicht gerichtlich sind und auch nicht gerichtlich sein könnten, z.B. Entwurf eines Vertrags), für den Gegenstandswert §§ 37, 38, 42 bis 45 sowie 99 bis 102 GNotKG sinngemäß.

§ 23 III RVG regelt weiter: Soweit sich der Gegenstandswert aus diesen Vorschriften nicht ergibt **und auch sonst nicht feststeht,** ist er nach **billigem Ermessen** zu bestimmen. In Ermangelung genügender tatsächlicher Anhaltspunkte für eine Schätzung und bei nicht **vermögensrechtlichen Gegenständen** ist der Gegenstandswert auf 5.000,00 € nach Lage des Falles niedriger oder höher, jedoch nicht über 500.000,00 € anzunehmen.

c) Gerichtliche Verfahren nach dem GKG

In den §§ 39 bis 60 GKG finden wir spezielle Wertvorschriften, die über § 23 I 1 RVG auch für die Berechnung der Anwaltsgebühren gelten. Einige wesentliche sollen hier herausgegriffen werden.

- **§ 39 I GKG**
  - In demselben Rechtszug Addition der Streitgegenstände, soweit nichts anderes bestimmt ist.
- **§ 39 II GKG**
  - Maximalstreitwert für die Gerichtskosten 30 Mio. € (**Achtung:** vgl. § 22 II RVG auch für die Anwaltsgebühren 30 Mio. €, jedoch nur bei einem Auftraggeber, bei mehreren Auftraggebern wegen verschiedenen Gegenständen mehrmals 30 Mio. €, maximal 100 Mio. €).
- **Rechtsmittelverfahren, § 47 I GKG**
  „Im Rechtsmittelverfahren bestimmt sich der Streitwert nach den Anträgen des Rechtsmittelführers. Endet das Verfahren, ohne dass solche Anträge eingereicht werden, oder werden, wenn eine Frist für die Rechtsmittelbegründung vorgeschrieben ist, innerhalb dieser Frist Rechtsmittelanträge nicht eingereicht, ist die Beschwer maßgebend."

Übungsfall:

Urteil gegen den Beklagten zur Zahlung von 18.000,00 €. Klageabweisung in Höhe von 1.600,00 €. Wegen dieses Anspruchs legt der Kläger Berufung ein.

Bitte berechnen Sie den Gegenstandswert für das Berufungsverfahren.

Lösungsvorschlag:

Gegenstandswert für das Berufungsverfahren: 1.600,00 €, § 23 I 1 RVG, § 47 I GKG

Abwandlung:

Urteil wie Übungsfall zuvor. Der Kläger möchte wegen eines Teilbetrags von 1.200,00 € Berufung einlegen. Sein RA legt die Berufung ein. Anträge und Begründung sollen einem gesonderten Schriftsatz vorenthalten bleiben. Der Gegenanwalt bestellt sich. Kurz darauf nimmt der RA des Klägers die Berufung wieder zurück, ohne Anträge gestellt zu haben.

Bitte berechnen Sie:

a) den Streitwert für die Gerichtskosten

b) den Gegenstandswert für die Gebühren des RA des Berufungsklägers

c) den Gegenstandswert für die Gebühren des RA des Berufungsbeklagten

Lösungsvorschlag:

a) der Wert für die Gerichtskosten beträgt 1.600,00 €, vgl. dazu § 47 I GKG

b) der Wert für die Gebühren des RA des Berufungsklägers beträgt 1.200,00 € (hier gilt der erteilte Auftrag), § 23 I 1 RVG, § 47 I GKG

c) der Wert für die Gebühren des RA des Berufungsbeklagten beträgt 1.600,00 € (Beschwer, Anträge waren noch nicht gestellt), § 47 I GKG

- **Zeitpunkt der Wertberechnung, § 40 GKG**

  Für gerichtliche Verfahren gilt für den Zeitpunkt der Wertberechnung die Vorschrift des § 40 GKG. Es gilt für die Wertberechnung der Zeitpunkt der ersten Antragstellung als entscheidend. Die Wertberechnung kann somit im Klageverfahren eine andere sein, als im Berufungsverfahren. Zwischenzeitliche Schwankungen bleiben unberücksichtigt.

  Für den Zuständigkeits- oder Zulässigkeitswert bestimmt § 4 I Hs. 1 ZPO ebenfalls, dass der Zeitpunkt der Einreichung der Klage bzw. der Einlegung des Rechtsmittels maßgebend ist.

Übungsfall:

RA M verklagt H im Auftrag des L auf Herausgabe von 10 detailliert bezeichneten Aktien. Zum Zeitpunkt der Klageeinreichung hatten die Aktien einen Kurswert von 3.500,00 €; drei Wochen später ist der Kurs auf 16.400,00 € angestiegen.

Bestimmen Sie den Gegenstandswert für das Klageverfahren.

Lösungsvorschlag:

Der Gegenstandswert beträgt gem. § 23 I 1 RVG, § 40 GKG 3.500,00 €.

Anmerkung: Die Kursänderung hat keinen Einfluss auf die sachliche Zuständigkeit des Amtsgerichts, §§ 2, 4 I 1. Hs. ZPO, §§ 23 Nr. 1, 71 I GVG.

Abwandlung:

Das Amtsgericht gibt der Klage vollumfänglich statt. RA M legt Berufung gegen das Urteil ein. Am Tag der Berufungseinlegung hatten die Aktien einen Kurswert von 16.400,00 €, zwei Wochen später aufgrund eines großen Börsencrashs nur noch von 460,00 €.

Ermitteln Sie den Gegenstandswert für das Rechtsmittelverfahren.

Lösungsvorschlag:

Die Gebühren berechnen sich entsprechend § 23 I 1 RVG, §§ 47, 40 GKG nach dem Tag der Berufungseinlegung, Wert also hier: 16.400,00 €.

Hinweis: Die Zulässigkeit des Rechtsmittels ist durch den Kursverfall nicht berührt, es zählt der Tag der Einlegung der Berufung, (§§ 2, 4 I 1. Hs, 511 II Nr. 1 ZPO Beschwerdegegenstand 600,00 € wird überstiegen).

- **Mietsache, § 41 I 1 GKG**

Miet-, Pacht- und ähnliche Nutzungsverhältnisse

„Ist das Bestehen oder die Dauer eines Miet- Pacht- oder ähnlichen Nutzungsverhältnisses streitig, ist der Betrag des auf die streitige Zeit entfallenden Entgelts und, wenn das einjährige Entgelt geringer ist, dieser Betrag für die Wertberechnung maßgebend. Das Entgelt nach Satz 1 umfasst neben dem Nettogrundentgelt Nebenkosten dann, wenn diese als Pauschale vereinbart sind und nicht gesondert abgerechnet werden.“

Nebenkosten, die als nicht mehr abzurechnende Pauschale neben der Miete gefordert werden, sind zur Miete zu addieren sind und der Gegenstandswert erhöht sich somit entsprechend.

Prüfungstipp: Achten Sie in der Abschlussprüfung bei derartigen Aufgaben auf Hinweise dazu, ob die Nebenkosten vom Vermieter gegenüber dem Mieter noch abgerechnet werden oder nicht abgerechnet werden.

Übungsfall:

RA Flott kündigt ein bestehendes Mietverhältnis durch ein entsprechendes Kündigungsschreiben im Auftrag seiner Mandantin. Die monatliche Miete beträgt 600,00 € plus einer monatlichen Nebenkostenpauschale von 100,00 €, die jeweils im Folgejahr abgerechnet wird.

Berechnen Sie bitte den Gegenstandswert.

Lösungsvorschlag:

Gegenstandswert: 600,00 € × 12 = 7.200,00 €, §§ 23 I 1 RVG, 41 I GKG

Erläuterung: Die Nebenkostenpauschale ist hier nicht zu addieren, da sich aus der Aufgabenstellung ergibt, dass über diese eine gesonderte Abrechnung erfolgt.

Übungsfall:

Die Parteien streiten sich vor Gericht darüber, ob das Mietverhältnis am 30.06.2017 oder aber am 31.08.2017 beendet ist. Die Miete beträgt 800,00 € zzgl. einer nicht mehr abzurechnenden Nebenkostenpauschale von 250,00 €.

Bitte berechnen Sie den Gegenstandswert.

Lösungsvorschlag:

Gegenstandswert: 800,00 € + 250,00 € × 2 = 2.100,00 €, §§ 23 I 1 RVG, 41 I 1 u. 2 GKG

Erläuterung: Da sich aus der Aufgabenstellung ergibt, dass über die Nebenkostenpauschale keine gesonderte Abrechnung mehr erfolgt, ist diese zum Nettogrundentgelt (Miete) zu addieren. Da Streit nur über 2 Monate besteht, ist auch nur der 2-monatige Wert zugrunde zu legen.

- **Räumung, § 41 II 1 GKG**

  „Wird wegen Beendigung eines Miet-, Pacht- oder ähnlichen Nutzungsverhältnisses die Räumung eines Grundstücks, Gebäudes oder Gebäudeteils verlangt, so ist ohne Rücksicht darauf, ob über das Bestehen des Nutzungsverhältnisses Streit besteht, das für die Dauer eines Jahres zu entrichtende Entgelt maßgebend, wenn sich nicht nach Absatz 1 ein geringerer Streitwert ergibt.“

  Verlangt ein Kläger die Räumung oder Herausgabe auch aus einem anderen Rechtsgrund (also nicht wegen Beendigung; z.B. bei Hausbesetzung), so ist der Wert der Nutzung eines Jahres maßgebend, § 41 II 2 GKG.

Übungsfall:

Jörg Müller wurde die Wohnung gekündigt. Zum Kündigungszeitpunkt zieht er nicht aus, so dass schließlich eine Räumungsklage gegen ihn eingereicht wird. Die Miete hat monatlich 400,00 € betragen.

Bitte berechnen Sie den Gegenstandswert für die Anwaltsgebühren.

Lösungsvorschlag:

Gegenstandswert: 12 × 400,00 € nach § 23 I 1 RVG, § 41 II GKG = 4.800,00 €.

Werden mit der Räumungsklage Mietrückstände geltend gemacht, sind diese zu addieren (mehrere Gegenstände in einer Klage – die Werte sind zu addieren – auch sogenannte objektive Klagenhäufung), §§ 22 I RVG, 39 I GKG.

Übungsfall:

Jörg Müller wurde die Wohnung gekündigt, da er mit der Zahlung der Miete 4 Monate in Rückstand ist. Zum Kündigungszeitpunkt zieht er nicht aus, so dass schließlich Räumungsklage gegen ihn eingereicht wird. Die Miete hat monatlich 400,00 € betragen. Mit der Klage werden Mietrückstände von zwischenzeitlich 6 Monaten geltend gemacht.

Bitte berechnen Sie den Gegenstandswert für die Anwaltsgebühren.

Lösungsvorschlag:

Gegenstandswert: 12 × 400,00 € nach § 23 I 1 RVG, § 41 II GKG = 4.800,00 € zzgl. 6 × 400,00 € (Rückstände) = 2.400,00 €, insgesamt somit 7.200,00 €, § 22 I RVG (§ 39 I GKG).

- **Schadensersatzrente, § 9 ZPO**

  Da es im GKG keine Regelung zur Schadensersatzrente gibt, kommt über § 48 I 1 GKG der § 9 ZPO zur Anwendung. Da eine Geldrente eine wiederkehrende Leistung ist, beträgt der Wert das 3,5-fache des geforderten Betrags.

Übungsfall:

Frau Müller klagt aufgrund eines Unfalls. Ihr wird durch Urteil die eingeklagte monatliche Rentenzahlung in Höhe von 1.200,00 € zugesprochen.

Bitte ermitteln Sie den Gegenstandswert.

Lösungsvorschlag:

Gegenstandswert: 1.200,00 € × 12 = 14.400,00 € × 3,5 = 50.400,00 €
§§ 23 I 1 RVG, 48 I 1 GKG, 9 ZPO

Abwandlung:

Gleicher Sachverhalt wie zuvor. Allerdings war auch eine Schmerzensgeldzahlung zusätzlich zur Rente in Höhe von 70.000,00 € beantragt. Diese wurde auch zuerkannt. Bitte berechnen Sie den Gegenstandswert.

Lösungsvorschlag:

Gegenstandswert: 1.200,00 € × 12 = 14.400,00 € × 3,5 = 50.400,00 €
§§ 23 I 1 RVG, 48 I 1 GKG, 9 ZPO
50.400,00 €+ 70.000,00 € = 120.400,00 €, § 22 I RVG

Prüfungstipp: Mehrere Ansprüche werden nach § 22 I RVG und § 39 I GKG zusammengerechnet. § 22 I RVG, der diesbezüglich gleichen Inhalts ist, gilt für die Rechtsanwaltsgebühren! Wird nach dem Gegenstandswert für die Anwaltsgebühren gefragt, ist richtigerweise § 22 I RVG in derartigen Fällen zu zitieren, da das RVG immer als Spezialgesetz vorgeht. In vielen Prüfungen wird aber auch § 39 I GKG angegeben. Das

ist für die Anwaltsgebühren eigentlich falsch. Sprechen Sie hier mit Ihrer Lehrkraft und erkundigen Sie sich, was für die Abschlussprüfung verlangt wird.

- **Klage und Widerklage, § 45 GKG**

§ 45 I 1 u. 3 GKG

„*In einer Klage und in einer Widerklage geltend gemachte Ansprüche, die nicht in getrennten Prozessen verhandelt werden, werden zusammengerechnet .... Betreffen die Ansprüche des Satzes 1 oder 2 denselben Gegenstand, ist nur der Wert des höheren Anspruchs maßgebend.*"

Übungsfall:

Klage in einer Unfallsache mit wechselseitigem Schuldvorwurf. Der Kläger fordert 2.600,00 €, der Beklagte erhebt Widerklage und beantragt, den Kläger zur Zahlung von 3.000,00 € zu verurteilen.

Bitte berechnen Sie den Gegenstandswert.

Lösungsvorschlag:

Es handelt sich nicht um denselben Gegenstand, da es verschiedene Ansprüche sind. Hier also Wertaddition, somit 2.600,00 € + 3.000,00 € = 5.600,00 €, §§ 23 I 1 RVG, 45 I 1 GKG.

Zu beachten: Beim **Zuständigkeits- oder Zulässigkeitswert** werden Klage und Widerklage *nicht* addiert, § 5 ZPO!!

Übungsfall:

Klage beim Amtsgericht wegen einer Forderung in Höhe von 2.900,00 €. Widerklage des Beklagten, Wert: 3.000,00 €. Erhebung der Widerklage in demselben Prozess.

Bleibt das Amtsgericht für die Verhandlung und Entscheidung über diese Klage mit Widerklage zuständig?

Lösungsvorschlag:

Das Amtsgericht bleibt zuständig, da beim Zuständigkeitswert Klage und Widerklage nicht addiert werden, § 5 ZPO.

Vorsicht: Sofern allerdings der Wert der Widerklage allein 5.000,00 € überschreitet und damit die sachliche Zuständigkeit des Landgerichts begründen würde, erfolgt, sofern eine Partei dies vor weiterer Verhandlung beantragt, eine Abgabe der Sache an das Landgericht, § 506 ZPO (nachträgliche sachliche Zuständigkeit).

Beispiel: Klage auf Zahlung einer Forderung in Höhe von 2.900,00 €. Widerklage in demselben Verfahren, Wert: 7.000,00 €.

Die Klage wurde beim Amtsgericht eingereicht. Da der Wert der Widerklage alleine bereits die sachliche Zuständigkeit des Landgerichts begründet, ist diese Sache an das Landgericht zur Verhandlung und Entscheidung abzugeben.

- **Hilfsweise Aufrechnung, § 45 III GKG**

„Macht der Beklagte hilfsweise die Aufrechnung mit einer bestrittenen Gegenforderung geltend, so erhöht sich der Streitwert um den Wert der Gegenforderung, soweit eine der Rechtskraft fähige Entscheidung über sie ergeht.

§ 45 IV GKG: Bei Erledigung des Rechtsstreits durch Vergleich sind die Absätze 1 bis 3 entsprechend anzuwenden."

Übungsfall für „Einserkandidaten":

Huber verklagt Müller auf Zahlung von 10.000,00 €. Der Beklagte stellt den Antrag, die Klage abzuweisen. Hilfsweise rechnet er mit einer Gegenforderung in Höhe von 12.000,00 € auf. Das Gericht urteilt, dass die Klageforderung zwar begründet, aber durch die hilfsweise zur Aufrechnung gestellte Gegenforderung erloschen ist.

Bitte berechnen Sie den Gegenstandswert.

Lösungsvorschlag:

10.000,00 € + 10.000,00 € = 20.000,00 €.

Der Gegenstandswert beträgt hier deswegen 20.000,00 €, weil Klageforderung und Gegenforderung bestritten waren und das Gericht über die Gegenforderung „der Rechtskraft fähig" entschieden hat. Zudem ist noch § 322 II ZPO zu beachten. Die Gegenforderung kann nur bis zur Höhe der Klageforderung in Höhe von 10.000,00 € berücksichtigt werden, § 322 II ZPO, §§ 23 I 1 RVG, 45 III GKG.

Erläuterung: Beide Forderungen (Klageforderung und Gegenforderung) waren bestritten. (Wäre die Klageforderung nicht bestritten, so wäre nicht eine Hilfs- sondern eine Primäraufrechnung erfolgt, die sich nicht werterhöhend auswirkt!) Dies liegt daran, dass bei einer Primäraufrechnung, also einer direkten Aufrechnung die Klageforderung nicht bestritten wird und sich das Gericht deshalb auch gar nicht damit befassen muss. Über die Gegenforderung wurde auch eine der Rechtskraft fähige Entscheidung verkündet. (Beachten Sie bitte: Die Entscheidung muss nicht rechtskräftig werden, nur der Rechtskraft fähig sein!)

Erläuterung des § 322 II ZPO an einem Beispiel:

Müller klagt auf Zahlung von 2.000,00 € gegen Huber. Huber sagt in seiner Klageerwiderung sinngemäß: Das stimmt nicht. Der Müller bekommt keine 2.000,00 € mehr von mir. Höchst vorsorglich erkläre ich aber hilfsweise die Aufrechnung (hilfsweise = nur für den Fall, dass das Gericht die Klage für begründet hält) mit 3.000,00 €.

Das Gericht prüft nun also, ob diese Gegenforderung dem Huber wirklich zusteht und die Klageforderung deshalb erloschen ist. Stellen wir uns vor, dass Gericht bejaht dies.

Dann erstreckt sich die Entscheidung des Gerichts bezüglich der Gegenforderung aber nur bis zur Höhe der eingeklagten 2.000,00 €. Würde sich die Rechtskraft des Urteils auf die vollen 3.000,00 € erstrecken, könnte der Huber seine restlichen 1.000,00 € in den Wind schreiben. Daher erstreckt sich das Urteil über die Gegenforderung nur bis maximal zur Höhe der Klageforderung. Ist ja auch logisch, denn Huber wäre ganz schön sauer, wenn er die restlichen 1.000,00 € (seine Gegenforderung betrug ja 3.000,00 €) nicht mehr einklagen könnte. Und weil das Gericht zusätzliche Arbeit mit der Prüfung der Gegenforderung hatte, erhöht sich der Gegenstandswert entsprechend.

Wir halten fest:

- Wertbestimmungen nach dem RVG gehen bei der Berechnung des Gegenstandswertes für Anwaltsgebühren immer vor (§§ 22–33 RVG).
- Sind im RVG keine speziellen Paragrafen für die Berechnung des Gegenstandswerts zu finden, gelten in gerichtlichen Verfahren und in Verfahren, die gerichtlich werden könnten die Wertvorschriften für die Gerichtsgebühren, vornehmlich also über § 23 I RVG das GKG und das FamGKG.
- Für Fälle, die nicht gerichtlich werden können (z.B. Vertragsentwürfe) sind in § 23 III RVG spezielle Vorschriften aus dem GNotKG angegeben.
- Arbeitsgerichtssachen werden auch nach dem GKG bewertet.
- Nur in den Fällen – und nur dann –, in denen sich für Zivilprozess-Angelegenheiten im GKG keine Paragrafen finden, dürfen für die Berechnung des Gebührenwerts die Wertvorschriften des §§ 3 bis 9 ZPO herangezogen werden, die sonst für die Berechnung des Zuständigkeits- oder Zulässigkeitswerts maßgeblich sind.
- Gegenstandswerte sind nach § 10 RVG in der Rechnung des Anwalts mit anzugeben.

Prüfungstipp: In der Abschlussprüfung ist jede Gegenstandswertberechnung mit Rechenschritten (12 × 500,00 € = 6.000,00 €, statt nur 6.000,00 €) anzugeben, damit der Prüfer nachvollziehen kann, wie der Prüfling das Ergebnis ermittelt hat. In jeder Vergütungsrechnung des RA sind die Paragrafen für die Wertbestimmung anzugeben.

Kapitel 8
Außergerichtliche Tätigkeit

1. Beratung

Zur Vermeidung von Wiederholungen wird diesbezüglich auf Kapitel 4 verwiesen. Die außergerichtliche Tätigkeit des Anwalts umfasst aber neben der Beratung, Erstellung eines Gutachtens oder Mediation (vgl. § 34 RVG) noch andere Tätigkeiten, die nachfolgend dargestellt sind.

2. Prüfung der Erfolgsaussichten eines Rechtsmittels

Wird der RA von einem Auftraggeber gebeten, zu prüfen, ob ein Rechtsmittel (Berufung, Revision, Beschwerde, sofortige Beschwerde, Rechtsbeschwerde, Nichtzulassungsbeschwerde) Aussicht auf Erfolg hat, so erhält er nach Nr. 2100 VV RVG eine Gebühr in Höhe von 0,5 bis 1,0. Die Mittelgebühr beträgt hier 0,75.

Übungsfall:

In einer Zivilsache erhält der Rechtsanwalt den Auftrag zu prüfen, ob eine Berufung Aussicht auf Erfolg hat. Der Rechtsanwalt prüft auftragsgemäß die Erfolgsaussichten des Rechtsmittels und kommt zu dem Ergebnis, dass nach seiner Auffassung ein Rechtsmittel wenig Aussicht auf Erfolg hat. Der Mandant möchte daraufhin ein Rechtsmittel nicht einlegen. Der Gegenstandswert hat 13.000,00 € betragen.

Erstellen Sie die Vergütungsrechnung für den Auftraggeber. Gehen Sie dabei von einer Mittelgebühr aus.

Lösungsvorschlag:

Gegenstandswert: 13.000,00 €, § 2 I RVG		
0,75 Gebühr für die Prüfung		
der Erfolgsaussichten eines Rechtsmittels		
(§§ 2 II, 13 I, 14 I RVG), Nr. 2100 VV RVG	€	453,00
PT-Pauschale, Nr. 7002 VV RVG	€	20,00
Zwischensumme	€	473,00
19 % Umsatzsteuer, Nr. 7008 VV RVG	€	89,87
Summe	€	**562,87**

Hoppla: Diese Gebühr verdient der RA auch, wenn er in 1. Instanz bereits tätig war.

Aber: Die Gebühr ist, wenn das Rechtsmittel durch den RA eingelegt wird, der den Rat erteilt hat, anzurechnen, vgl. Anm. zu Nr. 2100 VV RVG.

Übungsfall:

Heiko Ehrlich hat in 1. Instanz einen Prozess verloren und soll an den Kläger 6.000,00 € bezahlen. Er fragt seinen anwaltlichen Vertreter der 1. Instanz, RA Schmitz, ob nach dessen Meinung eine Berufung Aussicht auf Erfolg hat. RA Schmitz rät zum Einlegen des Rechtsmittels. Die Berufung wird jedoch auftragsgemäß nach Begründung vor einem Termin wieder zurückgenommen.

Bitte gehen Sie von der Mittelgebühr aus und erstellen Sie die Vergütungsrechnung für RA Schmitz für sämtliche Tätigkeiten.

Lösungsvorschlag:

Gegenstandswert: 6.000,00 €, § 2 I RVG		
1. Prüfung		
0,75 Gebühr für die Prüfung		
der Erfolgsaussichten eines Rechtsmittels		
(§§ 2 II, 13 I, 14 I RVG), Nr. 2100 VV RVG	€	265,50
PT-Pauschale, Nr. 7002 VV RVG	€	20,00
Zwischensumme	€	285,50
19 % Umsatzsteuer, Nr. 7008 VV RVG	€	54,25
Summe	€	339,75
2. Berufungsverfahren		
1,6 Verfahrensgebühr		
(§§ 2 II, 13 I RVG), Nr. 3200 VV RVG	€	566,40
PT-Pauschale, Nr. 7002 VV RVG	€	20,00
Zwischensumme (Übertrag)	€	586,40

Zwischensumme (Übertrag)	€	586,40
abzgl. 0,75 Gebühr Nr. 2100 VV RVG,		
(§§ 2 II, 13 I, 14 I RVG),	./. €	265,50
Zwischensumme	€	320,90
19 % Umsatzsteuer, Nr. 7008 VV RVG	€	60,97
Summe	€	**381,87**

Abwandlung:

Heiko Ehrlich hat in 1. Instanz einen Prozess verloren und soll an den Kläger 6.000,00 € bezahlen. Er glaubt, dass er den Prozess nur deswegen verloren hat, weil sein RA schlecht ist. Er sucht daher RA Sorgfältig auf, der nach Prüfung der Unterlagen und des Urteils aber ebenfalls von der Einlegung eines Rechtsmittels abrät. Das Rechtsmittel wird in der Folgezeit auch nicht durch RA Sorgfältig eingelegt, so dass es bei dieser Tätigkeit bleibt.

Bitte erstellen Sie die Vergütungsrechnung für RA Sorgfältig.

Lösungsvorschlag:

Streitwert: € 6.000,00, § 2 I RVG		
0,75 Gebühr für die Prüfung der Erfolgsaussichten eines Rechtsmittels		
(§§ 2 II, 13 I, 14 I RVG), Nr. 2100 VV RVG	€	265,50
PT-Pauschale, Nr. 7002 VV RVG	€	20,00
Zwischensumme	€	285,50
19 % Umsatzsteuer, Nr. 7008 VV RVG	€	54,25
Summe	€	**339,75**

Sofern der RA nicht nur hinsichtlich der Erfolgsaussichten eines Rechtsmittels berät, sondern darüber hinaus auch ein Gutachten erstellt, beträgt die Gebühr der Nr. 2100 VV RVG nach Nr. 2101 VV RVG 1,3.

Achtung: Da auf Nr. 2100 verwiesen wird, gilt auch die Anmerkung zu Nr. 2100 VV RVG und die Anrechnungsvorschrift kommt somit hier ebenfalls zum Tragen.

In Angelegenheiten, in denen der RA die Gebühren nicht nach einem Gegenstandswert berechnet, sondern Betragsrahmengebühren erhält (Straf-, Bußgeld- und bestimmte Sozialgerichts-Sachen), entsteht für die Beratung hinsichtlich der Erfolgsaussichten zur Einlegung eines Rechtsmittels nach Nr. 2102 VV RVG eine Gebühr in Höhe von 30,00 € bis 320,00 €, die Mittelgebühr beträgt somit 175,00 €. Auch hier sieht die Anmerkung eine Anrechnungsvorschrift vor!

Verbindet der RA die Prüfung der Erfolgsaussichten eines Rechtsmittels in derartigen Verfahren mit einem Gutachten, beträgt der Rahmen 50,00 € bis 550,00 €, die Mittelgebühr beträgt dann 300,00 €, vgl. dazu Nr. 2103 VV RVG, die auf Nr. 2102 VV RVG verweist.

Wir halten fest: Es gibt verschiedene Gebühren für die Prüfung der Erfolgsaussichten eines Rechtsmittels:

Gebühr für die Prüfung der Erfolgsaussichten eines Rechtsmittels Nr. 2100 VV RVG	berechnet sich nach dem Gegenstandswert und beträgt 0,5 bis 1,0 Mittelgebühr 0,75

Gebühr für die Prüfung der Erfolgsaussichten eines Rechtsmittels nach Nr. 2100 VV RVG i. V. m. einem Gutachten Nr. 2101 VV RVG	berechnet sich nach dem Gegenstandswert und beträgt 1,3
Gebühr für die Prüfung der Erfolgsaussichten eines Rechtsmittels in Straf- u. Bußgeldsachen sowie bestimmten sozialgerichtl. Sachen Nr. 2102 VV RVG	Betragsrahmengebühr von 30,00 bis 320,00 € Mittelgebühr: 175,00 €
Gebühr für die Prüfung der Erfolgsaussichten eines Rechtsmittels in Straf- u. Bußgeldsachen sowie bestimmten sozialgerichtl. Sachen nach Nr. 2102 VV RVG i. V. m. einem Gutachten Nr. 2103 VV RVG	Betragsrahmengebühr von 50,00 bis 550,00 € Mittelgebühr: 300,00 €

Achtung: Es kommt sehr häufig vor, dass ein Mandant einen Rechtsanwalt darum bittet, zu prüfen, ob eine Klage Aussicht auf Erfolg hat. Hier ist zu beachten, dass die Gebühren nach Nr. 2100 ff. VV RVG nicht zum Tragen kommen. Eine Klage ist kein Rechtsmittel. Daher handelt es sich bei diesem Auftrag um ein Beratungsmandat, für das § 34 RVG zur Anwendung kommt.

Wir halten fest:

- Die Gebühren nach Nrn. 2100 bis 2103 VV RVG erhält der Rechtsanwalt neben einer Verfahrensgebühr für die 1. oder 2. Instanz.
- Die Gebühren entstehen für die Prüfung der Erfolgsaussichten eines Rechtsmittels, nicht für die Prüfung der Erfolgsaussichten einer Klage. Die Prüfung der Erfolgsaussichten einer Klage sind über § 34 RVG abzurechnen (Beratung oder Gutachten, je nach Auftrag).
- Die Gebühren nach Nrn. 2100 bis 2103 VV RVG sind anzurechnen, wenn der Rechtsanwalt im Rechtsmittelverfahren eine Verfahrensgebühr verdient.
- Wird das Rechtsmittelverfahren nur über einen Teil des Gegenstands durchgeführt, muss auch nur aus diesem Wert eine Anrechnung erfolgen.

3. Geschäftsgebühr nach Nr. 2300 VV RVG

a) Allgemeines

Die Geschäftsgebühr nach Nr. 2300 VV RVG ist eine Betriebsgebühr für die außergerichtliche Tätigkeit.

Sie entsteht

- für das Betreiben des Geschäfts einschließlich die Entgegennahme der Information sowie
- Mitwirkung bei der Gestaltung an einem Vertrag, Vorbem. 2.3 III VV RVG.

Sie entsteht nicht,

- für den bloßen Auftrag ein Schreiben einfacher Art zu erstellen (hier wäre Nr. 2301 VV RVG maßgeblich).

Die Geschäftsgebühr Nr. 2300 VV RVG ist eine Satzrahmengebühr von 0,5 bis 2,5. Ihre Mittelgebühr beträgt 1,5 (0,5 + 2,5 = 3,0; 3,0 : 2 = 1,5).

Übungsfall:

Hugo Emsig bittet RAin Schmitz um Vertretung in einer außergerichtlichen Angelegenheit. Der Gegenstandswert beträgt: 6.000,00 €. Erstellen Sie die Vergütungsrechnung für RAin Schmitz und gehen dabei bitte von der Mittelgebühr aus.

Lösungsvorschlag:

Gegenstandswert: 6.000,00 €, § 2 I RVG
1,5 Geschäftsgebühr

(§§ 2 II, 13 I, 14 I RVG), Nr. 2300 VV RVG	€	531,00
PT-Pauschale, Nr. 7002 VV RVG	€	20,00
Zwischensumme	€	551,00
19 % Umsatzsteuer, Nr. 7008 VV RVG	€	104,69
Summe	€	**655,69**

Wichtig: Der Gesetzgeber hat in der Anmerkung zu Nr. 2300 VV RVG die Regelgebühr oder auch Schwellengebühr genannt. Danach darf der RA eine Gebühr von mehr als 1,3 nur fordern, wenn die Tätigkeit umfangreich **oder** schwierig war!

Übungsfall:

RAin Schmitz vertritt Mandantin Schneidhuber in einer außergerichtlichen Angelegenheit, Wert: 6.000,00 €. Die Sache war weder umfangreich noch schwierig. Bitte erstellen Sie die Vergütungsrechnung von RAin Schmitz. Gehen Sie dabei von der Regelgebühr aus.

Lösungsvorschlag:

Gegenstandswert: 6.000,00 €, § 2 I RVG
1,3 Geschäftsgebühr

(§§ 2 II, 13 I, 14 I RVG), Nr. 2300 VV RVG	€	460,20
PT-Pauschale, Nr. 7002 VV RVG	€	20,00
Zwischensumme	€	480,20
19 % Umsatzsteuer, Nr. 7008 VV RVG	€	91,24
Summe	€	**571,44**

Anmerkung: Da die Angelegenheit weder umfangreich noch schwierig war, kann RAin Schmitz nicht mehr als 1,3 in Rechnung stellen, vgl. dazu Anmerkung zu Nr. 2300 VV RVG. § 14 I RVG spielt bei der Gebühr bis 1,3 eine Rolle und ist daher anzugeben. Die 1,3 Geschäftsgebühr wird auch „Regelgebühr" genannt.

Übungsfall:

RA Müller sendet an den Schuldner ein anwaltliches Aufforderungsschreiben zur Zahlung von 4.000,00 €. Der Schuldner zahlt nicht und schreibt zurück, dass dem Gläubiger die Forderung nicht zusteht. Im Auftrag seines Mandanten ruft RA Müller den Schuldner an und erklärt ihm, dass die Forderung seinem Mandanten sehr wohl zusteht, und sie auch noch nicht verjährt ist. Der RA bespricht die Angelegenheit weiter mit dem Gegner, der daraufhin erklärt, dass er die Forderung ausgleichen werde.

Bitte erstellen Sie die Vergütungsrechnung von RA Müller unter Zugrundelegung einer Mittelgebühr.

Lösungsvorschlag:

Gegenstandswert: 4.000,00 €, § 2 I RVG		
1,5 Geschäftsgebühr		
(§§ 2 II, 13 I, 14 I RVG), Nr. 2300 VV RVG	€	378,00
PT-Pauschale, Nr. 7002 VV RVG	€	20,00
Zwischensumme	€	398,00
19 % Umsatzsteuer, Nr. 7008 VV RVG	€	75,62
Summe	€	**473,62**

Prüfungstipp: Die Geschäftsgebühr ist gerade auch im fallbezogenen Fachgespräch immer wieder gerne Prüfungsthema. Hier kann ein Prüfer z.B. eine Situation vorstellen, in der sich der Mandant telefonisch oder vor Ort in der Kanzlei über die erhaltene Vergütungsrechnung beschwert und um Erläuterung bittet. Hier ist es sehr wichtig die entsprechenden fachlichen Inhalte (Gebührensatzrahmen 0,5 bis 2,5, Anrechnungspflicht, Regelgebühr, VV-Nr., Tätigkeitsbereiche, die von der Geschäftsgebühr umfasst werden) zu kennen. Es fällt dann vielfach auf, dass der Unterschied zwischen Regel- und Mittelgebühr nicht bekannt ist oder aber eine andere Gebühr als eine 1,3 Geschäftsgebühr nicht zu existieren scheint. Bedenken Sie bitte, dass Ihre Lehrkräfte im Unterricht eingängige Beispiele bilden müssen, da nicht in jedem Einzelfall über jede Gebührenhöhe diskutiert werden kann. Aus diesem Grund wird im Schulunterricht häufig mit der 1,3 Geschäftsgebühr als Regelgebühr gearbeitet. Im Rahmen des dualen Ausbildungssystems sollten Sie aber aus Ihrer Kanzleiausbildung wissen, dass der Gebührenrahmen der Geschäftsgebühr nach Nr. 2300 VV RVG wesentlich weiter gefasst ist und unter welchen Voraussetzungen ein Rechtsanwalt auch weniger oder mehr als eine 1,3 Geschäftsgebühr abrechnen kann.

Wir halten fest:

- Die Geschäftsgebühr Nr. 2300 ist eine Satzrahmengebühr; § 14 RVG ist zu beachten.
- Der Rahmen der Geschäftsgebühr nach Nr. 2300 VV RVG beträgt 0,5 bis 2,5. Die Mittelgebühr beträgt 1,5.
- Eine Geschäftsgebühr nach Nr. 2300 VV RVG von mehr als 1,3 kann nur gefordert werden, wenn die Tätigkeit umfangreich oder schwierig war.
- Die 1,3 Geschäftsgebühr wird Regelgebühr genannt.

- Bei der Festlegung des Gebührenrahmens der Geschäftsgebühr Nr. 2300 VV RVG hat der RA § 14 RVG zu beachten. Über einem Gebührensatz 1,3 (Nr. 2300 VV RVG) gelten allerdings nur noch die Kriterien Umfang und Schwierigkeit.

b) Anrechnung der Geschäftsgebühr

Vorsicht: Die Geschäftsgebühr ist nach Nr. 2300 VV RVG auf die Verfahrensgebühr für ein gerichtliches Verfahren **anzurechnen**, jedoch **nur zur Hälfte und maximal bis 0,75!** Dies ergibt sich aus der Vorbemerkung 3 Abs. 4 VV RVG. Dies gilt auch nur, soweit der Gegenstand der anwaltlichen Tätigkeit derselbe war.

Übungsfall:

RAin Teich sendet ein außergerichtliches Aufforderungsschreiben an den Gegner und setzt ihm eine Frist zur Zahlung von 1.477,00 €. Da eine Zahlung nicht erfolgt, reicht RAin Teich auftragsgemäß Klage ein.

Erstellen Sie die Vergütungsrechnung für RAin Teich für die gesamte Tätigkeit.

Lösungsvorschlag:

Gegenstandswert: 1.477,00 €, § 2 I RVG
1. Außergerichtliche Tätigkeit:
1,3 Geschäftsgebühr

(§§ 2 II, 13 I, 14 I RVG), Nr. 2300 VV RVG	€	149,50
PT-Pauschale, Nr. 7002 VV RVG	€	20,00
Zwischensumme	€	169,50
19 % Umsatzsteuer, Nr. 7008 VV RVG	€	32,21
Summe	€	**201,71**

2. Gerichtliche Tätigkeit:
1,3 Verfahrensgebühr

(§§ 2 II, 13 I), Nr. 3100 VV RVG	€	149,50
PT-Pauschale, Nr. 7002 VV RVG	€	20,00
Zwischensumme	€	169,50
abzgl. 0,65 Geschäftsgebühr		
(§§ 2 II, 13 I, 14 I RVG), Vorbem. 3 Abs. 4 VV RVG	./. €	74,75
Zwischensumme	€	94,75
19 % Umsatzsteuer, Nr. 7008 VV RVG	€	18,00
Summe	€	**112,75**

Erläuterung: Da die Aufgabenstellung keine Anhaltspunkte dafür hergibt, dass die Tätigkeit umfangreich oder schwierig war, ist bei der Geschäftsgebühr von der Regelgebühr auszugehen.

Aber: Eine Anrechnung erfolgt nur, wenn ein zeitlicher Zusammenhang besteht und der RA sich nicht völlig neu einarbeiten muss. Ist der frühere Auftrag seit mehr als zwei Kalenderjahren erledigt, gilt ein neuer Auftrag in derselben Angelegenheit als neue Angelegenheit, § 15 V 2 RVG. Eine Anrechnung muss dann nicht mehr erfolgen.

Beispiel: In einem Zivilprozess vor einem Landgericht ergeht in I. Instanz im Jahre 2013 ein Urteil, gegen das Berufung zum Oberlandesgericht eingelegt wird. Das Oberlandesgericht verweist die Angelegenheit im Jahre 2017 die Sache an das Landgericht der I. Instanz zurück (Fall des § 21 I RVG).

Im obigen Fall liegen mehr als zwei Kalenderjahre zwischen den Aufträgen, so dass die weitere Tätigkeit nach § 15 V 2 RVG eine neue Angelegenheit darstellt und die in Vorbem. 3 Abs. 6 VV RVG bestimmte Anrechnung entfällt.

Prüfungstipp: Eine Anrechnung auf eine entstehende gerichtliche Verfahrensgebühr gilt nur, **„soweit"** der Gegenstand derselbe ist, vgl. dazu Wortlaut des Abs. 4 der Vorbemerkung 3 VV RVG.

Übungsfall:

RA Müller fordert für seinen Mandanten den Gegner außergerichtlich auf, 7.500,00 € zu zahlen. Nachdem der Gegner 5.000,00 € gezahlt hat, erteilt der Mandant RA Müller Klageauftrag über die restlichen 2.500,00 €. Nach Zustellung der Klageschrift zahlt der Gegner auch diesen Betrag noch.

Setzen Sie bitte für die außergerichtliche Tätigkeit die Regelgebühr an und erstellen Sie die Vergütungsrechnung für RA Müller.

Lösungsvorschlag:

Gegenstandswert: € 7.500,00/€ 2.500,00, § 2 I RVG

1. Außergerichtliche Tätigkeit:

1,3 Geschäftsgebühr aus € 7.500,00		
(§§ 2 II, 13 I, 14 I RVG), Nr. 2300 VV RVG	€	592,80
PT-Pauschale, Nr. 7002 VV RVG	€	20,00
Zwischensumme	€	612,80
19 % Umsatzsteuer, Nr. 7008 VV RVG	€	116,43
Summe	€	**729,23**

2. Gerichtliche Tätigkeit:

1,3 Verfahrensgebühr aus € 2.500,00		
(§§ 2 II,13 I), Nr. 3100 VV RVG	€	261,30
PT-Pauschale, Nr. 7002 VV RVG	€	20,00
Zwischensumme	€	281,30
abzgl. 0,65 Geschäftsgebühr aus € 2.500,00		
(§§ 2 II, 13 I, 14 I RVG), Vorbem. 3 Abs. 4 VV RVG	./. €	130,65
Zwischensumme	€	150,65
19 % Umsatzsteuer, Nr. 7008 VV RVG	€	28,62
Summe	€	**179,27**

---

§ 15a RVG regelt in Ergänzung zu allen Anrechnungsvorschriften, die im RVG vorgesehen sind, zum einen, was bei der Abrechnung gegenüber dem Mandanten zu beachten ist, zum anderen aber auch, in welchen Fällen sich ein Gegner, der Kosten erstatten muss, auf die Anrechnung der Geschäftsgebühr berufen kann:

> *„(1) Sieht dieses Gesetz die Anrechnung einer Gebühr auf eine andere Gebühr vor, kann der Rechtsanwalt beide Gebühren fordern, jedoch nicht mehr als den um den Anrechnungsbetrag verminderten Gesamtbetrag der beiden Gebühren.*

(2) Ein Dritter kann sich auf die Anrechnung nur berufen, soweit er den Anspruch auf eine der beiden Gebühren erfüllt hat, wegen eines dieser Ansprüche gegen ihn ein Vollstreckungstitel besteht oder beide Gebühren in demselben Verfahren gegen ihn geltend gemacht werden."

Mit dieser Klarstellung durch § 15a RVG will der Gesetzgeber regeln, dass z.B. eine Geschäftsgebühr im Kostenfestsetzungsverfahren auf die entstandene Verfahrensgebühr nur dann angerechnet werden muss, wenn die Geschäftsgebühr voll eingeklagt und im Urteil zugesprochen worden ist. Es wird in der Regel, wenn ein Anspruch auf Erstattung der Geschäftsgebühr nach dem BGB gegeben ist, die volle Geschäftsgebühr nebst Auslagen und Umsatzsteuer eingeklagt. Spricht das Gericht die Geschäftsgebühr wie eingeklagt zu, ist die Anrechnung auf die Verfahrensgebühr vorzunehmen. Spricht das Gericht die Geschäftsgebühr nicht zu oder wurde sie nicht eingeklagt, kann die volle Verfahrensgebühr vom Dritten erstattet verlangt werden.

Übungsfall:

In einer außergerichtlichen Angelegenheit hat der Schuldner die ihm gesetzte Frist verstreichen lassen. Es ist deshalb Klage geboten. Der anwaltliche Vertreter des Klägers macht mit der Klage nicht nur die Hauptforderung in Höhe von 3.500,00 € geltend, sondern daneben auch Zinsen und die vorgerichtlich entstandenen Rechtsanwaltskosten in Höhe von insgesamt 413,64 € (1,3 Geschäftsgebühr Nr. 2300 VV RVG aus Wert 3.500,00 € nebst PT-Pauschale und 19 % Umsatzsteuer).

a) Angenommen, der Rechtsanwalt gewinnt den Prozess und das Gericht spricht nicht nur die Hauptforderung und die Zinsen, sondern auch die vorgerichtlichen Anwaltskosten in voller Höhe zu. Die Kosten des Verfahrens trägt der Beklagte. Was ist nun im Kostenfestsetzungsverfahren von Ihnen zu beachten?

b) Angenommen, der Richter spricht zwar die Hauptforderung und die Zinsen im Urteil zu, weist jedoch die Klage wegen der vorgerichtlich geltend gemachten Rechtsanwaltskosten in Höhe von 413,64 € ab. Die Kosten des Verfahrens trägt der Beklagte. Was ist in diesem Fall im Kostenfestsetzungsverfahren hinsichtlich der vorgerichtlichen Kosten zu beachten? Erläutern Sie auch, was im Verhältnis zum Auftraggeber bei der Abrechnung bzgl. der Geschäftsgebühr zu beachten ist.

c) Angenommen, der Rechtsanwalt hätte lediglich den nicht anrechenbaren Teil der Geschäftsgebühr + 19 % Umsatzsteuer eingeklagt wie folgt:

1,3 Geschäftsgebühr aus Wert: 3.500,00 €,		
(§§ 2 II, 13 I RVG), Nr. 2300 VV RVG	€	327,60
abzgl. 0,65 Geschäftsgebühr		
(§§ 2 II, 13 I RVG) Nr. 2300,		
Vorbem. 3 Abs. 4 VV RVG, 15a I RVG	./. €	163,80
PT-Pauschale, Nr. 7002 VV RVG	€	20,00
Zwischensumme	€	183,80
19 % Umsatzsteuer, Nr. 7008 VV RVG	€	34,92
Summe	€	218,72

Das Gericht spricht im Urteil dem Kläger sowohl die Hauptsache, als auch die geltend gemachten Zinsen und die vorgerichtlich geltend gemachten Kosten in Höhe von 218,72 € zu. Was ist bzgl. der Anrechnung der Geschäftsgebühr im Kostenfestsetzungsverfahren von Ihnen zu beachten?

Lösungsvorschlag:

a) Im Kostenfestsetzungsverfahren ist die Anrechnung der hälftigen Geschäftsgebühr in Höhe von 0,65 auf die 1,3 Verfahrensgebühr nach Nr. 3100 VV RVG zu beachten. Dies bedeutet, dass ein Betrag in Höhe von 163,80 € anzurechnen ist. Der Beklagte kann sich nach § 15a II RVG auf die Anrechnung berufen, die nach Vorbem. 3 Abs. 4 VV RVG vorzunehmen ist.

b) Eine Anrechnung der hälftigen Geschäftsgebühr auf die 1,3 Verfahrensgebühr nach Nr. 3100 VV RVG des gerichtlichen Verfahrens muss im Kostenfestsetzungsverfahren nicht erfolgen, da die Geschäftsgebühr nicht tituliert worden ist.

Erläuterung:　Es gilt nach Ansicht der herrschenden Rechtsprechung auch nicht als dasselbe Verfahren i. S. d. § 15 II, 3. Alt. RVG, wenn die Geschäftsgebühr mit der Klage und die Verfahrensgebühr mit dem Kostenfestsetzungsverfahren geltend gemacht wird, da Hauptsache und Kostenfestsetzungsverfahren nicht dasselbe Verfahren sind. Das Kostenfestsetzungsverfahren gehört zwar zum Rechtszug und löst damit auch keine neuen Gebühren aus, ist aber ein dem Hauptsacheverfahren nachgelagertes, gesondertes Verfahren mit eigenen Rechtsmittelmöglichkeiten.

Im Verhältnis zum Auftraggeber muss der Rechtsanwalt nach § 15a I RVG die Anrechnung sehr wohl vornehmen, da er zwar beide Gebühren fordern darf (1,3 Geschäftsgebühr + 1,3 Verfahrensgebühr), er aber insgesamt nicht mehr als den um den Anrechnungsbetrag verminderten Gesamtbetrag der beiden Gebühren berechnen darf.

Erläuterung:　Anrechnung bedeutet nicht, dass eine Gebühr in der Rechnung nicht mehr erscheint. Anrechnung bedeutet vielmehr, dass zunächst alle entstandenen Gebühren in der Rechnung aufgenommen werden und dann die anzurechnende Gebühr (ggf. auch nur anteilig) abzuziehen ist.

c) Eine Anrechnung der Geschäftsgebühr im Kostenfestsetzungsverfahren hat nicht mehr zu erfolgen, da der Rechtsanwalt die Anrechnung bereits nach § 15a I RVG auf die Geschäftsgebühr selbst vorgenommen hat. Die 1,3 Verfahrensgebühr nach Nr. 3100 VV RVG kann daher in unverminderter Höhe im Kostenfestsetzungsverfahren geltend gemacht werden.

Erläuterung 1:　Der Rechtsanwalt hat die Wahl, in welcher Reihenfolge er eine Anrechnung vornimmt, d.h., wo er die Anrechnung platziert. Während Vorbem. 3 Abs. 4 VV RVG eigentlich vorschreibt, dass die Anrechnung der Geschäftsgebühr auf die Verfahrensgebühr vorgenommen werden soll, ist § 15a RVG als Ergänzung zu dieser Anrechnungsvorschrift dahin zu verstehen, dass der Rechtsanwalt zwar, wenn eine Verfahrens- und Geschäftsgebühr aus demselben Gegenstand entstehen, anrechnen muss, dass er sich allerdings aussuchen darf, wie und auf welche Gebühr er die Anrechnung vornimmt. Fordert er die beiden Gebühren, darf er insgesamt nicht mehr fordern, als den um den Anrechnungsbetrag verminderten Gesamtbetrag der beiden Gebühren. Der Rechtsanwalt könnte daher den Anrechnungsbetrag, in unserem Fall 0,65 = 163,80 €, auch unterschiedlich aufteilen und einen Teil von der Geschäftsgebühr und einen anderen Teil von der Verfahrensgebühr abziehen. Insgesamt muss er 163,80 € abziehen. Damit man jedoch nicht verwirrt wird, sollte man die Anrechnung nicht auch noch „aufsplitten".

Erläuterung 2:　Es wird in der Praxis vielfach angeraten, immer die Anrechnung erst im Kostenfestsetzungsverfahren vorzunehmen (vgl. Lösungsvorschlag a)) und nicht nur den nicht anzurechnenden Teil der Geschäftsgebühr einzuklagen (c)). Klagt man nur den nicht anrechenbaren Teil der Geschäftsgebühr nebst Auslagenpauschale und Umsatzsteuer ein, verursacht das u.U. beim Mandanten einen Zinsschaden, da er die Verzinsung nur auf einen geringeren Betrag fordern kann, als hätte er die Geschäftsgebühr in voller Höhe gerichtlich geltend gemacht. Es wird allerdings Ausnahmefälle geben, wo es sinnvoll ist, die Anrechnung der Geschäftsgebühr gleich auf die Geschäftsgebühr vorzunehmen, und nur den nach Anrechnung verbleibenden Teil nebst Auslagen und Umsatzsteuer einzuklagen. Das wäre z.B. dann der Fall, wenn der Auftraggeber eine Rechtsschutzversicherung hat, die lediglich die gerichtlichen Kosten übernimmt, nicht aber die vorgerichtlichen. Hier hat der Rechtsanwalt die Wahl und kann die Belastung für seinen Mandanten z.B. geringer halten, in dem er die Anrechnung auf die Geschäftsgebühr vornimmt und von der Rechtschutzversicherung unvermindert eine 1,3 Verfahrensgebühr verlangt. Die Anrechnung der Geschäftsgebühr ist zugegebenermaßen ein nicht ganz einfaches Kapitel im anwaltlichen Vergütungsrecht. Da dies lediglich ein Prüfungsvorbereitungsbuch und kein Lehrbuch ist, erfolgt daher die Darstellung der Anrechnung auf das nach meiner Meinung Notwendigste beschränkt. Die Erläuterungen sollen lediglich dem besseren Verständnis dienen. Auch habe ich hier im Grunde genommen 3 Übungsfälle in einen gepackt.

Hoppla: Wie erfolgt die Anrechnung, wenn die Geschäftsgebühr erhöht wird, weil der RA mehrere Auftraggeber vertritt, z.B. Eheleute?

Beispiel: Entstanden ist eine 1,3 Geschäftsgebühr nebst einer 0,3 Erhöhung, weil der RA Eheleute vertritt. Er verdient so eine 1,6 erhöhte Geschäftsgebühr Nrn. 2300, 1008 VV RVG. Auf die später verdiente 1,6 erhöhte Verfahrensgebühr rechnet er nun die Hälfte der Geschäftsgebühr (das wäre 0,8), jedoch maximal 0,75 an. Nach Abs. 4 der Anm. zu Nr. 1008 VV RVG erhöht sich auch die Regelgebühr gem. Anmerkung zu Nr. 2300 VV RVG in Höhe von 1,3 entsprechend.

Und wie rechnet man an, wenn der Gebührensatz der Verfahrensgebühr des gerichtlichen Verfahrens niedriger ist?

Beispiel: RA Müller verdient für ein Aufforderungsschreiben ohne Klageauftrag eine 1,3 Geschäftsgebühr. Nun erhält er den Auftrag, einen Mahnbescheid einzureichen. Bevor er diesen Auftrag erledigen kann, endet die Sache vorzeitig. Das Mahnverfahren und das außergerichtliche Aufforderungsschreiben stellen verschiedene Angelegenheiten dar, sodass die Gebühren jeweils gesondert entstehen, § 15 II i. V. m. § 17 Nr. 2 RVG. Allerdings muss die Geschäftsgebühr zur Hälfte, max. mit 0,75 auf eine Verfahrensgebühr angerechnet werden. Der RA verdient für die vorzeitige Beendigung im Mahnverfahren aber nur eine 0,5 Mahnverfahrensgebühr, Nr. 3306 VV RVG. In diesem Fall muss er nicht eine 0,65 Geschäftsgebühr abziehen (0,65 = 1/2 von 1,3), sondern vielmehr nur eine 0,5 Geschäftsgebühr.

Die PT-Pauschale bleibt aber sowohl für die außergerichtliche Tätigkeit als auch die Tätigkeit nach Auftrag zur Einreichung des Mahnbescheides bestehen.

Beispiel: Die Geschäftsgebühr ist zu Hälfte, maximal mit einem Gebührensatz von 0,75 anzurechnen.

Entstandene Geschäftsgebühren:

a) 0,5 Geschäftsgebühr, Nr. 2300 VV RVG

b) 1,3 Geschäftsgebühr, Nr. 2300 VV RVG

c) 2,0 Geschäftsgebühr, Nr. 2300 VV RVG

d) 1,8 Geschäftsgebühr, Nr. 2300 VV RVG

Anzurechnende Geschäftsgebührenanteile:

a) 0,25 Geschäftsgebühr, Nr. 2300, Vorbemerkung 3 Abs. 4 VV RVG
b) 0,65 Geschäftsgebühr, Nr. 2300, Vorbemerkung 3 Abs. 4 VV RVG
c) 0,75 Geschäftsgebühr, Nr. 2300, Vorbemerkung 3 Abs. 4 VV RVG
d) 0,75 Geschäftsgebühr, Nr. 2300, Vorbemerkung 3 Abs. 4 VV RVG

Wir halten fest:

- Die Geschäftsgebühren nach Nr. 2300 bis 2303 VV RVG sind auf die Verfahrensgebühr eines gerichtlichen Verfahrens nur zur Hälfte, höchstens mit einem Satz von 0,75 bzw. bei einer Betragsrahmengeschäftsgebühr mit max. 175,00 € anzurechnen, vgl. dazu Vorbem. 3 Abs. 4 S. 1 VV RVG.
- Sind zwei Geschäftsgebühren entstanden, ist die zuletzt entstandene Geschäftsgebühr anzurechnen, Vorbem. 3 Abs. 4 S. 2 VV RVG.
- Eine Anrechnung der Geschäftsgebühr muss nur erfolgen, wenn außergerichtlich und gerichtlich derselbe Rechtsanwalt tätig ist.
- Eine Anrechnung der Geschäftsgebühr muss nur und nur soweit (d.h. nur aus dem Wert des Streitgegenstands) erfolgen, wie sich die Gegenstände von außergerichtlicher und gerichtlicher Tätigkeit decken.
- Eine Anrechnung der Geschäftsgebühr muss nur erfolgen, wenn sich die außergerichtliche Tätigkeit und die gerichtliche Tätigkeit gegen denselben Gegner richten.

c) Degression der Gebührentabelle

Die Gebührentabelle als Anlage 2 zu § 13 I RVG ist degressiv. Was degressiv bedeutet kann anhand eines Beispiels für den Begriff linear am besten verdeutlicht werden.

Würde die Gebührentabelle linear steigen, so würden die Gebühren im gleichen Verhältnis steigen, wie auch der Gegenstandswert steigt. Bei einem Phantasie-Streitwert von 1.000,00 € würde die Gebühr z.B. 100,00 € betragen. Bei einem Gegenstandswert von 2.000,00 € würde die Gebühr 200,00 € betragen. Bei einem Gegenstandswert von 3.000,00 € beträgt die Gebühr 300,00 € usw. Dies ist ein Beispiel für einen linearen Anstieg.

Die Gebührentabelle der Rechtsanwälte steigt dagegen aber degressiv. Wieder ausgehend von einem Phantasie-Streitwert von 1.000,00 €, der eine Gebühr von 100,00 € auslöst, würde bei einem Gegenstandswert von 2.000,00 € die Gebühr z.B. 180,00 € betragen, bei einem Wert von 3.000,00 € würde die Gebühr 260,00 € betragen, usw. Dies bedeutet, dass je höher der Wert steigt, desto geringer steigen aber im Verhältnis die Gebühren an.

d) Geschäftsgebühr für Güteverfahren u.a.

Wird der RA in

- Güteverfahren vor einer durch die Landesjustizverwaltung eingerichteten oder anerkannten Gütestelle (§ 794 I Nr. 1 ZPO) oder, wenn die Parteien den Einigungsversuch einvernehmlich unternehmen, vor einer Gütestelle, die Streitbeilegung betreibt (§ 15a III EGZPO),
- Verfahren vor einem Ausschuss der in § 111 II ArbGG bezeichneten Art,
- Verfahren vor dem Seemannsamt zur vorläufigen Entscheidung von Arbeitssachen und

- Verfahren vor sonstigen gesetzlich eingerichteten Einigungsstellen, Gütestellen oder Schiedsstellen tätig, so erhält er eine Geschäftsgebühr nach Nr. 2303 (Nr. 1–4) VV RVG in Höhe von 1,5.

Achtung: Diese Geschäftsgebühr hat einen feststehenden Gebührensatz von 1,5!

Wichtig: Soweit wegen desselben Gegenstands eine Geschäftsgebühr nach Nr. 2300 VV RVG entstanden ist, wird die Hälfte dieser Gebühr nach dem Wert des Gegenstands, der in das Verfahren übergegangen ist, jedoch höchstens mit einem Gebührensatz von 0,75 angerechnet, vgl. dazu die Anmerkung zu Nr. 2303 VV RVG.

Übungsfall:

Vollmatrose Hein soll mit einem Handelsschiff unter deutscher Flagge in drei Tagen auslaufen. Er ist jedoch sehr aufgebracht, weil seine Heuer (sein Lohn) nicht in vollem Umfang vertragsgemäß ausgezahlt worden ist. Außerdem beschwert sich der Seemann über die Qualität der Verpflegung an Bord. Es findet ein Güteverfahren vor dem Seemannsamt zur vorläufigen Entscheidung in diesen Arbeitssachen statt. Vollmatrose Hein lässt sich von RAin Heck anwaltlich vertreten. Der Gegenstandswert beträgt 2.340,00 €.

Bitte erstellen Sie die Vergütungsrechnung für RAin Heck.

Lösungsvorschlag:

Gegenstandswert: 2.340,00 €, § 2 I RVG

1,5 Geschäftsgebühr		
(§§ 2 II, 13 I, Nr. 2303 VV RVG	€	301,50
PT-Pauschale, Nr. 7002 VV RVG	€	20,00
Zwischensumme	€	321,50
19 % Umsatzsteuer, Nr. 7008 VV RVG	€	61,09
Summe	€	**382,59**

---

e) Einfaches Schreiben

Beschränkt sich der Auftrag des RA auf ein Schreiben einfacher Art, so beträgt die Geschäftsgebühr Nr. 2300 VV RVG gem. Nr. 2301 VV RVG 0,3!

Hinweis: Es handelt sich zwar um ein Schreiben einfacher Art, wenn dieses weder schwierige rechtliche Ausführungen noch größere sachliche Auseinandersetzungen enthält, für den Anfall der Gebühr kommt es aber nicht so sehr auf das Schreiben selbst an, sondern auf den Auftrag. Sollte ein Anwalt daher seinen Mandanten im Rahmen des Vertretungsauftrags umfassend in einer Angelegenheit beraten und ist dann aber nur die Absendung eines „einfachen" Schreibens erforderlich, kommt Nr. 2301 NICHT zur Anwendung!

Übungsfall:

RA Müller erhält den Auftrag, in einer Angelegenheit ein Schreiben (nicht Titel!) des Mandanten per Gerichtsvollzieher an den Geschäftsführer einer GmbH zustellen zu lassen, damit der Zugang durch Zustellungsurkunde gesichert nachgewiesen werden kann. Eine weitere Tätigkeit wird nicht entfaltet.

Ihre Kollegin, die vom Vergütungsrecht nicht viel Ahnung hat, möchte wissen, welche Vergütung RA Müller für den Zustellungsauftrag an den Geschäftsführer abrechnen kann. Erläutern Sie ihr bitte, wie hoch die Gebühr ist und wo sie im Vergütungsverzeichnis nachschauen kann.

Lösungsvorschlag:

RA Müller kann eine 0,3 Geschäftsgebühr nach Nr. 2301 VV RVG abrechnen.

f) Anrechnung, wenn zwei Geschäftsgebühren entstehen

Sind zwei Geschäftsgebühren entstanden, so ist auf die Verfahrensgebühr des gerichtlichen Verfahrens die zuletzt entstandene Geschäftsgebühr anzurechnen!

Übungsfall:

Mandant Fischer wird von RA Schröder außergerichtlich vertreten. Der Gegenstandswert beträgt 5.000,00 €. Es handelt sich um eine durchschnittliche Angelegenheit, die jedoch überdurchschnittlich umfangreich war, so dass die Mittelgebühr bei der Geschäftsgebühr berechtigt ist. Die Parteien beantragen schließlich eine außergerichtliche Streitbeilegung bei einer Gütestelle. Mandant Fischer wird von RA Schröder auch in diesem Güteverfahren vertreten. Das Güteverfahren scheitert. Es wird Klage eingereicht. Nach Termin ergeht ein der Klage stattgebendes Urteil.

Bitte rechnen Sie

a) die außergerichtliche Tätigkeit einschließlich

b) der Tätigkeit im Güteverfahren für RA Schröder sowie

c) die gerichtliche Tätigkeit für RA Schröder ab.

Lösungsvorschlag:

Abrechnung der außergerichtlichen Tätigkeit

a) Außergerichtliche Tätigkeit:
Gegenstandswert: 5.000,00 €, § 2 I RVG
1,5 Geschäftsgebühr

(§§ 2 II, 13 I, 14 I RVG), Nr. 2300 VV RVG	€	454,50
PT-Pauschale, Nr. 7002 VV RVG	€	20,00
Zwischensumme	€	474,50
19 % Umsatzsteuer, Nr. 7008 VV RVG	€	90,16
Summe	€	**564,66**

b) Güteverfahren, außergerichtlich
1,5 Geschäftsgebühr

(§§ 2 II, 13 I RVG), Nr. 2303 VV RVG	€	454,50
abzgl. 0,75 Geschäftsgebühr Nr. 2300 VV RVG, gem. Anmerkung zu Nr. 2303 VV RVG	./. €	227,25
Zwischensumme	€	227,25
PT-Pauschale, Nr. 7002 VV RVG	€	20,00
Zwischensumme	€	247,25
19 % Umsatzsteuer, Nr. 7008 VV RVG	€	46,98
Summe	€	**294,23**

c) Gerichtliches Verfahren:		
(§ 17 Nr. 7a RVG – verschiedene Angelegenheiten):		
Gegenstandswert: 5.000,00 €, § 2 I RVG		
1,3 Verfahrensgebühr		
(§§ 2 II, 13 I RVG), Nr. 3100 VV RVG		
abzüglich 0,75 Geschäftsgebühr aus 5.000,00 €	€	393,90
Vorbem. 3 Abs. 4, Nr. 2303 VV RVG	./. €	227,25
Zwischensumme	€	166,65
1,2 Terminsgebühr		
(§§ 2 II, 13 I RVG), Nr. 3104 VV RVG	€	363,60
PT-Pauschale, Nr. 7002 VV RVG	€	20,00
Zwischensumme	€	550,25
19 % Umsatzsteuer, Nr. 7008 VV RVG	€	104,55
Summe	€	**654,80**

g) Das anwaltliche Aufforderungsschreiben

Normalerweise würde ich Sie, lieber Leser und liebe Leserin, davor bewahren, alte Auffassung lesen zu müssen. Da sich aber hartnäckig eine frühere Vorgehensweise hält, sehe ich mich leider in diesem Ausnahmefall dazu gezwungen und bitte schon jetzt um Nachsicht.

Bis zum 01.08.2013 (das war das Datum einer Kostenrechtsreform) hat man unterschieden zwischen Aufforderungsschreiben

- mit **Klageandrohung für den Fall der nicht fristgerechten Zahlung**, bei dem der bedingte Klageauftrag erteilt wurde
- mit **Androhung eines Mahnverfahrens für den Fall der nicht Frist gerechten Zahlung**, wenn Auftrag zur Einleitung des Mahnverfahrens schon vorliegt
- und **ohne Klageandrohung**, bei dem der RA noch keinen Klageauftrag hat (*„Sollte eine Zahlung nicht bis zum … erfolgt sein, werde ich meinem Mandanten empfehlen, Klage gegen Sie zu erheben/die Forderung gerichtlich gegen Sie geltend zu machen."*).

Diese **Arten** von Aufforderungsschreiben waren vor allen Dingen **gebührenrechtlich** zu unterscheiden. Für das Aufforderungsschreiben **mit Klageauftrag** konnte der RA, sollte der Gegner zahlen, eine **0,8 Verfahrensgebühr** nach Nr. 3101 Nr. 1 VV RVG verlangen (vorzeitige Beendigung des Klageauftrags), wenn der Schuldner fristgerecht gezahlt hatte und deshalb die Klage nicht mehr eingereicht werden musste. Für das Aufforderungsschreiben **ohne Klageauftrag** entstand eine **Geschäftsgebühr** nach Nr. 2300 VV RVG in Höhe von 0,5 bis 2,5. Für das Aufforderungsschreiben mit Auftrag zur Einreichung eines **Mahnbescheides** entstand bei vorzeitiger Beendigung nur eine 0,5 Verfahrensgebühr nach Nr. 3305 VV RVG.

Mit der vom Gesetzgeber zum 01.08.2013 vorgenommenen Klarstellung in Vorbem. 3 Abs. 1 VV RVG hat sich aber ergeben, dass diese Unterscheidung so nicht mehr funktioniert. Denn es muss heute unterschieden werden zwischen:

- bedingtem und
- unbedingtem

Klageauftrag. Nur der Anwalt, der einen **unbedingten** Klageauftrag hat, kann er Gebühren nach Teil 3 VV RVG, somit z.B. eine 0,8 Verfahrensgebühr verdienen. Hat der

Anwalt nur einen bedingten Klageauftrag, bleibt er im Bereich der Geschäftsgebühr „hängen".

Ein bedingter Klageauftrag steht unter einer Bedingung. Schreibt man z.B. den Schuldner an: „… wenn Sie nicht bis zum ……… bezahlen, werden wir Klage gegen Sie erheben …", so liegt ein bedingter Klageauftrag vor, denn der Schuldner (so schreibt man es ihm jedenfalls) wird nur dann verklagt, wenn er nicht zahlt. Darin (in der Nichtzahlung) liegt aber die Bedingung.

Hinweis: Um Probleme bei Schulaufgaben oder Prüfungen zu umgehen, würde ich persönlich Lehrkräften und Prüfern gerne empfehlen, das Thema „Aufforderungsschreiben mit Klageauftrag" entweder ganz entfallen zu lassen oder aber zumindest in der Aufgabe klar zu machen, ob ein bedingter oder unbedingter Klageauftrag besteht. Dann sollte aber die Formulierung auch zum Auftrag passen. Ein „wenn Sie nicht zahlen, dann …" passt nicht mehr, wenn man in der Lösung auf den unbedingten Klageauftrag und die Verfahrensgebühr abstellen möchte.

Natürlich gibt es die Möglichkeit einer vorzeitigen Beendigung eines unbedingten Klageauftrags und damit auch des Anfalls einer 0,8 Verfahrensgebühr nach Nr. 3101 Nr. 1 VV RVG. Z.B. wenn der Mandant den unbedingten Auftrag erteilt, die Klage einzureichen, der Anwalt diese z.B. schon diktiert, aber noch nicht eingereicht hat und der Schuldner von sich aus – eben außerhalb einer im Aufforderungsschreiben gesetzten Frist – noch auf die Idee kommt, zu zahlen.

Übungsfall:

Mandant Roggendorf erteilt RA Wimmer den Auftrag, Klage auf Zahlung eines Betrages in Höhe von 1.700,00 € beim Amtsgericht Neuss einzureichen. RA Wimmer nimmt den Auftrag an. Er diktiert die Klage, diese ist aber noch nicht eingereicht, als plötzlich der Mandant anruft und mitteilt, dass der Schuldner Blank doch noch gezahlt hat. Die Klage wird nicht mehr eingereicht.

Bitte erstellen Sie die Vergütungsrechnung für RA Wimmer.

Lösungsvorschlag:

Gegenstandswert: 1.700,00 €, § 2 I RVG

0,8 Verfahrensgebühr (§§ 2 II, 13 I RVG), Nr. 3101 Nr. 1 VV RVG	€	120,00
PT-Pauschale, Nr. 7002 VV RVG	€	20,00
Zwischensumme	€	140,00
19 % Umsatzsteuer, Nr. 7008 VV RVG	€	26,60
Summe	€	**166,60**

Erläuterung: Es wäre im Übrigen dieselbe Vergütungsrechnung, wenn die Klage noch nicht diktiert wäre, oder aber schon diktiert und auch schon geschrieben. Denn darauf kommt es nicht an. Es kommt für die Frage „0,8 oder 1,3 Verfahrensgebühr" nur darauf an, ob der unbedingte Klageauftrag erteilt worden ist und die Klage schon eingereicht wurde oder nicht.

Abwandlung 1:

Blank wendet sich an den Auftraggeber, der ihn auf seinen Anwalt verweist. Blank zahlt erst nach mehreren Telefonaten mit RA Wimmer, in denen RA Wimmer mit Blank Besprechungen führt, um das Klage-Verfahren zu vermeiden.

Bitte erstellen Sie die Vergütungsrechnung für RA Wimmer.

Lösungsvorschlag:

Gegenstandswert: 1.700,00 €, § 2 I RVG		
0,8 Verfahrensgebühr		
(§§ 2 II, 13 I RVG), Nr. 3101 Nr. 1 VV RVG	€	120,00
1,2 Terminsgebühr		
(§§ 2 II, 13 I RVG), Nr. 3104 VV RVG	€	180,00
PT-Pauschale, Nr. 7002 VV RVG	€	20,00
Zwischensumme	€	320,00
19 % Umsatzsteuer, Nr. 7008 VV RVG	€	60,80
Summe	**€**	**380,80**

Interessant: Sollte sich in obigem Beispielsfall nach dem Telefonat eine Einigung zwischen den Parteien ergeben, würde die Einigungsgebühr für RA Wimmer 1,5 betragen, obwohl hier die Gebühren nach Teil 3 VV RVG anfallen. Für die Höhe der Einigungsgebühr ist es nämlich unter anderem maßgeblich entscheidend, ob der Anspruch bereits rechtshängig ist oder nicht. In folgendem Fall ist die Klage noch nicht eingereicht, weshalb die Einigungsgebühr in diesem Fall 1,5 nach Nr. 1000 VV RVG betragen würde.

Abwandlung 2:

Blank wendet sich an den Auftraggeber, der ihn auf seinen Anwalt verweist. Blank zahlt erst nach mehreren Telefonaten mit RA Wimmer, in denen RA Wimmer mit Blank Besprechungen führt, um das Klageverfahren zu vermeiden. Die Parteien einigen sich schließlich darauf, dass Blank auf die gesamte Forderung einen Betrag in Höhe von 1.200,00 € bezahlt und die Sache damit erledigt ist.

Bitte erstellen Sie die Vergütungsrechnung für RA Wimmer.

Lösungsvorschlag:

Gegenstandswert: 1.700,00 €, § 2 I RVG		
0,8 Verfahrensgebühr		
(§§ 2 II, 13 I RVG), Nr. 3101 Nr. 1 VV RVG	€	120,00
1,2 Terminsgebühr		
(§§ 2 II, 13 I RVG), Nr. 3104 VV RVG	€	180,00
1,5 Einigungsgebühr		
(§§ 2 II, 13 I RVG), Nr. 1000 VV RVG	€	225,00
PT-Pauschale, Nr. 7002 VV RVG	€	20,00
Zwischensumme	€	545,00
19 % Umsatzsteuer, Nr. 7008 VV RVG	€	103,55
Summe	**€**	**648,55**

Abwandlung 3:

RA Wimmer hatte keinen Klageauftrag, mahnt außergerichtlich ab, Schuldner zahlt innerhalb der gesetzten Frist.

Bitte erstellen Sie die Vergütungsrechnung für RA Wimmer unter Berücksichtigung der Regelgebühr.

Lösungsvorschlag:

Gegenstandswert: 1.700,00 €, § 2 I RVG
1,3 Geschäftsgebühr

(§§ 2 II, 13 I, 14 I RVG), Nr. 2300 VV RVG	€	195,00
PT-Pauschale, Nr. 7002 VV RVG	€	20,00
Zwischensumme	€	215,00
19 % Umsatzsteuer, Nr. 7008 VV RVG	€	40,85
Summe	€	**255,85**

Abwandlung 4:

Wie Abwandlung 3. Eine Zahlung durch Schuldner Blank erfolgt erst nach mehreren langen Telefonaten zur Rechtslage zwischen RA Wimmer, Schuldner Blank und dem Auftraggeber. RA Wimmer setzt bei seiner Abrechnung eine Mittelgebühr an, da die Sache umfangreich war.

Bitte erstellen Sie die Vergütungsrechnung für RA Wimmer.

Lösungsvorschlag:

Gegenstandswert: 1.700,00 €, § 2 I RVG
1,5 Geschäftsgebühr

(§§ 2 II, 13 I, 14 I RVG), Nr. 2300 VV RVG	€	225,00
PT-Pauschale, Nr. 7002 VV RVG	€	20,00
Zwischensumme	€	245,00
19 % Umsatzsteuer, Nr. 7008 VV RVG	€	46,55
Summe	€	**291,55**

Prüfungstipp: Achten Sie in der Aufgabenstellung in ihrer Prüfung immer auf Formulierungen wie: „RA xy hat den Auftrag" oder „auftragsgemäß", denn für den Gebührenanfall kommt es auf den erteilten Auftrag und nicht auf die tatsächliche Tätigkeit an. Das bedeutet, selbst wenn man noch „außergerichtlich" tätig ist, kann es aber schon eine Tätigkeit „nach unbedingtem Prozessauftrag" sein. Und schon rechnet man nicht mehr nach Teil 2 sondern nach Teil 3 VV RVG ab.

Kapitel 9
Erhöhung für mehrere Auftraggeber

1. Voraussetzungen

§ 7 I 1 RVG regelt, dass der RA auch bei Vertretung mehrerer Auftraggeber in derselben Angelegenheit die Gebühren nur einmal fordern kann.

Seine Mehrarbeit wird allerdings nach Nr. 1008 VV RVG dadurch vergütet, dass sich in bestimmten Fällen die Verfahrens- oder Geschäftsgebühr erhöhen:

Bei Wertgebühren:
- Erhöhung 0,3, maximal 2,0

Bei Festgebühren:
- 30 %, maximal das Doppelte

Bei Betragsrahmengebühren:
- Erhöhung um 30 % des Mindest- und Höchstbetrages, max. das Doppelte.

Voraussetzungen:
- mehrere Personen sind Auftraggeber
- Gegenstand der anwaltlichen Tätigkeit ist derselbe (nur bei Wertgebühren)
- gemeinschaftliche Beteiligung der mehreren Personen als Auftraggeber am Gegenstand

Prüfungstipp: Wenn in einer Angelegenheit (z.B. einer Klage, einem Anspruchsschreiben) **verschiedene** Gegenstände (Ansprüche) geltend gemacht werden, kommt Nr. 1008 VV RVG nicht in Betracht! Hier werden vielmehr gemäß § 22 I RVG **die Gegenstandswerte addiert**, was zu einer Erhöhung des Gegenstandswerts und damit der Gebühren führt. Lediglich wenn die Ansprüche für jeden Auftraggeber **gesondert geltend** gemacht werden, erhält der RA auch für jeden Fall die Gebühren **aus dem jeweiligen Streitwert gesondert**.

Denn: Nur wenn derselbe Gegenstand der anwaltlichen Tätigkeit bei Wertgebühren vorliegt, kommt eine Erhöhung nach Nr. 1008 VV RVG in Betracht.

Vorsicht: Juristische Personen (z.B. eine GmbH) sind immer **ein** Auftraggeber, auch wenn diese von zwei Geschäftsführern vertreten werden.

Und: Werden Personen vertreten, so z.B. Minderjährige durch ihre Eltern, gilt nicht die Zahl der Vertreter, sondern die Zahl der Vertretenen. Das heißt, wenn eine Mutter ihre drei nicht ehelichen Kinder wegen Unterhaltszahlungen vertritt, handelt es sich um drei Auftraggeber. Vertreten beide Eltern ihr Kind in einer Forderungsangelegenheit, so handelt es sich um einen Auftraggeber.

2. Zu erhöhende Gebühren

Grundsätzlich können **die Geschäfts- und Verfahrensgebühr** erhöht werden. Darunter fallen z.B. folgende Gebühren:

- Geschäftsgebühr, Nr. 2300 VV RVG
- Geschäftsgebühr, Nr. 2301 VV RVG
- Geschäftsgebühr, Nr. 2302 VV RVG
- Geschäftsgebühr, Nr. 2303 VV RVG
- Verfahrensgebühr, 1. Instanz, Nr. 3100 VV RVG
- Verfahrensgebühr für die vorzeitige Beendigung, Nr. 3101 Nr. 1 VV RVG
- Differenzverfahrensgebühr, Nr. 3101 Nr. 2 VV RVG
- Verfahrensgebühr, Nr. 3101 Nr. 3 VV RVG
- Verfahrensgebühr im Rechtsmittelverfahren, Nr. 3200 VV RVG
- Verfahrensgebühr für die vorzeitige Beendigung in der Rechtsmittelinstanz, Nr. 3201 Nr. 1 der Anm. VV RVG
- Differenzverfahrensgebühr im Rechtsmittelverfahren, Nr. 3201 Nr. 2 der Anm. VV RVG
- Mahnverfahrensgebühr, Nr. 3305 VV RVG
- Verfahrensgebühr für die Vertretung des Antragsgegners, Nr. 3307 VV RVG
- Verfahrensgebühr im PKH-Verfahren, Nr. 3335 RVG
- Verfahrensgebühr im Beschwerde- oder Erinnerungsverfahren, Nr. 3500 VV RVG
- Verfahrensgebühr des Verkehrsanwalts, Nr. 3400 RVG
- Verfahrensgebühr des Verhandlungsvertreters (Unterbevollmächtigten), Nr. 3401 VV RVG
- Verfahrensgebühr für Einzeltätigkeiten, Nr. 3403 VV RVG
- Verfahrensgebühr in ZV-Sachen, Nr. 3309 VV RVG
- Verfahrensgebühr in Beschwerdeverfahren über Scheidungsfolgesachen, Nr. 3200 VV RVG
- Verfahrensgebühr Nr. 3201 VV RVG
- u.a.

Es ist strittig, ob auch andere sogenannte Betriebsgebühren, die für das Betreiben des Geschäftes entstehen, wie z.B. die Gebühr für die Prüfung der Erfolgsaussichten eines Rechtsmittels nach Nr. 2100 VV RVG erhöht werden können. Die überwiegende Meinung in der Literatur bejaht dies zurzeit (Stand: August 2017). Es bleibt diesbezüglich eine Entscheidung durch den Bundesgerichtshof abzuwarten.

Prüfungstipp: Kommt ein neues Gesetz heraus, sind sich Gerichte oder auch Autoren untereinander manchmal nicht einig, was richtig ist. Es gibt dann strittige Auffassungen. Wie geht man mit strittigen Fragen im RVG um? Erkundigen Sie sich bei Ihrem Lehrer, welcher Auffassung man für eine Prüfung folgen wird. Die meisten Rechtsanwaltskammern prüfen höchst strittige Themen in der Fachangestellten-Prüfung nicht und wenn doch, lassen Sie alle Meinungen gelten. Allerdings kann die Autorin naturgemäß nicht sagen, wie die Kammern im Einzelnen ihre Prüfungen gestalten. Ansprechpartner für derartige Fragen ist daher in erster Linie immer der Berufsschullehrer oder auch die Ausbildungskanzlei. Diese kennen sich mit den Gepflogenheiten der zuständigen Kammer meist gut aus.

3. Die Berechnung der Erhöhung

Die Erhöhung erfolgt **für jede weitere Person, die Auftraggeber ist**. Je nachdem, ob es sich um Wert-, Fest- oder Rahmengebühren handelt, wird die Erhöhung wie folgt vorgenommen:

- **Festgebühren**

  Bei Festgebühren liegt eine Besonderheit vor, da es nicht darauf ankommt, ob der RA mehrere Auftraggeber wegen **desselben** Streitgegenstandes vertritt, sondern nur darauf, dass er mehrere Auftraggeber vertritt.

Beispiel: In einer Unterhaltssache für Mutter und Kind erhält der RA aus der Staatskasse über die Beratungshilfe eine Geschäftsgebühr in Höhe von 85,00 € sowie eine Erhöhung (da er zwei Auftraggeber vertritt 1 × eine Erhöhung für den weiteren Auftraggeber) von 30 % = 25,50 €, somit insgesamt 110,50 €. **Vorsicht:** Bei **Wert**gebühren gibt es für solche Fälle keine Erhöhung!

- **Satzrahmengebühren**

  Die Erhöhung pro weiterer Person, die Auftraggeber ist, beträgt in derselben Sache 0,3.

Beispiel: Klage, zwei Auftraggeber

Die meisten rechnen:
1,3 Verfahrensgebühr, Nr. 3100 VV RVG
0,3 Erhöhung, Nr. 1008 VV RVG

Folgt man dem Gesetzeswortlaut muss es richtig heißen:
1,6 erhöhte Verfahrensgebühr, Nrn. 3100, 1008 VV RVG

Übungsfall:

RA Müller vertritt die Eheleute Erna und Franz Huber in einer Forderungsangelegenheit. Für die außergerichtliche Vertretung wird die Regelgebühr angesetzt.

Bitte erstellen Sie die Vergütungsrechnung für RA Müller aus einem Gegenstandswert von 1.433,00 €.

Lösungsvorschlag 1:

Gegenstandswert: 1.433,00 €, § 2 I RVG		
1,3 Geschäftsgebühr		
(§§ 2 II, 13 I, 14 I RVG), Nr. 2300 VV RVG	€	149,50
0,3 Erhöhung		
(§§ 2 II, 13 I VV RVG), Nr. 1008 VV RVG	€	34,50
PT-Pauschale, Nr. 7002 VV RVG	€	20,00
Zwischensumme	€	204,00
19 % Umsatzsteuer, Nr. 7008 VV RVG	€	38,76
Summe	€	**242,76**
oder:		

Lösungsvorschlag 2:

Gegenstandswert: 1.433,00 €, § 2 I RVG
1,6 erhöhte Geschäftsgebühr

(§§ 2 II, 13 I,14 I RVG), Nrn. 2300, 1008 VV RVG	€	184,00
PT-Pauschale, Nr. 7002 VV RVG	€	20,00
Zwischensumme	€	204,00
19 % Umsatzsteuer, Nr. 7008 VV RVG	€	38,76
Summe	€	**242,76**

Die 2. Variante ist die richtigere, denn der Gesetzgeber fordert, dass sich die Geschäfts- oder Verfahrensgebühr erhöht und spricht nicht von einer eigenständigen Erhöhungsgebühr.

Prüfungstipp: Erkundigen Sie sich auch hier danach, was in Ihrem Kammerbezirk bei der Abschlussprüfung verlangt wird. In einigen Kammerbezirken können Sie bisher beide Schreibweisen verwenden, wobei die erste Variante den Vorteil hat, dass zumindest Teilpunkte auf die richtige Gebühr ohne Erhöhung gegeben werden können. Nachteilig ist die erste Variante bei der Abrechnung eines Mehrvergleichs, da nach überwiegender Auffassung der Abgleich nach § 15 III RVG mit den erhöhten Verfahrensgebühren vorzunehmen ist. Auch bei späterer Anrechnung der erhöhten Geschäftsgebühr ist der Lösungsvorschlag 2, da leichter zu rechnen, günstiger.

Übungsfall:

Rechtsanwalt Jura vertritt A und B in einem Zivilprozess. Eingeklagt sind Ansprüche des B in Höhe von 4.000,00 € sowie gemeinschaftliche Ansprüche von A + B in Höhe von 2.000,00 €. Das Gericht entscheidet durch Urteil.

Bitte berechnen Sie die Vergütung von Rechtsanwalt Jura.

Lösungsvorschlag:

Gegenstandswert: 6.000,00 €, § 2 I RVG
1,3 Verfahrensgebühr aus 6.000,00 €

(§§ 2 II, 13 I RVG), Nr. 3100 VV RVG	€	460,20
0,3 Erhöhung aus 2.000,00 €		
(§§ 2 II, 13 I RVG), Nr. 1008 VV RVG	€	45,00
1,2 Terminsgebühr aus 6.000,00 €		
(§§ 2 II, 13 I RVG), Nr. 3104 VV RVG	€	424,80
PT-Pauschale, Nr. 7002 VV RVG	€	20,00
Zwischensumme	€	950,00
19 % Umsatzsteuer, Nr. 7008 VV RVG	€	180,50
Summe	€	**1.130,50**

Hinweis: Teilweise wird eine andere Berechnungsmethode bei einer solchen Fallkonstellation vorgenommen. Welche Methode korrekt ist, ist strittig.

Alternativer Lösungsvorschlag:

Gegenstandswert: 6.000,00 €, § 2 I RVG
1,6 erhöhte Verfahrensgebühr aus 2.000,00 €
(§§ 2 II, 13 I RVG), Nr. 3100, 1008 VV RVG   €   240,00
1,3 Verfahrensgebühr aus 4.000,00 €
(§§ 2 II, 13 I RVG), Nr. 3100 VV RVG   €   327,60
Summe   €   **567,60**

nach § 15 III RVG höchstens:
1,6 Verfahrensgebühr aus 6.000,00 € =   €   566,40
1,2 Terminsgebühr aus 6.000,00 €
(§§ 2 II, 13 I RVG), Nr. 3104 VV RVG   €   424,80
PT-Pauschale, Nr. 7002 VV RVG   €   20,00
Zwischensumme   €   1.011,20
19 % Umsatzsteuer, Nr. 7008 VV RVG   €   192,13
Summe   €   **1.203,33**

Erläuterung: Nach meiner Auffassung müssten beide Rechnungsmethoden in einer Abschlussprüfung die volle Punktzahl erhalten, da die Abrechnungsmethode nicht höchstrichterlich geklärt ist und damit in der Praxis beide Abrechnungsmethoden angewendet werden können. Aber auch hier sollten Sie sich, wie bei vielen anderen strittigen Fragen, bei Ihrem Berufsschullehrer danach erkundigen, welcher Abrechnungsmethode in Ihrem Kammerbezirk der Vorzug gegeben wird.

Die Erhöhung nach Nr. 1008 VV RVG beträgt bei Satzrahmengebühren maximal 2,0. Sie wird bei acht Auftraggebern (oder auch: „sieben **weiteren** Auftraggebern"; (für den ersten Auftraggeber gibt es die Geschäfts- oder Verfahrensgebühr)) erreicht.

Übungsfall:

RAin Schmitz hilft den Herren Franz Huber, Josef Schön, Fritz Hummel und Anton Käsweber, einen Gesellschaftsvertrag zu gestalten. Es kommt zur Besprechung aller Gesellschafter in der Kanzlei. RAin Schmitz hat in einer Vergütungsvereinbarung mit den Auftraggebern vereinbart, dass die Höchstgebühr der Geschäftsgebühr zzgl. Erhöhung nach einem Gegenstandswert in Höhe von 60.000,00 € berechnet werden kann. Erstellen Sie die Vergütungsrechnung für RAin Schmitz.

Lösungsvorschlag:

Gegenstandswert: 60.000,00 €, § 2 I RVG
2,5 Geschäftsgebühr
(§§ 2 II, 13 I RVG), Nr. 2300 VV RVG   €   3.120,00
0,9 Erhöhung
(§§ 2 II, 13 I RVG), Nr. 1008 RVG   €   1.123,20
PT-Pauschale, Nr. 7002 VV RVG   €   20,00
Zwischensumme   €   4.263,20
19 % Umsatzsteuer, Nr. 7008 VV RVG   €   810,01
Summe   €   **5.073,21**

Erläuterung: Hier gab es vier Auftraggeber. Für den ersten Auftraggeber fällt die Geschäftsgebühr an. Für die weiteren drei Auftraggeber je eine 0,3 Erhöhung, somit hier 0,9 Erhöhung nach Nr. 1008 RVG.) § 14 I RVG ist in diesem Fall nicht anzugeben, da die Anwendung des § 14 RVG durch die Vergütungsvereinbarung ausgeschlossen worden ist. Da Rechtsanwältin Schmitz mit ihren Auftraggebern vereinbart hat, dass sie die Höchstgebühr (2,5) abrechnen darf, hat sie keinen Ermessensspielraum mehr.

Man könnte auch schreiben:

Gegenstandswert: 60.000,00 €, § 2 I RVG		
3,4 erhöhte Geschäftsgebühr		
(§§ 2 II, 13 I RVG)		
Nrn. 2300, 1008 VV RVG	€	4.243,20
PT-Pauschale, Nr. 7002 VV RVG	€	20,00
Zwischensumme	€	4.263,20
19 % Umsatzsteuer, Nr. 7008 VV RVG	€	810,01
Summe	€	**5.073,21**

Wir halten fest:

- Erhöhung nur bei mehreren Personen als Auftraggeber
- Erhöhung der Geschäfts- und/oder Verfahrensgebühr
- 0,3 Erhöhung pro weiterem Auftraggeber bei Wertgebühren, max. 2,0 Erhöhung (erreicht bei acht Auftraggebern bzw. sieben **weiteren** Auftraggebern)
- 30 % Erhöhung bei Festgebühren, max. das Doppelte
- 30 % des Mindest- und Höchstbetrags bei Rahmengebühren, max. das Doppelte
- Erhöhung ist unabhängig von Ausgangsgebühr
- Erhöhung nur soweit eine gemeinschaftliche Beteiligung am Gegenstand besteht, Abs. 2 der Anm. zu Nr. 1008 VV RVG
- keine Erhöhung der Terminsgebühr, Einigungsgebühr und dergleichen
- Erhöhung bei Wertgebühren nur, soweit der Gegenstand der anwaltlichen Tätigkeit derselbe ist, Abs. 1 der Anm. zu Nr. 1008 VV RVG
- Erhöhung auch möglich bei der 1,3 Regel-Geschäftsgebühr, Abs. 4 der Anmerkung zu Nr. 1008 VV RVG.

Kapitel 10
Gebühren nach Teil 3 VV RVG

1. Allgemeines

Die Gebühren nach Teil 3 des Vergütungsverzeichnisses betreffen:

- Zivilsachen
- öffentlich-rechtliche Streitigkeiten (Verwaltungsgerichtssachen)
- Verfahren nach dem Strafvollzugsgesetz auch in Verbindung mit § 92 Jugendgerichtsgesetz
- ähnliche Verfahren

Grundsätzlich kann der Rechtsanwalt zwei Arten von Gebühren verdienen:

- eine **Verfahrensgebühr** und
- eine **Terminsgebühr**.

Hinzu kommt ggf. eine

- **Einigungsgebühr (Erledigungsgebühr/Aussöhnungsgebühr)**
- **Erhöhung der Verfahrensgebühr**

> **Achtung:** Die Höhe der Gebühr ergibt sich aus dem Vergütungsverzeichnis, § 2 II RVG. Der Betrag der jeweiligen Gebühr wird aus der Gebührentabelle, die dem § 13 I RVG als Anlage 2 beigefügt ist, entnommen. In PKH-Verfahren wird die Gebühr aus der Tabelle zu § 49 RVG berechnet.

2. Verfahrensgebühr

Der zum Prozessbevollmächtigten bestellte Rechtsanwalt erhält grundsätzlich eine Verfahrensgebühr nach Nr. 3100 VV RVG. Die Gebühr entsteht mit der **ersten** Tätigkeit, die der Rechtsanwalt im Hinblick auf den zu führenden Prozess ausübt. Ist der Rechtsanwalt nur mit Einzeltätigkeiten beauftragt, kann er nicht die volle Verfahrensgebühr nach Nr. 3100 VV RVG verlangen. Vielmehr erhält er eine 0,8 Verfahrensgebühr nach Nr. 3403 VV RVG.

Aber: Die Verfahrensgebühr kann auch bereits anfallen, wenn der Rechtsstreit noch nicht anhängig ist. Entscheidend ist der **erteilte Auftrag**. Ist der Rechtsanwalt z.B. beauftragt, für den Mandanten eine Forderung mit einer Klage geltend zu machen und zahlt der Gegner vor Klageeinreichung, so erhält der Rechtsanwalt eine 0,8 Verfahrensgebühr (vorzeitige Beendigung des Auftrags) nach Nr. 3101 Nr. 1 VV RVG.

Denn: Die Verfahrensgebühr fällt bereits mit dem Betreiben des Geschäfts (= Betriebsgebühr) und der **Entgegennahme der Information** durch den Rechtsanwalt an, Vorbem. 3 Abs. 2 VV RVG.

> **Achtung:** Die Gebühren nach Teil 3 VV RVG kann der Rechtsanwalt jedoch erst verdienen, wenn er einen „unbedingten Klageauftrag" hat, vgl. dazu Vorbem. 3 Abs. 1 VV RVG. Unbedingt bedeutet: ohne an eine Bedingung geknüpft zu sein. Also: Kein „wenn – dann".

Beispiele für einen **unbedingten** Prozessauftrag (Gebühren nach Teil 3 VV entstehen):

- RAin soll eine Klage einreichen.
- RAin soll einen Mahnbescheid beantragen.

Beispiele für einen **bedingten** Prozessauftrag (keine Gebühren nach Teil 3 VV, sondern Geschäftsgebühr):

- „Wenn der Schuldner nicht außergerichtlich zahlt, will ich, dass Sie die Klage einreichen."
- „Wenn die Rechtsschutzversicherung Deckungsschutz erteilt, möchte ich klagen."
- „Wenn der Gegner klagt, möchte ich, dass Sie mich im Rechtsstreit vertreten."

Ein **unbedingter** Klageauftrag ist somit an keine Bedingung geknüpft. Das bedeutet aber nicht, dass die Angelegenheit nicht noch ohne Klageeinreichung zu Ende gehen kann, weil es zu einer außergerichtlichen Erledigung kommt.

Beispiele für **unbedingte** Klageaufträge mit vorzeitiger Beendigung finden Sie unter Ziff. 3 nachstehend.

Prüfungstipp: Die Verfahrensgebühr wird immer aus dem höchsten Gegenstandswert während der Tätigkeit des Rechtsanwalts ermittelt, § 15 V 1 RVG. Erhöht sich zum Beispiel während des Prozesses der Wert durch Klageerweiterung, sind die Werte nach § 22 I RVG zusammenzurechnen. Ermäßigt sich der Gegenstandswert im Laufe des Verfahrens z.B. durch Teilzahlung oder Teilanerkenntnis des Schuldners, wirkt sich die Ermäßigung auf die bereits verdiente Verfahrensgebühr **nicht** aus, § 15 IV RVG.

Die 1,3 Verfahrensgebühr fällt an bei:

- Einreichung der Klage
- Einreichung eines Antrags
- Einreichung eines Schriftsatzes mit Sachanträgen
- Einreichung eines Schriftsatzes mit Sachvortrag
- Zurücknahme der Klage
- Zurücknahme des Antrags
- Wahrnehmung eines gerichtlichen Termins

Die Verfahrensgebühr beträgt

- 1,3 in 1. Instanz, Nr. 3100 VV RVG
- 1,6 im Berufungsverfahren, Nr. 3200 VV RVG
- 1,6 im Revisionsverfahren, Nr. 3206 VV RVG
- 2,3 im Revisionsverfahren für den BGH-Anwalt, Nr. 3208 VV RVG

3. Vorzeitige Beendigung, Nr. 3101 Nr. 1 VV RVG

Endet die Tätigkeit des RA vorzeitig, führt dies zu einer Reduzierung der Verfahrensgebühr.

Beispiel: Der Auftraggeber erteilt Auftrag zur Klageeinreichung. Seine Rechtsanwältin fertigt die Klageschrift. Der Auftraggeber ruft vor Einreichung der Klageschrift an und teilt mit, dass der Gegner die Forderung beglichen hat und die Klage nicht mehr eingereicht werden muss. Hier ist eine 0,8 Verfahrensgebühr nach Nr. 3101 Nr. 1 VV RVG entstanden, (vorzeitige Beendigung).

Beispiele für eine vorzeitige Beendigung im Sinne der Nr. 3101 Nr. 1 VV RVG:

- Klage noch nicht eingereicht – 0,8 (z.B.: Klage kann, muss aber noch nicht geschrieben sein; Klage kann, muss aber noch nicht diktiert sein – es reicht der Auftrag zur Einreichung der Klage durch den Auftraggeber);
- ein das Verfahren einleitender Antrag ist noch nicht eingereicht;
- ein Schriftsatz, in dem der Antrag enthalten ist, eine Klage oder einen Antrag abzuweisen, ist noch nicht eingereicht (Beklagtenvertreter);
- ein Schriftsatz, der Sachvortrag enthält, ist noch nicht eingereicht.

Übungsfall:

Der Mandant legt im Besprechungstermin eine ihm zugestellte Klage vor und bittet den Rechtsanwalt, ihn zu vertreten. Der Rechtsanwalt diktiert den Klageabweisungsantrag mit ausführlicher Begründung. Bevor der Schriftsatz geschrieben wird, ruft der Mandant an, und erklärt, dass er das Mandat kündigt. Er bittet um Übersendung einer Vergütungsrechnung. Der Gegenstandswert beträgt 6.444,22 €.

Lösungsvorschlag:

Gegenstandswert: 6.444,22 €, § 2 I RVG
0,8 Verfahrensgebühr

(§§ 2 II, 13 I RVG), Nr. 3101 Nr. 1 VV RVG	€	324,00
PT-Pauschale, Nr. 7002 VV RVG	€	20,00
Zwischensumme	€	344,00
19 % Umsatzsteuer, Nr. 7008 VV RVG	€	65,36
Summe	€	**409,36**

Die Verfahrensgebühr bei vorzeitiger Beendigung beträgt

- in 1. Instanz – 0,8 – Nr. 3101 Nrn. 1–3 VV RVG
- im Berufungsverfahren – 1,1 – Nr. 3201 VV RVG
- im Revisionsverfahren – 1,1 – Nr. 3207 VV RVG
- im Revisionsverfahren für den BGH-Anwalt – 1,8 – Nr. 3209 VV RVG

Eine teilweise vorzeitige Beendigung kann z.B. dann vorkommen, wenn sich nur ein Teil des Auftrags vor Klageeinreichung erledigt.

Übungsfall:

Rechtsanwalt Vollmering erhält den Auftrag, eine Klage über einen Betrag in Höhe von 2.200,00 € einzureichen. Vor Klageeinreichung teilt der Mandant mit, dass sich die Klage wegen eines Teilbetrags in Höhe von 600,00 € erledigt hat, sodass die Klage nur noch wegen des Restbetrags in Höhe von 1.600,00 € eingereicht wird. Das Gericht verkündet im schriftlichen Verfahren ein Urteil.

Erstellen Sie bitte die Vergütungsrechnung für Rechtsanwalt Vollmering.

Lösungsvorschlag:

Gegenstandswert: 2.200,00 €/1.600,00 €/600,00 €, § 2 I RVG
1,3 Verfahrensgebühr aus 1.600,00 €
(§§ 2 II, 13 I RVG), Nr. 3100 VV RVG   €   195,00
0,8 Verfahrensgebühr aus 600,00 €
(§§ 2 II, 13 I RVG), Nr. 3101 Nr. 1 VV RVG   €   64,00
Summe   €   **259,00**

jedoch gemäß § 15 III RVG höchstens:
1,3 Verfahrensgebühr aus 2.200,00 € = 261,30 €   €   259,00
hier Kürzung nicht erforderlich
1,2 Terminsgebühr aus 1.600,00 €
(§§ 2 II, 13 I RVG), Nr. 3104 VV RVG   €   180,00
PT-Pauschale, Nr. 7002 VV RVG   €   20,00
Zwischensumme   €   459,00
19 % Umsatzsteuer, Nr. 7008 VV RVG   €   87,21
Summe   €   **546,21**

Achtung: In der Rechtsmittelinstanz beträgt die Verfahrensgebühr für die vorzeitige Beendigung 1,1 nach Abs. 1 der Anmerkung zu Nr. 3201 VV RVG.

Übungsfall:

Rechtsanwalt Tangerl erhält den Auftrag, Berufung gegen ein Urteil einzulegen. Gegenstandswert: 3.200,00 €. Vor Einlegung der Berufung meldet sich der Mandant und bittet darum, die Berufung doch nicht einzulegen, da er es sich anders überlegt hat.
Erstellen Sie die Vergütungsrechnung für Rechtsanwalt Tangerl.

Lösungsvorschlag:

Gegenstandswert: 3.200,00 €, § 2 I RVG
1,1 Verfahrensgebühr
(§§ 2 II, 13 I RVG), Nr. 3201 Abs. 1 der Anm. VV RVG   €   277,20
PT-Pauschale, Nr. 7002 VV RVG   €   20,00
Zwischensumme   €   297,20
19 % Umsatzsteuer, Nr. 7008 VV RVG   €   56,47
Summe   €   **353,67**

Interessant: Würde Rechtsanwalt Tangerl in obigem Übungsfall Eheleute vertreten, könnte sich auch die 1,1 Verfahrensgebühr entsprechend erhöhen.

Übungsfall:

Rechtsanwalt Tangerl erhält den Auftrag, für seine Mandanten Erna und Anton Huber, Berufung gegen ein Urteil einzulegen. Gegenstandswert: 3.200,00 €. Vor Einlegung der Berufung melden sich die Mandanten und bitten darum, die Berufung doch nicht einzulegen, da sie es sich anders überlegt haben.
Erstellen Sie die Vergütungsrechnung für Rechtsanwalt Tangerl.

Lösungsvorschlag:

Gegenstandswert: 3.200,00 €, § 2 I RVG

1,4 erhöhte Verfahrensgebühr (§§ 2 II, 13 I RVG), Nr. 3201 Abs. 1 der Anm., Nr. 1008 VV RVG	€	352,80
PT-Pauschale, Nr. 7002 VV RVG	€	20,00
Zwischensumme	€	372,80
19 % Umsatzsteuer, Nr. 7008 VV RVG	€	70,83
Summe	€	**443,63**

---

4. Vorzeitige Beendigung, Nr. 3101 Nr. 2 VV RVG

Eine vorzeitige Beendigung liegt auch vor, soweit

- beantragt ist,
- eine Einigung der Parteien oder der Beteiligten oder
- mit Dritten
- über in diesem Verfahren nicht rechtshängige Ansprüche
- zu Protokoll zu nehmen oder festzustellen (§ 278 VI ZPO) und/oder
- soweit Verhandlungen vor Gericht zur Einigung über solche Ansprüche geführt werden.

Hört sich kompliziert an. Also schauen wir uns das mal genauer an.

Nennen wir die Verfahrensgebühr nach Nr. 3101 Nr. 2 VV RVG zur besseren Unterscheidung der anderen Verfahrensgebühren **Differenzverfahrensgebühr**.

Wann fällt eine Differenzverfahrensgebühr in der Praxis an?

Beispiel: Mandantin Schmitz hat eine Forderung in Höhe von 100.000,00 €. Weil ihr ein Verfahren über den gesamten Betrag zum einen zu teuer ist und weil sie auch nicht sicher ist, dass sie das Bestehen der Forderung wirklich beweisen kann, beauftragt sie RA Müller, erst einmal einen Betrag in Höhe von 10.000,00 € einzuklagen. Sollte es dann im Gerichtstermin zu Vergleichsverhandlungen kommen, soll RA Müller auch die restlichen 90.000,00 € ins Gespräch bringen, um diese unter Umständen in einen Vergleich „mit reinzupacken".

RA Müller klagt also zunächst die 10.000,00 € ein. Hierfür entsteht:

→ 1,3 Verfahrensgebühr aus 10.000,00 €

(§§ 2 II, 13 I RVG), Nr. 3100 VV RVG

Nun kommt es zu einem Gerichtstermin. Der Richter ist nicht sehr überzeugt vom Bestehen der Forderung und schlägt den Abschluss eines Vergleichs über diese 10.000,00 € vor. RA Müller bringt nun die weiteren noch offenen 90.000,00 € in die Vergleichsverhandlungen mit ein und es wird über sämtliche Ansprüche, also die eingeklagten 10.000,00 € und die nicht eingeklagten (somit in diesem Verfahren nicht rechtshängigen) 90.000,00 €, erörtert.

Rechtshängig sind Ansprüche nur dann, wenn sie eingeklagt wurden und die Klage dem Gegner zugestellt ist. „Nicht rechtshängig in diesem Verfahren" bedeutet, dass die Ansprüche entweder gar nicht rechtshängig sind oder in einem anderen Verfahren.

Für die Verhandlungen vor Gericht über die in diesem Verfahren nicht rechtshängigen Ansprüche bekommt RA Müller – und zwar unabhängig davon, ob er eine Einigung trifft/einen Vergleich schließt – oder auch nicht eine

→ 0,8 Verfahrensgebühr aus 90.000,00 €

(§§ 2 II, 13 I RVG), Nr. 3101 Nr. 2 VV RVG.

Aber: Jetzt müssen wir § 15 III RVG beachten, denn wir haben zwei verwandte Gebühren mit unterschiedlichen Gebührensätzen aus Teilen des Gesamtgegenstandes! Also dürfen die beiden einzeln berechneten Verfahrensgebühren für RA Müller insgesamt nicht mehr betragen als eine

1,3 Verfahrensgebühr aus 100.000,00 €

Muss hier gekürzt werden? Dazu müssen wir uns die Gebühren in Beträgen anschauen:

1,3 Verfahrensgebühr aus 10.000,00 € =	€ 725,40
0,8 Verfahrensgebühr aus 90.000,00 € =	€ 1.134,40
addiert	€ 1.859,80
eine	
1,3 Verfahrensgebühr aus 100.000,00 € beträgt	€ 1.953,90

Ergebnis: Wir müssen nicht kürzen. RA Müller kann seine beiden Gebühren einzeln berechnen, da sie mit 1.859,80 € niedriger sind, als eine 1,3 Verfahrensgebühr aus dem addierten Wert mit 1.953,90 €.

Und: Einigen sich die Parteien, würden die gleichen Verfahrensgebühren anfallen. Würden sich die Parteien einigen (Vergleich auf Widerruf) und die Einigung dann widerrufen, würden ebenfalls die obigen Verfahrensgebühren anfallen. Allerdings gäbe es dann keine Einigungsgebühren.

Wir halten fest: Auch der Antrag, eine Einigung über nicht rechtshängige Ansprüche zu Protokoll zu nehmen, löst die gleichen Gebühren aus! Der Vergleich muss nicht wirksam werden. Das ist dann der Fall, wenn eine der Partei oder beide Parteien den geschlossenen Vergleich widerrufen. Widerrufen können sie, wenn im Vergleich eine sogenannte Widerrufsfrist aufgenommen worden ist.

Ach so: Auch wenn dies alles mit einem **Dritten** im Prozess passiert, d.h. mit jemandem, der nicht Partei (Kläger oder Beklagter; Antragsteller oder Antragsgegner) ist, (z.B. mit einem Streitverkündeten) – entsteht diese Differenzverfahrensgebühr unter den genannten Voraussetzungen.

Wir halten fest:

- Die Differenzverfahrensgebühr entsteht:
  - aus dem Wert der im abzurechnenden Verfahren nicht rechtshängigen (also dort nicht eingeklagten) Ansprüche, wenn
  - über solche Ansprüche Verhandlungen vor Gericht geführt werden und/oder
  - sich die Parteien/Beteiligten oder eine Partei/ein Beteiligter sich mit Dritten über solche Ansprüche einigt und der RA den Antrag stellt, die Einigung zu Protokoll zu nehmen
- Die Differenzverfahrensgebühr fällt nicht wieder weg, wenn ein Vergleich widerrufen wird.
- Die Differenzverfahrensgebühr entsteht in 1. Instanz in Höhe von 0,8 und in 2. Instanz in Höhe von 1,1.

– Ein Vergleich auch über in dem Vergleichsverfahren selbst nicht rechtshängige Ansprüche nennt man auch „Mehrvergleich" – man vergleicht mehr, als eingeklagt war.

• Sofern neben der Verfahrensgebühr eine Differenzverfahrensgebühr entsteht, muss § 15 III RVG beachtet werden.

Hoppla: Die Ansprüche sind nicht in diesem aber vielleicht in einem anderen Verfahren rechtshängig. Was ist dann?

Stellen wir uns vor, RA Müller hätte zwei Klagen eingereicht. Eine über 10.000,00 € (Verfahren B) und eine ca. ein 3/4 Jahr zuvor über 90.000,00 € (Verfahren A). Nun kommt es im Verfahren B zu einem Verhandlungstermin und in diesem Termin bahnt sich eine Einigung an. Man verhandelt in Verfahren B sowohl die Ansprüche aus Verfahren A (90.000,00 €) als auch die Ansprüche aus Verfahren B selbst (10.000,00 €). Wie wäre dann abzurechnen? Bleiben wir dabei zur Vereinfachung ausschließlich bei den Verfahrensgebühren. Über die Terminsgebühr wird später gesondert ausgeführt!

In Verfahren B kann RA Müller wie folgt abrechnen:

1,3 Verfahrensgebühr aus 10.000,00 € =	€ 725,40
0,8 Verfahrensgebühr aus 90.000,00 € =	€ 1.134,40
macht zusammen	€ 1.859,80

In Verfahren A rechnet RA Müller für die Einreichung der Klage ab:

1,3 Verfahrensgebühr aus 90.000,00 € =	€ 1.843,40

Aber: Es ist verständlich, dass RA Müller nicht zweimal aus dem Wert von 90.000,00 € eine Verfahrensgebühr berechnen kann, vgl. dazu auch noch mal § 15 II RVG (In derselben Angelegenheit darf der RA die Gebühren nur einmal berechnen!). Er muss also in Verfahren A die in Verfahren B abgerechnete Verfahrensgebühr anrechnen!

1,3 Verfahrensgebühr aus 90.000,00 €	€ 1.843,40
abzgl. 0,8 Verfahrensgebühr aus 90.000,00 €	./. € 1.134,40
Rest	€ 709,00

Ergebnis: In Verfahren A kann RA Müller noch eine restliche Verfahrensgebühr in Höhe von € 709,00 abrechnen.

Was aber ist, wenn die Differenzverfahrensgebühr gekürzt werden musste?

In der Anmerkung Abs. 1 zu Nr. 3101 VV RVG heißt es ein wenig kompliziert:

„Soweit in den Fällen der Nummer 2 (damit ist Nr. 3101 Nr. 2 VV RVG gemeint) der sich nach § 15 III RVG ergebende Gesamtbetrag der Verfahrensgebühren die Gebühr 3100 übersteigt, wird der übersteigende Betrag auf eine Verfahrensgebühr angerechnet, die wegen desselben Gegenstands in einer anderen Angelegenheit entsteht."

Was ist denn jetzt damit wieder gemeint? Eine recht logische Sache! Würden wir die 0,8 Verfahrensgebühr in Verfahren B wegen § 15 III RVG kürzen müssen, müssten wir auch nur die gekürzte Gebühr in Verfahren A abziehen! Denn der RA muss in Verfahren A nicht mehr abziehen, als er in Verfahren B erhalten hat!

Zu kompliziert? Das macht nichts. In Ruhe noch mal lesen! Zugegeben: Das hier ist schon starker Tobak für Auszubildende und die „höhere Mathematik des Gebührenrechts". Wenn Ihnen dieser Fall Schwierigkeiten macht, so ist das nicht ungewöhnlich. Konzentrieren Sie sich darauf, dass Sie zumindest den klassischen Mehrvergleich mit dem Einbezug nicht rechtshängiger Ansprüche (Mehrvergleich = man bezieht mehr in einen Vergleich mit ein, als eingeklagt wurde) abrechnen können. Der Mehrvergleich ist als etwas schwierigere Aufgabe immer wieder Thema in Prüfungen und wird es sicher bleiben. Weitere Übungsfälle zum Thema finden Sie weiter unten nach Behandlung der Termins- und Einigungsgebühr!

5. Terminsgebühren

a) Allgemeines

Die Terminsgebühr gemäß Nr. 3104 VV RVG erhält der Prozessbevollmächtigte unter verschiedenen Kriterien, so u.a.:

- für die Vertretung seiner Partei in gerichtlichen Terminen, das kann z.B. sein ein Verhandlungs-, Beweisaufnahme- oder Erörterungstermin, aber auch andere gerichtliche Termine (Ausnahme: Termin zur Verkündung einer Entscheidung (EVT)), Vorbemerkung 3 Abs. 3, S. 1 VV RVG,
- für die Wahrnehmung eines von einem gerichtlich bestellten Sachverständigen anberaumten Ortstermins (auch ohne Beteiligung des Gerichts), Vorbemerkung 3 Abs. 3, S. 3 Nr. 1 VV RVG
- für die Teilnahme an auf die **Vermeidung** oder **Erledigung** eines Verfahrens gerichteten Besprechungen auch ohne Beteiligung des Gerichts, mit Ausnahme der Besprechungen mit dem Auftraggeber, Vorbemerkung 3, Abs. 3, S. 3 Nr. 2 VV RVG (sogenannte Erledigungsbesprechung),
- im schriftlichen Verfahren, Abs. 1 Nr. 1 der Anmerkung zu Nr. 3104 VV RVG und Abs. 2 der Anmerkung zu Nr. 3105 VV RVG.

b) Vertretung in einem gerichtlichen Termin

Für die Wahrnehmung eines gerichtlichen Termins in 1. Instanz erhält der Rechtsanwalt eine Terminsgebühr gemäß Vorbem. 3 Abs. 3 S. 1 VV RVG.

Vorsicht: Er erhält die Terminsgebühr nur dann nicht, wenn es sich um einen Termin zur Verkündung einer Entscheidung handelt, Vorbem. 3 Abs. 3 S. 2 VV RVG. Damit kann die Terminsgebühr z.B. für die Wahrnehmung der folgenden Termine entstehen:

- Termin zur mündlichen Verhandlung
- Güteverhandlung
- Beweisaufnahmetermin
- Erörterungstermin
- Anhörungstermin
- Termin zur Protokollierung rechtshängiger Ansprüche
- u.a.

Die Terminsgebühren betragen:

- 1,2 Terminsgebühr in 1. Instanz, Nr. 3104 VV RVG
- 1,2 Terminsgebühr im Berufungsverfahren, Nr. 3202 VV RVG
- 1,5 Terminsgebühr im Revisionsverfahren, Nr. 3210 VV RVG.

Übungsfall:

In einem Klageverfahren (Gegenstandswert 5.000,00 €) vor dem Amtsgericht Hamburg kommt es in der Güteverhandlung nach Erörterung der Sach- und Rechtslage zu keiner Einigung. Das Gericht leitet in die streitige mündliche Verhandlung über. Es bestimmt danach einen Termin zur Verkündung einer Entscheidung. Der Klage wird antragsgemäß mit Urteil stattgegeben.

Erstellen Sie die Vergütungsrechnung für den Klägervertreter.

Lösungsvorschlag:

Gegenstandswert: 5.000,00 €, § 2 I RVG		
1,3 Verfahrensgebühr		
(§§ 2 II, 13 I RVG), Nr. 3100 VV RVG	€	393,90
1,2 Terminsgebühr		
(§§ 2 II, 13 I RVG), Nr. 3104 VV RVG	€	363,60
PT-Pauschale, Nr. 7002 VV RVG	€	20,00
Zwischensumme	€	777,50
19 % Umsatzsteuer, Nr. 7008 VV RVG	€	147,73
Summe	€	**925,23**

> **Achtung:** Für den Anfall der 1,2 Terminsgebühr ist nicht erforderlich, dass die Verhandlung streitig erfolgt. Auch eine nicht-streitige Verhandlung kann die 1,2 Terminsgebühr auslösen.

Übungsfall:

In einem Klageverfahren (Gegenstandswert 5.000,00 €) vor dem Amtsgericht Hamburg kommt es in der Güteverhandlung nach Erörterung der Sach- und Rechtslage zu keiner Einigung. In der gleich unmittelbar anschließenden mündlichen Verhandlung erkennt der Beklagte sofort einen Teilbetrag von 2.000,00 € an. Über den Restbetrag von 3.000,00 € wird streitig verhandelt.

Erstellen Sie die Vergütungsrechnung für den Klägervertreter.

Lösungsvorschlag:

Gegenstandswert: 5.000,00 €, § 2 I RVG		
1,3 Verfahrensgebühr		
(§§ 2 II, 13 I RVG), Nr. 3100 VV RVG	€	393,90
1,2 Terminsgebühr		
(§§ 2 II, 13 I RVG), Nr. 3104 VV RVG	€	363,60
PT-Pauschale, Nr. 7002 VV RVG	€	20,00
Zwischensumme	€	777,50
19 % Umsatzsteuer, Nr. 7008 VV RVG	€	147,73
Summe	€	**925,23**

Ausnahme: Die Terminsgebühr nach Nr. 3105 VV RVG, siehe die Ausführungen unter d) in diesem Kapitel.

Somit fällt die 1,2 Terminsgebühr an:

- bei einer streitigen Verhandlung,
- bei Anerkenntnis im Termin oder schriftlichen Verfahren,
- bei Verzicht im Termin oder schriftlichen Verfahren,
- in einem FamFG-Verfahren (z.B. Verfahren vor dem Familiengericht- oder Nachlassgericht),
- bei teilweise streitiger Verhandlung und teilweise nicht streitiger Verhandlung,
- in einem Güteverhandlungstermin vor dem Arbeitsgericht,
- in einem Güteverhandlungstermin vor dem Zivilgericht,
- in einem Beweisaufnahmetermin,
- in einem Verhandlungstermin, der mit Versäumnisurteil endet, obwohl der Beklagte entweder erschienen (AG) oder ordnungsgemäß vertreten (LG) ist.

Achtung: Die Terminsgebühr kann in jedem Rechtszug nur einmal gefordert werden, selbst wenn mehrere Gerichtstermine notwendig sind, § 15 II RVG, oder sie aus verschiedenen Gründen ausgelöst wird (z.B. für eine Erledigungsbesprechung und einen Gerichtstermin).

Übungsfall:

In einem Klageverfahren vor dem Landgericht Hamburg (Gegenstandswert 7.000,00 €) findet zunächst eine mündliche Verhandlung statt. Das Gericht bestimmt sodann erneut einen Gerichtstermin. In diesem zweiten Gerichtstermin werden zwei Zeugen vernommen. Das Gericht entscheidet schließlich durch Urteil.

Bitte berechnen Sie die Vergütung des Klägervertreters.

Lösungsvorschlag:

Gegenstandswert: 7.000,00 €, § 2 I RVG		
1,3 Verfahrensgebühr		
(§§ 2 II, 13 I RVG), Nr. 3100 VV RVG	€	526,50
1,2 Terminsgebühr		
(§§ 2 II, 13 I RVG), Nr. 3104 VV RVG	€	486,00
PT-Pauschale, Nr. 7002 VV RVG	€	20,00
Zwischensumme	€	1.032,50
19 % Umsatzsteuer, Nr. 7008 VV RVG	€	196,18
Summe	€	**1.228,68**

Ausnahme, es liegen verschiedene oder besondere Angelegenheiten (§§ 17–18 RVG) vor:

- Mahnverfahren, Vorbem. 3.2.2., § 17 Nr. 2 RVG
- Urkunden- und Wechselprozess, § 17 Nr. 5 RVG
- Arrest und einstweilige Verfügung, § 17 Nr. 4 b RVG
- selbständiges Beweisverfahren, vgl. dazu Vorbem. 3 Abs. 5 VV RVG
- Verfahren nach Zurückverweisung, vgl. dazu Vorbem. 3 Abs. 6 VV RVG.

In diesen Fällen kann die Terminsgebühr mehrmals entstehen, da mehrere Angelegenheiten vorliegen.

Hinweis: In Abs. 4 der Anm. zu Nr. 3104 VV RVG ist geregelt, dass eine Terminsgebühr, die im Mahnverfahren oder im vereinfachten Verfahren über den Unterhalt

Minderjähriger entstanden ist, auf eine Terminsgebühr des gerichtlichen Verfahrens anzurechnen ist, vgl. dazu auch das Kapitel 15 (Mahnverfahren).

Übungsfall:

RA Petersen vertritt Mandant Jansen nach Klageeinreichung beim LG Hamburg im Verhandlungstermin. Nach streitiger Verhandlung ergeht ein klageabweisendes Urteil. Der Gegenstandswert beträgt 7.620,00 €.

Bitte erstellen Sie die Vergütungsrechnung für RA Petersen.

Lösungsvorschlag:

Gegenstandswert: 7.620,00 €, § 2 I RVG		
1,3 Verfahrensgebühr		
(§§ 2 II, 13 I RVG), Nr. 3100 VV RVG	€	592,80
1,2 Terminsgebühr		
(§§ 2 II, 13 I RVG), Nr. 3104 VV RVG	€	547,20
PT-Pauschale, Nr. 7002 VV RVG	€	20,00
Zwischensumme	€	1.160,00
19 % Umsatzsteuer, Nr. 7008 VV RVG	€	220,40
Summe	€	**1.380,40**

Übungsfall:

RA Wulff hat für Mandant Karlsen Klage vor dem Amtsgericht Flensburg eingereicht. In der Güteverhandlung wird die Sach- und Rechtslage erörtert. RA Wulff nimmt sodann die Klage zurück. Der Gegenstandswert beträgt 2.344,00 €.

Bitte erstellen Sie die Vergütungsrechnung für RA Wulff.

Lösungsvorschlag:

Gegenstandswert: 2.344,00 €, § 2 I RVG		
1,3 Verfahrensgebühr		
(§§ 2 II, 13 I RVG), Nr. 3100 VV RVG	€	261,30
1,2 Terminsgebühr		
(§§ 2 II, 13 I RVG), Nr. 3104 VV RVG	€	241,20
PT-Pauschale, Nr. 7002 VV RVG	€	20,00
Zwischensumme	€	522,50
19 % Umsatzsteuer, Nr. 7008 VV RVG	€	99,28
Summe	€	**621,78**

Übungsfall:

RA Beck klagt für Mandant Schön vor dem Amtsgericht Garmisch-Partenkirchen 1.112,00 € ein. Nach gescheiterter Güteverhandlung erkennt der Beklagte in der anschließenden mündlichen Verhandlung 620,00 € an. Über den Rest wird streitig verhandelt und Beweis erhoben. Das Gericht gibt sodann in einem Urteil der Klage statt.

Bitte erstellen Sie die Vergütungsrechnung für RA Beck.

Lösungsvorschlag:

Gegenstandswert: 1.112,00 €, § 2 I RVG

1,3 Verfahrensgebühr		
(§§ 2 II, 1.3 I RVG), Nr. 3100 VV RVG	€	149,50
1,2 Terminsgebühr		
(§§ 2 II, 13 I RVG), Nr. 3104 VV RVG	€	138,00
PT-Pauschale, Nr. 7002 VV RVG	€	20,00
Zwischensumme	€	307,50
19 % Umsatzsteuer, Nr. 7008 VV RVG	€	58,43
Summe	€	**365,93**

Interessant: In obigem Beispielfall könnte man leicht verwirrt sein. Denn wegen eines Betrags in Höhe von 620,00 € ergeht ein Anerkenntnisurteil, über den Restbetrag in Höhe von 492,00 € wird dann streitig verhandelt und Beweis erhoben. Die Terminsgebühr wird hier jedoch einheitlich aus dem Wert in Höhe von 1.112,00 € berechnet. Wieso? Zum Zeitpunkt als der Gerichtstermin stattfindet und RA Beck diesen wahrnimmt, ist noch die gesamte Klageforderung in Höhe von 1.112,00 € „im Rennen". Dass über einen Teilbetrag ein Anerkenntnis ergeht und über den Restbetrag dann streitig verhandelt wird, spielt für die Entstehung der Terminsgebühr keine Rolle. Bereits mit der Wahrnehmung des Gerichtstermins ganz zu Beginn der Verhandlung hat der Rechtsanwalt bereits die Terminsgebühr aus dem vollen Wert verdient. Der Ablauf der Verhandlung kann allenfalls auf die Höhe der Terminsgebühr noch Auswirkungen haben, z.B. beim Versäumnisurteil (dazu unten später mehr).

Prüfungstipp: Lassen Sie sich nicht davon irritieren, wenn hier aus Teilwerten möglicherweise andere Verfahrenshandlungen (hier teilweise Anerkenntnis, teilweise streitige Verhandlung) erfolgen. Prüfen Sie zunächst bei der Abrechnung eines Falls bzw. einer Akte aus welchem Wert Ihre Verfahrensgebühr entstanden ist. Als nächstes wird überprüft, ob eine Erhöhung der Verfahrensgebühr angezeigt ist. Das ist hier nicht der Fall, da nicht mehrere Auftraggeber vertreten werden. Im dritten Schritt wird dann geprüft, ob eine Terminsgebühr entstanden ist. Wie bereits dargelegt, entsteht diese bereits mit der Wahrnehmung des Termins.

Übungsfall:

RA Beck reicht vor dem Arbeitsgericht Siegburg für seine Mandantin Meyer Kündigungsschutzklage ein. In der Güteverhandlung schließen die Parteien einen Vergleich. Das Gericht setzt den Streitwert auf 3.500,00 € fest.

Bitte erstellen Sie die Vergütungsrechnung für RA Beck.

Lösungsvorschlag:

Gegenstandswert: 3.500,00 €, § 2 I RVG

1,3 Verfahrensgebühr		
(§§ 2 II , 13 I RVG), Nr. 3100 VV RVG	€	327,60
1,2 Terminsgebühr		
(§§ 2 II, 13 I RVG), Nr. 3104 VV RVG	€	302,40
Zwischensumme (Übertrag)	€	630,00

Zwischensumme (Übertrag)	€	630,00
1,0 Einigungsgebühr		
(§§ 2 II, 13 I RVG), Nr. 1003 VV RVG	€	252,00
PT-Pauschale, Nr. 7002 VV RVG	€	20,00
Zwischensumme	€	902,00
19 % Umsatzsteuer, Nr. 7008 VV RVG	€	171,38
Summe	€	**1.073,38**

Übungsfall:

Beim Landgericht Erfurt wird eine Klage wegen Baumängeln eingereicht. Der Gegenstandswert beträgt 25.000,00 €. Das Gericht erhebt Beweis durch Einholung eines Sachverständigengutachtens. Die Parteien stellen im Termin zur mündlichen Verhandlung dem Gutachter ergänzende Fragen. Es werden in einem weiteren Termin vier Zeugen vernommen. Auf Anraten des Gerichts nimmt der Kläger schließlich die Klage zurück.

Erstellen Sie die Vergütungsrechnung für den Klägervertreter.

Lösungsvorschlag:

Gegenstandswert: 25.000,00 €, § 2 I RVG		
1,3 Verfahrensgebühr		
(§§ 2 II, 13 I RVG), Nr. 3100 VV RVG	€	1.024,40
1,2 Terminsgebühr		
(§§ 2 II, 13 I RVG), Nr. 3104 VV RVG	€	945,60
PT-Pauschale, Nr. 7002 VV RVG	€	20,00
Zwischensumme	€	1.990,00
19 % Umsatzsteuer, Nr. 7008 VV RVG	€	378,10
Summe	€	**2.368,10**

Übungsfall:

Es wird Klage erhoben wegen eines Schadens in Höhe von 4.000,00 € und eines weiteren in Höhe von 2.000,00 €. Nach streitiger Verhandlung über die eingeklagten Beträge soll hinsichtlich des Schadens über 4.000,00 € Beweis erhoben werden durch Einholung eines Sachverständigengutachtens. Das Gericht entscheidet durch Urteil.

Erstellen Sie die Vergütungsrechnung für den Klägervertreter.

Lösungsvorschlag:

Gegenstandswert: 6.000,00 €, § 22 I RVG		
1,3 Verfahrensgebühr		
(§§ 2 II, 13 I RVG), Nr. 3100 VV RVG	€	460,20
1,2 Terminsgebühr		
(§§ 2 II, 13 I RVG), Nr. 3104 VV RVG	€	424,80
PT-Pauschale, Nr. 7002 VV RVG	€	20,00
Zwischensumme	€	905,00
19 % Umsatzsteuer, Nr. 7008 VV RVG	€	171,95
Summe	€	**1.076,95**

Wir halten fest:

- Eine Terminsgebühr kann für die Wahrnehmung eines gerichtlichen Termins entstehen.
- Nimmt der RA lediglich einen Termin zur Verkündung einer Entscheidung wahr, entsteht die Terminsgebühr nicht.
- Die Terminsgebühr kann auch für die Wahrnehmung eines Ortstermins entstehen, den der gerichtlich bestellte Sachverständige anberaumt hat.
- Auch Erledigungsbesprechungen können die Terminsgebühr auslösen.
- Besprechungen mit dem Auftraggeber lösen die Terminsgebühr nicht aus.
- In derselben Angelegenheit kann die Terminsgebühr nur einmal gefordert werden, auch wenn sie mehrfach entstanden ist.

c) Entscheidung im schriftlichen Verfahren

Wird in einem Verfahren, für das die **mündliche Verhandlung vorgeschrieben** ist, im Einverständnis mit den Parteien **oder** gemäß § 307 II ZPO (Anerkenntnis nach Aufforderung zur Anzeige der Verteidigungsabsicht), § 331 III ZPO (Versäumnisurteil, da Frist zur Anzeige der Verteidigungsabsicht nicht eingehalten), § 495a I ZPO (Streitwert bis 600,00 €) **ohne mündliche Verhandlung entschieden**, erhält der Rechtsanwalt die gleichen Gebühren wie in einem Verfahren mit mündlicher Verhandlung.

Übungsfall:

Nachdem dem Beklagten Schön-Blöd eine Klage über 2.320,00 € zugestellt worden ist, teilt er dem Gericht mit, dass er diesen Betrag voll anerkennt. Das Gericht erlässt sodann ein Anerkenntnisurteil und stellt es an den Prozessbevollmächtigten des Klägers zu.

Berechnen Sie bitte dessen Vergütung.

Lösungsvorschlag:

Gegenstandswert: 2.320,00 €, § 2 I RVG

1,3 Verfahrensgebühr		
(§§ 2 II, 13 I RVG), Nr. 3100 VV RVG	€	261,30
1,2 Terminsgebühr		
(§§ 2 II, 13 I RVG),		
Nr. 3104, Abs. 1 Nr. 1 der Anm. zu Nr. 3104 VV RVG	€	241,20
Zwischensumme	€	502,50
PT-Pauschale, Nr. 7002 VV RVG	€	20,00
Zwischensumme	€	522,50
19 % Umsatzsteuer, Nr. 7008 VV RVG	€	99,28
Summe	€	**621,78**

Strittig ist, in welcher Höhe die Terminsgebühr entsteht, wenn das Gericht nach § 495a ZPO das schriftliche Verfahren anordnet und dann, wenn sich der Beklagte nicht äußert, entscheidet. Einige Gerichte nehmen an, dass dann eine 0,5 Terminsgebühr ähnlich wie beim Versäumnisurteil anfällt; die herrschende Meinung hält dagegen, dass dieser Fall in Nr. 3105 VV RVG nicht aufgeführt ist und daher eine 1,2 Terminsgebühr anfällt.

Wir halten fest:

- Eine Terminsgebühr kann auch entstehen, wenn keine mündliche Verhandlung stattfindet.
- Eine Terminsgebühr im schriftlichen Verfahren kann jedoch nur in Ausnahmen fällen entstehen, wenn
  - es sich um ein Verfahren handelt, für das die mündliche Verhandlung vorgeschrieben ist und
  - ohne mündliche Verhandlung entschieden wird
  - im Einverständnis mit den Parteien oder
  - bei Anerkenntnisurteil im schriftlichen Verfahren (1,2 Terminsgebühr);
  - durch Versäumnisurteil im schriftlichen Verfahren (0,5 Terminsgebühr;)
  - durch Entscheidung über eine Bagatellstreitigkeit im schriftlichen Verfahren;
  - bei Abschluss eines Vergleichs, z.B. nach § 278 VI ZPO (sogen. Beschlussvergleich).

d) Terminsgebühr bei Versäumnisurteil

Nimmt der Rechtsanwalt **nur einen** Termin wahr, in dem eine Partei oder ein Beteiligter nicht erschienen **oder** nicht ordnungsgemäß vertreten ist und lediglich ein Antrag auf Versäumnisurteil **oder** zur Prozess- und Sachleitung gestellt wird, beträgt die Terminsgebühr Nr. 3104 VV RVG nach Nr. 3105 VV RVG 0,5!

Achtung: Nach dem RVG heißt also Versäumnisurteil nicht gleich 0,5 Terminsgebühr! Man muss sich anschauen, **warum** das Versäumnisurteil ergangen ist.

Praxistipp: In der Akte ersehen Sie den Ablauf der Sitzung aus dem Sitzungsprotokoll (z.B. „… für den Beklagten erschien: Niemand!")

Prüfungstipp: Achten Sie in der Abschlussprüfung auf die Aufgabenstellung! Hier wird gerne ein Schwierigkeitsgrad in die Prüfungsaufgaben eingebaut.

Beispiel 1 – Beklagter ist nicht erschienen:

Klage vor dem Amtsgericht. Kläger ist anwaltlich vertreten. Klägeranwalt ist da. Beklagter ist nicht erschienen. Versäumnisurteil. Vergütungsanspruch Klägeranwalt:

1,3 Verfahrensgebühr, Nr. 3100 VV RVG
0,5 Terminsgebühr, Nr. 3105 VV RVG

Beispiel 2 – Beklagter ist nicht ordnungsgemäß vertreten:

Klage vor dem Landgericht. Klägervertreter ist da. Beklagter kommt allein ohne Anwalt. Sagt der Richter: „Wo ist denn Ihr Anwalt. Vor dem Landgericht haben wir Anwaltszwang." Sagt der Beklagte: „Ich brauche keinen Anwalt. Ich kann mich selbst verteidigen." Pech gehabt! Versäumnisurteil. Vergütungsanspruch Klägeranwalt:

1,3 Verfahrensgebühr, Nr. 3100 VV RVG
0,5 Terminsgebühr, Nr. 3105 VV RVG

Beispiel 3 – Beklagter ist zwar nicht erschienen, aber ordnungsgemäß vertreten:

Landgericht. Termin. Beide, Kläger- und Beklagtenanwalt sind erschienen. Im Termin lässt der Beklagtenvertreter nach Erörterung Versäumnisurteil gegen seinen Mandanten ergehen. Er tritt die „Flucht in die Säumnis" an. Vergütungsanspruch Klägeranwalt:

1,3 Verfahrensgebühr, Nr. 3100 VV RVG
1,2 Terminsgebühr, Nr. 3104 VV RVG

Übungsfall:

Eine Klage über 1.650,00 € wird auftragsgemäß von RA Ober eingereicht. Im Verhandlungstermin erscheint die Beklagte nicht, woraufhin auf Antrag des RA Ober Versäumnisurteil ergeht, welches auch rechtskräftig wird.

Erstellen Sie die Vergütungsrechnung für RA Ober.

Lösungsvorschlag:

Gegenstandswert: 1.650,00 €, § 2 I RVG		
1,3 Verfahrensgebühr		
(§§ 2 II, 13 I RVG), Nr. 3100 VV RVG	€	195,00
0,5 Terminsgebühr		
(§§ 2 II, 13 I RVG), Nr. 3105 VV RVG	€	75,00
PT-Pauschale, Nr. 7002 VV RVG	€	20,00
Zwischensumme	€	290,00
19 % Umsatzsteuer, Nr. 7008 VV RVG	€	55,10
Summe	€	**345,10**

Übungsfall:

Klageerhebung über 5.000,00 €. Es wird Termin anberaumt. Der Beklagte erscheint nicht. Es ergeht Versäumnisurteil. Hiergegen legt der Beklagte Einspruch ein. Es kommt zu einer streitigen Verhandlung über die Hauptsache und anschließender Beweisaufnahme. Danach ergeht ein der Klage stattgebendes Urteil.

Bitte berechnen Sie die Vergütung des Klägervertreters.

Lösungsvorschlag:

Wert: 5.000,00 €, § 2 I RVG		
1,3 Verfahrensgebühr		
(§§ 2 II, 13 I RVG), Nr. 3100 VV RVG	€	393,90
1,2 Terminsgebühr		
(§§ 2 II, 13 I RVG), Nr. 3104 VV RVG	€	363,60
PT-Pauschale, Nr. 7002 VV RVG	€	20,00
Zwischensumme	€	777,50
19 % Umsatzsteuer, Nr. 7008 VV RVG	€	147,73
Summe	€	**925,23**

Aber: Ergeht ein 2. Versäumnisurteil (VU), entsteht eine 1,2 Terminsgebühr nach Nr. 3104 VV RVG und nicht eine 0,5 Terminsgebühr nach Nr. 3105 VV RVG. Dies hat der BGH entschieden.

Übungsfall:

Eine Klage über 2.000,00 € wird von RA Ober eingereicht. Im Verhandlungstermin erscheint die Beklagte nicht, woraufhin auf Antrag des RA Ober Versäumnisurteil (VU) ergeht. Gegen dieses Urteil wird fristgerecht Einspruch eingelegt. Im Termin zur mündlichen Verhandlung erscheint die Beklagte wiederum nicht. Es ergeht ein 2. VU, mit dem das 1. VU aufrechterhalten wird.

Erstellen Sie die Vergütungsrechnung für den RA Ober.

Lösungsvorschlag:

Gegenstandswert: 2.000,00 €, § 2 I RVG

1,3 Verfahrensgebühr (§§ 2 II, 13 I RVG), Nr. 3100 VV RVG	€	195,00
1,2 Terminsgebühr (§§ 2 II, 13 I RVG), Nr. 3104 VV RVG	€	180,00
PT-Pauschale, Nr. 7002 VV RVG	€	20,00
Zwischensumme	€	395,00
19 % Umsatzsteuer, Nr. 7008 VV RVG	€	75,05
Summe	**€**	**470,05**

Hoppla: Der Bundesgerichtshof hat entschieden, dass die 1,2 Terminsgebühr auch dann entsteht, wenn das 1. VU im schriftlichen Verfahren und nicht im Termin ergangen ist und im Folgetermin derselbe RA, der das 1. VU erwirkt hat, nun das 2. VU beantragt.

Aber: Ist eine 1,2 Terminsgebühr nach Nr. 3104 VV RVG für eine Verhandlung bereits entstanden, so kann eine 0,5 Terminsgebühr nach Nr. 3105 VV RVG für einen Termin, in dem ein Versäumnisurteil ergeht, weil eine Partei nicht erscheint oder nicht ordnungsgemäß vertreten ist, **nicht** mehr entstehen, wenn es um **denselben Gegenstand** geht.

Beispiel: Nach mündlicher Verhandlung ergeht im zweiten Verhandlungstermin gegen den nicht erschienenen Beklagten Versäumnisurteil. Die Vergütung des Klägervertreters beträgt:

1,3 Verfahrensgebühr Nr. 3100 VV RVG
1,2 Terminsgebühr Nr. 3104 VV RVG
zzgl. Auslagen und Umsatzsteuer

Achtung: Im Berufungsverfahren gilt die Reduzierung auf 0,5 bei der Terminsgebühr nur, wenn das Versäumnisurteil gegen den Berufungs**kläger** ergeht, vgl. dazu Nr. 3203 VV RVG!

Prüfungstipp: Wenn der RA des **Berufungs- oder Revisionsklägers** das Versäumnisurteil beantragt, entsteht trotz nicht streitiger Verhandlung eine 1,2 Terminsgebühr nach Nr. 3203 VV RVG.

Achtung: Lesen Sie Nr. 3203 VV RVG! Hier passiert in der Aufregung schnell ein Fehler. In Nr. 3203 VV RVG heißt es, dass dann, wenn nur ein Termin wahrgenommen wird, in dem eine Partei, im **Berufungsverfahren** der Berufungs**kläger**, nicht erschienen oder nicht ordnungsgemäß vertreten ist, und lediglich Antrag auf Versäumnisurteil oder zur Prozess- oder Sachleitung gestellt wird, die Terminsgebühr Nr. 3202 VV RVG **0,5** beträgt. Das bedeutet: Versäumnisurteil **gegen** den Berufungskläger! Also Antrag auf Erlass eines Versäumnisurteils vom Berufungs**beklagten**vertreter! Umgekehrt entsteht also eine **1,2** Terminsgebühr nach Nr. 3202 VV RVG.

Übungsfall:

Im Berufungsverfahren vor dem Landgericht Köln erscheint der Berufungsbeklagte zum Termin nicht. Der Prozessbevollmächtigte des Berufungsklägers beantragt daher Versäumnisurteil, das antragsgemäß ergeht. Der Streitwert wird auf 15.000,00 € festgesetzt.

Bitte erstellen Sie die Vergütungsrechnung für den Klägervertreter.

Lösungsvorschlag:

Gegenstandswert: 15.000,00 €, § 2 I RVG

1,6 Verfahrensgebühr		
(§§ 2 II, 13 I RVG), Nr. 3200 VV RVG	€	1.040,00
1,2 Terminsgebühr		
(§§ 2 II, 13 I RVG), Nr. 3202 VV RVG	€	780,00
PT-Pauschale, Nr. 7002 VV RVG	€	20,00
Zwischensumme	€	1.840,00
19 % Umsatzsteuer, Nr. 7008 VV RVG	€	349,60
Summe	€	**2.189,60**

Übungsfall:

Nachdem RA Frohsinn Berufung gegen das erstinstanzliche Urteil eines LG eingelegt hat, erscheint er aufgrund eines Büroversehens nicht zum Gerichtstermin, so dass auf Antrag des Beklagtenvertreters Versäumnisurteil ergeht. Der Gegenstandswert hat 14.233,00 € betragen.

Bitte berechnen Sie die Vergütung des Beklagtenvertreters.

Lösungsvorschlag:

Gegenstandswert: 14.233,00 €, § 2 I RVG

1,6 Verfahrensgebühr		
(§§ 2 II, 13 I RVG), Nr. 3200 VV RVG	€	1.040,00
0,5 Terminsgebühr		
(§§ 2 II, 13 I RVG), Nr. 3203 VV RVG	€	325,00
PT-Pauschale, Nr. 7002 VV RVG	€	20,00
Zwischensumme	€	1.385,00
19 % Umsatzsteuer, Nr. 7008 VV RVG	€	263,15
Summe	€	**1.648,15**

Abwandlung:

Der Klägervertreter legt auftragsgemäß Einspruch ein. Es kommt zur streitigen mündlichen Verhandlung. In deren Anschluss ergeht ein der Berufung stattgebendes Urteil.

a) Bitte berechnen Sie die Vergütung des Klägervertreters.

b) Bitte berechnen Sie die Vergütung des Beklagtenvertreters.

Lösungsvorschlag:

a) Vergütung des Klägervertreters:
Gegenstandswert: 14.233,00 €, § 2 I RVG

1,6 Verfahrensgebühr		
(§§ 2 II, 13 I RVG), Nr. 3200 VV RVG	€	1.040,00
1,2 Terminsgebühr		
(§§ 2 II, 13 I RVG), Nr. 3202 VV RVG	€	780,00
PT-Pauschale, Nr. 7002 VV RVG	€	20,00
Zwischensumme	€	1.840,00
19 % Umsatzsteuer, Nr. 7008 VV RVG	€	349,60
Summe	**€**	**2.189,60**

b) Vergütung des Beklagtenvertreters:
Gegenstandswert: 14.233,00 €, § 2 I RVG

1,6 Verfahrensgebühr		
(§§ 2 II, 13 I RVG), Nr. 3200 VV RVG	€	1.040,00
1,2 Terminsgebühr		
(§§ 2 II, 13 I RVG), Nr. 3202 VV RVG	€	780,00
PT-Pauschale, Nr. 7002 VV RVG	€	20,00
Zwischensumme	€	1.840,00
19 % Umsatzsteuer, Nr. 7008 VV RVG	€	349,60
Summe	**€**	**2.189,60**

Übungsfall:

Der Beklagte legt Berufung gegen ein erstinstanzliches Urteil des Amtsgerichts Düsseldorf ein. Zum Verhandlungstermin im Berufungsverfahren erscheint der Vertreter der (Klägerin 1. Instanz und) Berufungsbeklagten nicht, obwohl er sich für sie bestellt und Zurückweisung der Berufung beantragt hatte. Auf Antrag des Prozessbevollmächtigten des Berufungsklägers ergeht Versäumnisurteil.

Bitte erstellen Sie die Vergütungsrechnung aus einem Gegenstandswert von **4.800,00 €**

a) des Prozessbevollmächtigten des Berufungsklägers

b) des Prozessbevollmächtigten der Berufungsbeklagten

Lösungsvorschlag:

Wert: 4.800,00 €, § 2 I RVG

a) Vergütungsrechnung des Berufungskläger-Vertreters:

1,6 Verfahrensgebühr		
(§§ 2 II, 13 I RVG), Nr. 3200 VV RVG	€	484,80
Zwischensumme (Übertrag)	€	484,80

Zwischensumme (Übertrag)	€	484,80
1,2 Terminsgebühr		
(§§ 2 II,13 I RVG), Nr. 3202 VV RVG	€	363,60
PT-Pauschale, Nr. 7002 VV RVG	€	20,00
Zwischensumme	€	868,40
19 % Umsatzsteuer, Nr. 7008 VV RVG	€	165,00
Summe	€	**1.033,40**
b) Vergütungsrechnung des Berufungsbeklagten-Vertreters:		
1,6 Verfahrensgebühr		
(§§ 2 II, 13 I RVG), Nr. 3200 VV RVG	€	484,80
PT-Pauschale, Nr. 7002 VV RVG	€	20,00
Zwischensumme	€	504,80
19 % Umsatzsteuer, Nr. 7008 VV RVG	€	95,91
Summe	€	**600,71**

Wir halten fest:

Da der Anwendungsbereich der Nr. 3105 VV RVG ein wenig undurchsichtig ist, sollen hier einige Beispiele zur Verdeutlichung erfolgen:

* Ende des Rechtsstreits mit Erlass eines ersten Versäumnisurteils im Termin → 1,3 Verfahrensgebühr + 0,5 Terminsgebühr
* Ende des Rechtsstreits mit Erlass eines ersten Versäumnisurteils im schriftlichen Verfahren (Versäumung der Frist zur Anzeige der Verteidigungsabsicht) → 1,3 Verfahrensgebühr + 0,5 Terminsgebühr
* der gegen das Versäumnisurteil eingelegte Einspruch wird verworfen oder zurückgenommen, es wurde **über den Einspruch** verhandelt → 1,3 Verfahrensgebühr + 1,2 Terminsgebühr
* nach Einspruch gegen das Versäumnisurteil wird zur **Hauptsache** verhandelt oder erörtert → 1,3 Verfahrensgebühr + 1,2 Terminsgebühr
* es ergeht ein zweites Versäumnisurteil in einem weiteren Termin → 1,3 Verfahrensgebühr + 1,2 Terminsgebühr
* gegen ein zweites Versäumnisurteil wird Berufung eingelegt → neue Angelegenheit gem. § 15 II 2 RVG, Berufungsverfahren wird gesondert abgerechnet

e) Terminsgebühr für die Wahrnehmung eines Ortstermins

Auch für die Teilnahme an einem Ortstermin mit einem gerichtlich bestellten Sachverständigen erhält der RA die Terminsgebühr. Dies unabhängig davon, ob das Gericht an dem Ortstermin selbst teilnimmt oder nicht, vgl. dazu Vorbemerkung 3 Abs. 3 S. 3 Nr. 2 VV RVG.

Wichtig: Der Ortstermin muss von einem gerichtlich bestellten Sachverständigen anberaumt sein. Für den Privatgutachter gilt dies also nicht.

Für weitere Ausführungen zur Terminsgebühr für einen Ortstermin vgl. Kapitel 13 „Das selbständige Beweisverfahren".

f) Terminsgebühr für die Teilnahme an Erledigungsbesprechungen

Nach der Vorbemerkung 3 Abs. 3 S. 3 Nr. 2 VV RVG erhält der RA die Terminsgebühr auch für die Teilnahme an einer Besprechung, die auf die Vermeidung oder Erledigung eines Verfahrens gerichtet ist, mit Ausnahme der Besprechungen mit dem Mandanten (= Erledigungsbesprechung).

Die Terminsgebühr kann somit auch außergerichtlich entstehen. Voraussetzung: Der Rechtsanwalt hatte zumindest unbedingten Prozessauftrag und führt eine Besprechung, die auf die Vermeidung eines gerichtlichen Verfahrens (daher der notwendige Prozessauftrag) oder Erledigung eines Verfahrens gerichtet ist, siehe auch S. 86!

Achtung: Die Terminsgebühr braucht neben sich immer eine Verfahrensgebühr! Die Terminsgebühr kann alleine neben einer Geschäftsgebühr nicht entstehen!

Beispiel: RA Müller fordert den Gegner auf, innerhalb einer bestimmten Frist Zahlung zu leisten, er, RA Müller, sei bereits beauftragt, Klage einzureichen. In der Folge ruft der Gegner bei RA Müller an und erklärt ihm, dass er zur Zahlung des Gesamtbetrages nicht bereit sei. Es wird eine Besprechung in der Kanzlei des RA Müller mit dem Gegner, dem Mandanten und RA Müller geführt. In der Folge wird eine Einigung getroffen, die eine Einigungsgebühr auslöst. RA Müller könnte abrechnen:

0,8 Verfahrensgebühr, Nr. 3101 Nr. 1 VV RVG
1,2 Terminsgebühr, Nr. 3104 VV RVG
1,5 Einigungsgebühr, Nr. 1000 VV RVG
Auslagen, Umsatzsteuer

Hoppla: Die Terminsgebühr kann in derselben Angelegenheit nur **einmal** gefordert werden, § 15 II RVG. Findet also eine Besprechung statt und anschließend nach einer Klageeinreichung z.B. ein Gerichtstermin, wird die Terminsgebühr nur einmal abgerechnet.

Die Terminsgebühr entsteht nur durch Besprechungen, mit denen auch das Verfahren vermieden oder erledigt werden kann, z.B. für Besprechungen mit

- dem Gegner
- dem Gegenanwalt
- der gegnerischen Versicherung.

Ach so: Darüber hinaus muss die Besprechung auf eine Vermeidung oder Erledigung eines Verfahrens gerichtet sein. Die Besprechung muss also mit diesem Ziel geführt werden. Nicht erforderlich ist es, dass das **Ziel** auch erreicht wird.

Vorsicht: Die Terminsgebühr entsteht **nicht** für eine Besprechung mit dem eigenen Auftraggeber.

Hat der RA noch keinen Prozessauftrag und befindet sich noch gebührenrechtlich im Bereich einer Geschäftsgebühr, kann er eine Terminsgebühr nicht verdienen. Die Besprechung kann aber dazu führen, dass die Sache umfangreich oder schwierig war und damit Auswirkungen auf die Höhe der Geschäftsgebühr haben.

Wir halten fest:

Die Terminsgebühr beträgt

- 1,2 in 1. und 2. Instanz, Nrn. 3104 u. 3202 VV RVG
  - auch bei Anerkenntnis- und Verzichtsurteil
  - auch wenn das Anerkenntnis- oder Verzichtsurteil im schriftlichen Verfahren ergehen
  - bei einem Versäumnisurteil, das ergeht, obwohl eine Partei erschienen oder ordnungsgemäß vertreten ist
  - bei einem Versäumnisurteil gegen den Berufungsbeklagten, Nr. 3202 VV RVG
  - wenn mehrere Termine stattfinden
  - für die Teilnahme an Ortsterminen eines gerichtlich bestellten Sachverständigen und lediglich
  - für die Teilnahme an Besprechungen, die auf die Vermeidung oder Erledigung eines Verfahrens gerichtet sind, mit Ausnahme der Besprechungen mit dem Auftraggeber.
- 0,5 in 1. und 2. Instanz, Nrn. 3105 u. 3203 VV RVG
  - wenn nur ein Termin stattfindet und
  - wenn eine Partei nicht erschienen oder nicht ordnungsgemäß vertreten ist und lediglich
  - Antrag auf Prozess- oder Sachleitung oder
  - Versäumnisurteil gestellt wird
  - aber im Berufungsverfahren nur bei VU gegen Kläger.
- Der Anfall einer Terminsgebühr setzt unter anderem voraus, dass der RA einen unbedingten Prozessauftrag hat, S. 80.

6. Zusatzgebühr für besonders umfangreiche Beweisaufnahmen

Die Voraussetzungen zur Entstehung der Zusatzgebühr für besonders umfangreiche Beweisaufnahmen in Angelegenheiten, in denen sich die Gebühren nach Teil 3 VV RVG richten in Höhe von 0,3 nach Nr. 1010 VV RVG sind:

- Vorliegen einer besonders umfangreiche Beweisaufnahmen und
- Stattfinden von mindestens drei gerichtlichen Terminen, in denen Sachverständige oder Zeugen vernommen werden

Die oben genannten Voraussetzungen müssen somit beide vorliegen, damit diese Zusatzgebühr entstehen kann. Der Gesetzgeber spricht hier lediglich von einer „Zusatzgebühr". Ausgestaltet ist diese Gebühr jedoch im Grunde genommen wie eine Terminsgebühr.

Ach so: Es reicht also nicht aus, wenn mindestens drei gerichtliche Termine, in denen Sachverständige oder Zeugen vernommen werden, stattfinden. Zusätzlich muss es sich um eine besonders umfangreiche Beweisaufnahme handeln. Eine umfangreiche Beweisaufnahme genügt damit also ebenfalls nicht.

Vorsicht: Bei der Zählung der Termine ist darauf zu achten, dass diese in derselben Angelegenheit i.S.d. § 15 Abs. 2 RVG stattgefunden haben müssen, somit im selben Rechtszug, vgl. dazu auch § 17 Nr. 1 RVG.

Es ist nicht erforderlich, dass drei Termine zur Zeugenvernehmung oder drei Termine zur Sachverständigenvernehmung stattgefunden haben. Eine Mischung ist denkbar, so z.B. ein gerichtlicher Termin zur Vernehmung des Sachverständigen und zwei gerichtliche Termine zur Vernehmung eines Zeugen.

Weitere Merkmale zu den genannten Vernehmungsterminen sind:

- Die Vernehmung muss mündlich (vor Ort oder via Videokonferenz) erfolgen; schriftliche Vernehmungen zählen nicht.
- Es muss ein gerichtlicher Termin sein; ob vor dem erkennenden Gericht oder dem beauftragten oder ersuchten Richter im Wege der Rechtshilfe spielt dabei keine Rolle.
- Erfolgt die Vernehmung desselben Zeugen oder Sachverständigen in mehreren Terminen, so zählen diese jeweils gesondert.
- Abzustellen ist auf die Anzahl der Termine, nicht auf die Anzahl der Zeugen oder Sachverständigen, die in einem (1) Termin vernommen werden.
- Die Dauer des Termins ist unerheblich, solange es in der Gesamtschau zu einer besonders umfangreichen Beweisaufnahme gekommen ist, d.h. es zählt auch zahlenmäßig ein Termin, der z.B. nur 10 Min. gedauert hat.
- Werden Zeugen und Sachverständigen in einem (1) Termin vernommen, zählt dies nur als ein (1) Termin.

Übungsfall:

Die Auszubildende Ihrer Kanzlei, die sich im 2. Ausbildungsjahr befindet, legt Ihnen den Entwurf einer Vergütungsrechnung vor. Sie hat folgenden Sachverhalt abgerechnet. Zum Landgericht Traunstein (Gegenstandswert: 108.000,00 €) wegen behaupteter Baumängel gegenüber der Baufirma als Generalunternehmer. Zur Vorbereitung der mündlichen Verhandlung erlässt das Gericht einen Beweisbeschluss. Nach diesem soll ein Sachverständigengutachten eingeholt werden. Außerdem sind Zeugen zu den vom Kläger behaupteten Beweisthemen anzuhören. Fristgerecht zahlt die Klägerseite sowohl den Gerichtskostenvorschuss für das Sachverständigengutachten als auch die angeforderten Zeugenauslagen ein. Nach Vorlage des Gutachtens bestimmt das Gericht einen Termin zur Erörterung einzelner Fragen, die sich aus dem Gutachten ergeben und Anhörung des Sachverständigen. In der Folge finden vier weitere Gerichtstermine statt, in denen diverse Zeugen einvernommen werden.

Der Entwurf der Vergütungsrechnung Ihrer Auszubildenden sieht wie folgt aus:

Gegenstandswert: 108.000,00 €	
1,3 Verfahrensgebühr	
(§§ 2 II, 13 I RVG), Nr. 3100 VV RVG	**€ 1.843,40**
1,2 Terminsgebühr	
(§§ 2 II,13 I RVG), Nr. 31042 VV RVG	**€ 1.701,60**
PT-Pauschale, Nr. 7002 VV RVG	**€ 20,00**
Zwischensumme	**€ 3.565,00**
19 % Umsatzsteuer, Nr. 7008 VV RVG	**€ 677,36**
Summe	**€ 4.242,35**

Bitte überprüfen Sie den vorgelegten Entwurf der Vergütungsrechnung und zeigen Sie auf, ob die hier enthaltenen Positionen korrekt oder aber falsch sind. Gegebenenfalls korrigieren Sie die Rechnung bitte.

Lösungsvorschlag:

Die Auszubildende hat korrekt eine 1,3 Verfahrensgebühr gem. Nr. 3100 VV RVG angesetzt, da diese für die Vertretung in einem Klageverfahren anfällt. Auch der Ansatz einer
1,2 Terminsgebühr nach Nr. 3104 VV RVG ist richtig, da es hier zur Wahrnehmung von
Gerichtsterminen kam. Korrekt ist auch, dass die Terminsgebühr nur einmal angesetzt
worden ist, § 15 V RVG. Die Gebührenbeträge sind jedoch nicht richtig. Die Verfahrensgebühr ist in Höhe von 1.953,90 € und die Terminsgebühr in Höhe von 1.803,60 €
angefallen. Die Auszubildende hat darüber hinaus vergessen, die 0,3 Zusatzgebühr
gem. Nr. 1010 VV RVG für die Wahrnehmung von mindestens drei gerichtlichen Terminen, in denen Sachverständige oder Zeugen vernommen worden sind, anzusetzen. Die
korrekte Vergütungsrechnung stellt sich daher wie folgt dar:

Gegenstandswert: 108.000,00 €		
1,3 Verfahrensgebühr		
(§§ 2 II, 13 I RVG), Nr. 3100 VV RVG	€	1.953,90
1,2 Terminsgebühr		
(§§ 2 II, 13 I RVG), Nr. 3104 VV RVG	€	1.803,60
0,3 Zusatzgebühr für umfangreiche Beweisaufnahmen		
(§§ 2 II, 13 I RVG), Nr. 1010 VV RVG	€	450,90
PT-Pauschale, Nr. 7002 VV RVG	€	20,00
Zwischensumme	€	4.228,40
19 % Umsatzsteuer, Nr. 7008 VV RVG	€	803,40
Summe	€	**5.031,80**

7. Prozesskostenrisiko

Bei der Berechnung eines Prozesskosten**risikos** muss man vom sog. „Worst-Case" ausgehen, d.h. davon ausgehen, dass der Prozess verloren wird. Denn im Falle eines Prozess-
verlustes hat der Mandant nicht nur die eigenen Rechtsanwaltskosten, sondern auch die
gegnerischen Rechtsanwaltskosten zu tragen. Darüber hinaus muss der Mandant dann auch
die Gerichtskosten tragen. Viele Mandanten möchten vor Klageeinreichung wissen, mit
welchen Kosten sie rechnen müssen.

Übungsfall:

**Ein Mandant ruft in Ihrer Kanzlei an und bittet den Anwalt, ihm doch für ein Klage-
verfahren mit einem Gegenstandswert von 850.000,00 € das Prozesskostenrisiko für
zwei Instanzen mitzuteilen. Er möchte seine Entscheidung, den Prozess zu führen,
vom Ergebnis dieser Berechnung abhängig machen. Ihr Arbeitgeber, Herr Rechtsanwalt Hansen, bittet Sie, ein solches Prozesskostenrisiko zu berechnen, damit er
dieses mit dem Mandanten besprechen kann.**

**Gehen Sie bei der Erstellung des Prozesskostenrisikos davon aus, dass der Prozess
wie vom Mandanten gewünscht, möglicherweise durch zwei Instanzen geführt werden muss, keine mehreren Auftraggeber vorhanden sind und die Verfahren jeweils
durch Urteil enden.**

Lösungsvorschlag:

Es ergibt sich folgende Berechnung des Prozesskostenrisikos für den oben genannten Fall:

Gegenstandswert 850.000,00 €

1. Eigene Rechtsanwaltskosten der I. Instanz

1,3 Verfahrensgebühr Nr. 3100 VV RVG	€	5.541,90
1,2 Terminsgebühr Nr. 3104 VV RVG	€	5.115,60
PT-Pauschale, Nr. 7002 VV RVG	€	20,00
Zwischensumme	€	10.677,50
19 % Umsatzsteuer, Nr. 7008 VV RVG	€	2.028,73
Summe	**€**	**12.706,23**

2. Gegnerische Rechtsanwaltskosten der I. Instanz

1,3 Verfahrensgebühr Nr. 3100 VV RVG	€	5.541,90
1,2 Terminsgebühr Nr. 3104 VV RVG	€	5.115,60
PT-Pauschale, Nr. 7002 VV RVG	€	20,00
Zwischensumme	€	10.677,50
19 % Umsatzsteuer, Nr. 7008 VV RVG	€	2.028,73
Summe	**€**	**12.706,23**

3. Gerichtskosten der I. Instanz

3,0 Verfahrensgebühr Nr. 1210 KV GKG	**€**	**14.388,00**

4. Eigene Rechtsanwaltskosten der II. Instanz

1,6 Verfahrensgebühr Nr. 3200 VV RVG	€	6.820,80
1,2 Terminsgebühr Nr. 3202 VV RVG	€	5.115,60
PT-Pauschale, Nr. 7002 VV RVG	€	20,00
Zwischensumme	€	11.956,40
19 % Umsatzsteuer, Nr. 7008 VV RVG	€	2.271,72
Summe	**€**	**14.228,12**

5. Gegnerische Rechtsanwaltskosten der II. Instanz

1,6 Verfahrensgebühr Nr. 3200 VV RVG	€	6.820,80
1,2 Terminsgebühr Nr. 3202 VV RVG	€	5.115,60
PT-Pauschale, Nr. 7002 VV RVG	€	20,00
Zwischensumme	€	11.956,40
19 % Umsatzsteuer, Nr. 7008 VV RVG	€	2.271,72
Summe	**€**	**14.228,12**

6. Gerichtskosten der II. Instanz

4,0 Verfahrensgebühr Nr. 1220 KV GKG	**€**	**19.184,00**

7. Summe Prozesskostenrisiko zwei Instanzen	**€**	**87.440,70**

Übungsfall:

In Ihrer Kanzlei verlangen Mandanten sehr häufig, vor Einreichung einer Klage, die ungefähre Höhe der anfallenden Prozesskosten zu erfahren. Nennen Sie bitte 6 Punkte, die bei der Berechnung eines Prozesskostenrisikos zu berücksichtigen sind (ohne Angabe von gesetzlichen Bestimmungen).

Lösungsvorschlag:

Folgende Punkte sollten bei der Ermittlung eines Prozesskostenrisikos Berücksichtigung finden:

- eigene Rechtsanwaltsgebühren
- gegnerische Rechtsanwaltsgebühren
- Gerichtskosten
- ggf. Aufnahme außergerichtlicher Tätigkeit mit Anrechnung
- Reisekosten der Rechtsanwälte zum Gerichtstermin (geschätzte Pauschalbeträge)
- Reisekosten der jeweiligen Parteien zu etwaigen Gerichtsterminen (geschätzte Pauschalbeträge)
- Instanzenzug (d.h. Kosten für I., II. und/oder III. Instanz?)
- etwaige Sachverständigenkosten
- etwaige Übersetzungskosten
- Vertretung mehrerer Auftraggeber und Erhöhung nach Nr. 1008 VV RVG
- usw.

Hinweis: Sind in einer Abschlussprüfung 6 Stichpunkte gefragt, so sollten Sie sich auch auf 6 Stichpunkte beschränken. Die oben angegebene Mehrzahl ist lediglich beispielhaft. Es würde also für die Abschlussprüfung ausreichen 6 dieser Punkte oder auch andere sinnvolle Punkte aufzulisten. In der Regel ist es nicht so, dass Prüfer/ Korrektoren große Möglichkeiten haben, von vorgegebenen Löschungsvorschlägen abzuweichen. Sollten Sie hier also 12 Punkte auflisten, obwohl nur 6 gefragt sind, wird dies in der Regel an Ihrer Punktzahl nichts ändern. Sie verlieren also durch die Mehrangabe nur Zeit.

Hinweis für Prüfer/Schulaufgaben: Bei derart gestalteten Aufgabenstellungen ist es immer sinnvoll, eine konkrete Anzahl der gewünschten Stichpunkte vorzugeben, da Prüflinge sonst viel Zeit darauf vertun, unnötig lange nach Stichpunkten zu suchen, die sie möglicherweise übersehen/vergessen haben könnten. Mit einer genauen Anzahl tun sich sowohl Prüflinge als auch Korrektor leicht.

Kapitel 11
Einigungsgebühr

1. Höhe der Einigungsgebühr

Der Rechtsanwalt soll die Einigungsgebühr gem. Nr. 1000 VV RVG für jeden Fall der Einigung erhalten. **Ausnahme:** die Einigung beschränkt sich ausschließlich auf ein Anerkenntnis oder einen Verzicht, vgl. dazu Abs. 1 der Anm. zu Nr. 1000 VV RVG.

Der RA erhält für eine Einigung,

- eine **1,5 Einigungsgebühr**, wenn
  - die Ansprüche nicht gerichtlich anhängig sind
  - die Ansprüche im selbständigen Verfahren anhängig sind
  - über die Ansprüche für das selbständige Beweisverfahren, PKH beantragt worden ist
  - sich eine Einigung im Scheidungsverfahren auf die in § 48 III RVG genannten Folgesachen erstreckt und diese weder gerichtlich anhängig gemacht wurden, noch PKH hierfür beantragt wurde
  - nicht rechtshängige Ansprüche in einem Vergleich über rechtshängige Ansprüche mit erledigt werden; dann jedoch nur aus dem Wert der nicht rechtshängigen Ansprüche
- eine **1,0 Einigungsgebühr**, wenn
  - ein gerichtliches Verfahren in 1. Instanz anhängig ist (zu den Ausnahmen siehe unter 1,5 Einigungsgebühr),
  - PKH für ein Verfahren beantragt worden ist,
  - eine Ratenzahlungsvereinbarung geschlossen wird, während eine Maßnahme vor dem Gericht oder vor dem Gerichtsvollzieher anhängig ist.
- eine **1,3 Einigungsgebühr**, wenn
  - die Ansprüche in der Rechtsmittelinstanz (z.B. Berufung, Revision, Beschwerde, Rechtsbeschwerde) anhängig sind.

Wir halten fest:

Dies bedeutet für die Höhe der Einigungsgebühr, dass es nach RVG nicht darauf ankommt, ob eine Einigung außergerichtlich oder gerichtlich geschlossen wird, sondern vielmehr, ob die Ansprüche, die durch die Einigung erledigt werden sollen, gerichtlich anhängig sind, oder nicht bzw., in welchem Verfahrensstadium diese Ansprüche anhängig sind.

Beispiel:

Verfahren A (1. Instanz) Ansprüche: 5.000,00 €
Verfahren B (2. Instanz, Parallelverfahren): 10.000,00 €

Termin findet in Verfahren A statt. In diesem Termin wird ein Vergleich geschlossen, mit dem auch die Ansprüche aus Verfahren B erledigt werden.

Einigungsgebühren, die in Verfahren A abzurechnen sind, da dort der Vergleich geschlossen wird:

1,0 Einigungsgebühr, Nr. 1003 VV RVG aus 5.000,00 €
1,3 Einigungsgebühr, Nr. 1004 VV RVG aus 10.000.00 €
nach § 15 III RVG höchstens:
1,3 Einigungsgebühr aus 15.000,00 €
Zu § 15 III RVG siehe auch die nachfolgenden Beispiele.

Rechtsanwältin Carlsen wird beauftragt, ein außergerichtliches Aufforderungsschreiben an einen Schuldner zu übersenden. Mit diesem Aufforderungsschreiben fordert sie den Schuldner auf, die offen stehende Forderung des Mandanten in Höhe von 5.200,00 € auszugleichen. Die Tätigkeit war nicht umfangreich und auch nicht schwierig. Der Schuldner meldet sich telefonisch bei Rechtsanwältin Carlsen und bittet darum, dass ihm ein Teil der Forderung erlassen wird. Er hält die Forderung für zu hoch. Nach Rücksprache mit dem Mandanten wird ein Vergleich mit dem Schuldner dahingehend getroffen, dass dieser lediglich 3.000,00 € zu bezahlen hat. Außerdem verpflichtet sich der Schuldner, die entstandenen Kosten zu tragen. Die Auszubildende Ihrer Kanzlei bereitet eine Kostenrechnung im Entwurf vor. Diese sieht wie folgt aus:

Gegenstandswert 5.200,00 €		
1,5 Geschäftsgebühr Nr. 2300 VV RVG	€	531,00
PT-Pauschale, Nr. 7002 VV RVG	€	20,00
Zwischensumme (Übertrag)	€	551,00
19 % Umsatzsteuer, Nr. 7008 VV RVG	€	104,69
Summe	€	655,69

Bitte prüfen Sie die von der Auszubildenden vorgelegte Vergütungsrechnung.

Lösungsvorschlag:

Die Kostenrechnung, die die Auszubildende im Entwurf gefertigt hat, enthält zwei Fehler. Zum einen kann maximal eine 1,3 Geschäftsgebühr abgerechnet werden, da aus der Aufgabenstellung ersichtlich wird, dass die Sache weder umfangreich noch schwierig war. Darüber hinaus hat die Auszubildende vergessen, die 1,5 Einigungsgebühr zu berechnen. Es ergibt sich somit folgende korrigierte Vergütungsrechnung:

Gegenstandswert 5.200,00 €		
1,3 Geschäftsgebühr, Nr. 2300 VV RVG	€	460,20
1,5 Einigungsgebühr, Nr. 1000 VV RVG	€	531,00
PT-Pauschale, Nr. 7002 VV RVG	€	20,00
Zwischensumme (Übertrag)	€	1.011,20
19 % Umsatzsteuer, Nr. 7008 VV RVG	€	192,13
Summe	€	**1.203,33**

2. Voraussetzungen für das Entstehen einer Einigungsgebühr

Wir halten fest:

Die Voraussetzungen, nämlich

- **Bestehen eines Rechtsverhältnisses** – zumindest Überzeugung einer Partei, dass ein solches besteht
- **Streit, Ungewissheit, Unsicherheit** über dieses Rechtsverhältnis
- **wirksames Zustandekommen** eines Vertrags
- **Mitwirkung** des Rechtsanwalts beim Abschluss der Einigung oder auch bei den Verhandlungen über diese Einigung

müssen **alle** vorliegen, damit eine Einigungsgebühr in Ansatz gebracht werden kann.

Nicht gefordert ist: Ein gegenseitiges Nachgeben.

> **Achtung:** Die Einigungsgebühr entsteht **nicht**:
> - wenn sich diese Einigung ausschließlich auf ein Anerkenntnis **oder**
> - einen Verzicht beschränkt!

Beispiel: Zwei Personen wollen einen Kaufvertrag über einen gebrauchten Ferrari schließen. Da der Käufer Angst hat, übers Ohr gehauen zu werden, bittet er seinen Rechtsanwalt, den Kaufvertrag zu prüfen. Käufer und Verkäufer streiten noch über den Kaufpreis. Sie einigen sich schließlich auf 200.000,00 € statt der verlangten 250.000,00 € → keine Einigungsgebühr, da zuvor noch kein Rechtsverhältnis zwischen den Parteien bestand.

Beispiel: RA Prise macht für Huber mit einer Zahlungsklage Schmerzensgeld in Höhe von 4.000,00 € geltend, da ihm Müller auf dem Oktoberfest mit einem Maßkrug das Nasenbein zertrümmert hat. In der mündlichen Verhandlung führt Müller aus, dass die Nase des Huber schon vorher gebrochen und die Linie von der Nasenwurzel bis zur Nasenspitze vor der besagten Schlägerei schon leicht geschwungen war. Da Huber fürchtet, dass man dies womöglich anhand von älteren Fotos nachweisen kann, geht er nach Anraten seines Anwalts auf den Vorschlag des Richters, eine Einigung über die Zahlung von 2.000,00 € zur Abgeltung aller Ansprüche zu schließen, ein. Es erfolgt kein Widerruf → Einigungsgebühr entstanden?

- Rechtsverhältnis? Ja – Ansprüche aus § 823 BGB wg. unerlaubter Handlung
- Streit über dieses Rechtsverhältnis? Ja – Müller will das geforderte Schmerzensgeld nicht zahlen.
- Einigung? Ja – Huber verpflichtet sich, 2.000,00 € zu bezahlen.
- Wirksame Vereinbarung? Ja – der Vergleich wurde nicht widerrufen.
- Mitwirkung RA? Ja, RA rät zum Vergleichsabschluss.

Fazit: Die Einigungsgebühr ist entstanden.

Beispiel: RA Gründlich macht für seine Mandantin nach einer verpfuschten Schönheits-OP (bleibende Schlauchbootlippen) 40.000,00 € Schmerzensgeld geltend. Im Termin zur mündlichen Verhandlung einigen sich die Parteien schließlich auf Zahlung eines Schmerzensgeldbetrages von 25.000,00 €. Wert für die Einigungsgebühr: 40.000,00 € – denn dieser Betrag war gefordert.

Prüfungstipp: Die Einigungsgebühr entsteht immer aus dem Wert, der mit der Einigung erledigt wird, nicht aus dem Betrag, auf den man sich zur Zahlung einigt! (Worüber, nicht worauf!)

Wir halten fest:

- Damit die Einigungsgebühr entstehen kann, darf eine Einigung nicht widerrufen werden!
- Wenn eine Einigung erst bei Eintritt einer bestimmten Bedingung wirksam wird, fällt die Einigungsgebühr erst mit Eintritt dieser Bedingung an.
- **Gegenstandswert** für die Einigungsgebühr ist der Wert der **Ansprüche, die durch die Einigung erledigt** werden. Es ist **nicht** vom Wert auszugehen, auf den sich die Parteien geeinigt haben, sondern vom Wert, der mit dem Vergleich erledigt wird!
- Die Höhe der Einigungsgebühr hängt davon ab, ob die Ansprüche gerichtlich anhängig waren oder nicht und wenn ja, in welcher Instanz.

Übungsfall:

Klageeinreichung auf Zahlung von 4.500,00 €. Die Güteverhandlung scheitert. Nach der anschließenden streitigen Verhandlung wird Beweis erhoben. Im nächsten Verhandlungstermin einigen sich die Parteien, wonach der Beklagte zur Abgeltung aller Ansprüche aus diesem Rechtsverhältnis einen Betrag in Höhe von 3.000,00 € an den Kläger zahlt.

Bitte berechnen Sie die Vergütung des Klägervertreters.

Lösungsvorschlag:

Gegenstandswert: 4.500,00 €, § 2 I RVG

1,3 Verfahrensgebühr (§§ 2 II, 13 I RVG), Nr. 3100 VV RVG	€	393,90
1,2 Terminsgebühr (§§ 2 II, 13 I RVG), Nr. 3104 VV RVG	€	363,60
1,0 Einigungsgebühr (§§ 2 II, 13 I RVG), Nr. 1003 VV RVG	€	303,00
PT-Pauschale, Nr. 7002 VV RVG	€	20,00
Zwischensumme	€	1.080,50
19 % Umsatzsteuer, Nr. 7008 VV RVG	€	205,30
Summe	€	**1.285,80**

Erläuterung: Die Einigungsgebühr entsteht immer aus dem Wert, der mit Vergleich erledigt wurde, nicht aus dem Wert, auf den sich die Parteien einigen.

Merksatz: Einigungsgebühr immer „worüber, nicht worauf".

Übungsfall:

Die Einigung wird widerruflich geschlossen und innerhalb der Widerrufsfrist widerrufen. Das Gericht verkündet ein der Klage stattgebendes Urteil.

Lösungsvorschlag:

Gegenstandswert: 4.500,00 €, § 2 I RVG

1,3 Verfahrensgebühr (§§ 2 II, 13 I RVG), Nr. 3100 VV RVG	€	393,90
1,2 Terminsgebühr (§§ 2 II, 13 I RVG), Nr. 3104 VV RVG	€	363,60
PT-Pauschale, Nr. 7002 VV RVG	€	20,00
Zwischensumme	€	777,50
19 % Umsatzsteuer, Nr. 7008 VV RVG	€	147,73
Summe	**€**	**925,23**

Interessant: Sofern der Rechtsanwalt die Klage bereits eingereicht hat und dann aber einen Vergleich mit der Gegenseite außerhalb des Gerichts, somit außergerichtlich, trifft, bleibt es trotzdem bei einer 1,0 Einigungsgebühr. Denn außergerichtliche Vergleichsverhandlungen gehören nach § 19 I 2 Nr. 2 RVG zum Rechtszug. Ist der Anspruch also eingeklagt, kann die 1,5 Einigungsgebühr aus dem eingeklagten Wert hier nicht entstehen.

Übungsfall:

Klageeinreichung auf Zahlung von 4.500,00 €. Das Gericht bestimmt den Termin zur mündlichen Verhandlung in 11 Monaten. Den Parteien dauert dies alles zu lange. Sie bitten ihre Anwälte, außergerichtliche Vergleichsverhandlungen zu führen. Diese außergerichtlichen Vergleichsverhandlungen führen zum Erfolg. Im Rahmen der Vergleichsverhandlungen haben die beiden Anwälte (Klägervertreter und Beklagtenvertreter) miteinander telefoniert. Es kommt zu einer wirksamen Einigung. Die Hilfe des Gerichts wird nicht mehr benötigt.

Bitte berechnen Sie die Vergütung des Klägervertreters.

Lösungsvorschlag:

Gegenstandswert: 4.500,00 €, § 2 I RVG

1,3 Verfahrensgebühr (§§ 2 II, 13 I RVG), Nr. 3100 VV RVG	€	393,90
1,2 Terminsgebühr (§§ 2 II, 13 I RVG), Nr. 3104 VV RVG	€	363,60
1,0 Einigungsgebühr (§§ 2 II, 13 I RVG), Nr. 1003 VV RVG	€	303,00
PT-Pauschale, Nr. 7002 VV RVG	€	20,00
Zwischensumme	€	1.080,50
19 % Umsatzsteuer, Nr. 7008 VV RVG	€	205,30
Summe	**€**	**1.285,80**

3. Mehrvergleich oder Einigung über nicht rechtshängige Ansprüche

Um die Prozesskosten gering zu halten, wird oft zunächst nur ein Teilbetrag eingeklagt. Schließen die Parteien im gerichtlichen Verfahren eine Einigung, bei der nicht rechtshängige Ansprüche mit verglichen werden, so entstehen zwei Einigungsgebühren, und zwar:

- eine 1,0 Einigungsgebühr aus dem Wert der rechtshängigen Ansprüche und
- eine 1,5 Einigungsgebühr aus dem Wert der nicht rechtshängigen Ansprüche.

Aber: Beide einzeln berechneten Gebühren dürfen nach § 15 III RVG nicht höher sein, als eine Gebühr aus dem höchsten Satz nach dem gesamten Streitwert, d.h. nicht mehr als eine 1,5 Einigungsgebühr aus dem addierten Wert der rechtshängigen und nicht rechtshängigen Ansprüche.

Übungsfall:

Bauer Fritz klagt auf Rückzahlung des Tante Erna gewährten Darlehens in Höhe von 5.000,00 €. Tante Erna schuldet ihm zwar insgesamt 20.000,00 €, da aber Bauer Fritz nicht genau weiß, ob er mit seiner Klage Erfolg haben wird, lässt er erst den Teilbetrag von 5.000,00 € einklagen. Im Termin räumt Tante Erna die bestehende Schuld ein, führt aber aus, dass sie für Bauer Fritz regelmäßig Hemden gebügelt hat und davon ausging, dass er ihr hierfür einen Teil der Schulden erlässt. Nachdem die Ausführungen beider Parteien etwas abenteuerlich sind und schließlich eine Verwandtschaft besteht, rät der Richter zu einer Einigung, in der alle Ansprüche, auch die noch nicht eingeklagten 15.000,00 €, abgegolten werden. Auch über die 15.000,00 € wird die Rechtslage erörtert, es besteht insoweit inzwischen Prozessauftrag. Beide Anwälte empfehlen ihren Mandanten diesen Abschluss. Die Einigung kommt wirksam zustande.

Bitte berechnen Sie die Vergütung des Klägervertreters.

Lösungsvorschlag:

Gegenstandswert: 5.000,00 €/15.000,00 €/20.000,00 €, § 2 I RVG

1,3 Verfahrensgebühr aus 5.000,00 €		
(§§ 2 II, 13 I RVG), Nr. 3100 VV RVG	€ 393,90	
0,8 Verfahrensgebühr aus 15.000,00 €		
(§§ 2 II, 13 I RVG), Nr. 3101 Nr. 1 VV RVG	€ 520,00	
Summe		€ 913,90
§ 15 III RVG höchstens:		
1,3 Verfahrensgebühr aus 20.000,00 € =		
964,60 €, hier keine Kürzung		
1,2 Terminsgebühr aus 20.000,00 €		
(§§ 2 II, 13 I RVG), Nr. 3104 VV RVG		€ 890,40
1,0 Einigungsgebühr aus 5.000,00 €		
(§§ 2 II, 13 I RVG), Nr. 1003 VV RVG	€ 303,00	
1,5 Einigungsgebühr aus 15.000,00 €		
(§§ 2 II, 13 I RVG), Nr. 1000 VV RVG	€ 975,00	
	€ 1.278,00	
Zwischensumme (Übertrag)		€ 1.804,30

Zwischensumme (Übertrag)	€	1.804,30
jedoch höchstens nach § 15 III RVG:		
1,5 Einigungsgebühr aus 20.000,00 €	€	1.113,00
PT-Pauschale, Nr. 7002 VV RVG	€	20,00
Zwischensumme	€	2.937,30
19 % Umsatzsteuer, Nr. 7008 VV RVG	€	558,09
Summe	€	**3.495,39**

4. Differenz-Verfahrensgebühr

Wie oben ausgeführt, kann in einem gerichtlich anhängigen Verfahren über nicht rechtshängige Ansprüche eine Einigung geschlossen werden. Ist dies der Fall, so erhält der Rechtsanwalt aus dem Wert der nicht rechtshängigen Ansprüche, über die eine Einigung erzielt wurde, eine 0,8 Differenz-Verfahrensgebühr nach Nr. 3101 Nr. 2 VV RVG, oder auch „ermäßigte Verfahrensgebühr".

Achtung: Diese Verfahrensgebühr erhält der Rechtsanwalt **auch dann**, wenn die Einigung **widerrufen** wird. Voraussetzung für das Entstehen der Gebühr ist, dass der Rechtsanwalt den Antrag stellt, die Einigung hinsichtlich der **nicht rechtshängigen** Ansprüche zu Protokoll zu nehmen.

Hinweis: Hier finden wir das Prinzip des RVG wieder, dass bestimmte Gebühren nicht alleine für sich stehen können, sondern vielmehr eine Betriebsgebühr „voranstehen" muss. Würde nur die oben beschriebene 1,5 Einigungsgebühr entstehen, fehlte es hier an einer Betriebsgebühr. Diese Betriebsgebühr ist nun die Differenz-Verfahrensgebühr.

Übungsfall:

Bauer Wulff schuldet Viehhändler Petersen 30.000,00 € aus einer Lieferung von einigen Milchkühen. Bauer Wulff hat außergerichtlich immer wieder betont, dass vier der gekauften Kühe kurz nach der Lieferung eine Krankheit zeigten und eingegangen sind. Viehhändler Petersen hatte erwidert, dass die Kühe erst bei Bauer Wulff im Stall infiziert worden sind. Auch bei einem späteren Kauf von weiteren 15 Kühen gab es ähnliche Streitereien. Der RA des Viehhändlers Petersen klagt deshalb zunächst einmal die 30.000,00 € aus der ersten Lieferung ein, um abschätzen zu können, wie das Gericht die Rechtslage sieht. Es wird hierüber streitig verhandelt und Beweis erhoben. Der Richter schlägt vor, dass sich die Parteien dahingehend einigen, dass Bauer Wulff zur Abgeltung der Ansprüche von 30.000,00 € einen Betrag von 15.000,00 € an Viehhändler Petersen zahlt. Der RA des Viehhändlers Petersen erwähnt bei den Einigungsverhandlungen den noch ausstehenden Betrag von weiteren 40.000,00 € und schlägt vor, auch diese nicht rechtshängigen Ansprüche (für die inzwischen Prozessauftrag besteht) in die Einigung mit einzubeziehen, was auch nach Verhandlungen hierüber geschieht. Letztendlich verpflichtet sich Bauer Wulff zur Abgeltung aller Ansprüche einen Betrag von 35.000,00 € an Viehhändler Petersen zu zahlen.

Erstellen Sie die Vergütungsrechnung des RA des Viehhändlers Petersen.

Lösungsvorschlag:

Wert: 30.000,00 €/40.000,00 €, § 2 I RVG

1,3 Verfahrensgebühr aus 30.000,00 €				
(§§ 2 II, 13 I RVG), Nr. 3100 VV RVG	€	1.121,90		
0,8 Differenz-Verfahrensgebühr aus 40.000,00 €				
(§§ 2 II, 13 I RVG), Nr. 3101 Nr. 2 VV RVG	€	810,40		
Summe	€	1.932,30		
gem. § 15 III RVG höchstens:				
1,3 aus 70.000,00 €			€	1.732,90
1,2 Terminsgebühr aus 70.000,00 €				
(§§ 2 II, 13 I RVG), Nr. 3104 VV RVG (§ 15 V 2 RVG)			€	1.599,60
1,0 Einigungsgebühr aus 30.000,00 €				
(§§ 2 II, 13 I RVG), Nr. 1003 VV RVG	€	863,00		
1,5 Einigungsgebühr aus 40.000,00 €				
(§§ 2 II, 13 I RVG), Nr. 1000 VV RVG	€	1.519,50		
Summe	€	2.382,50		
gem. § 15 III RVG höchstens:				
1,5 Einigungsgebühr aus 70.000,00 €			€	1.999,50
PT-Pauschale, Nr. 7002 VV RVG			€	20,00
Zwischensumme			€	5.352,00
19 % Umsatzsteuer, Nr. 7008 VV RVG			€	1.016,88
Summe			**€**	**6.368,88**

Achtung: Der Gegenstandswert der Differenz-Verfahrensgebühr und der Wert der 1,5 Einigungsgebühr sind gleich, da beide Gebühren die nicht rechtshängigen Ansprüche abgelten.

Wir halten fest:

Wird eine Einigung widerrufen, bleibt die Differenz-Verfahrensgebühr in jedem Fall bestehen – im Gegensatz zur Einigungsgebühr. Der RA erhält sie für den **Antrag**, eine **Einigung** der beiden Parteien **und/oder** mit Dritten **zu Protokoll** zu nehmen **oder** für Verhandlungen über solche Ansprüche vor Gericht!! Dass diese Einigung wirksam werden muss, ist in Nr. 3101 Nr. 2 VV RVG nicht gefordert!

Hinweis: Der Wortlaut in Nr. 3101 Nr. 2 VV RVG wurde mit dem 2. KostRMoG zum 01.08.2013 geändert; an der obigen Abrechnung ändert sich dadurch nichts. Man wollte mit der sprachlichen Anpassung lediglich falsche Auslegungen vermeiden. Umso wichtiger ist es, mit aktuellen Gesetzestexten zu arbeiten!

5. Darstellung der Kürzung

In der Praxis wirft die Darstellung der Kürzung nach § 15 III RVG immer wieder Fragen auf. Es werden nachfolgend mehrere Darstellungsmöglichkeiten gezeigt, wobei nur die ersten drei Darstellungen für Abschlussprüfungen geeignet sind, da sie dem Korrektor zeigen, auf welche Weise die Kürzung nach § 15 III RVG vorgenommen worden ist oder zumindest, welchen Abgleich man vorgenommen hat. Für die Abrechnung an den Auftraggeber ist die Darstellung Nr. 4 ausreichend.

Es sind entstanden:

1,0 Einigungsgebühr aus 20.000,00 €
1,5 Einigungsgebühr aus 50.000,00 €

Darstellung 1:

1,0 Einigungsgebühr aus 50.000,00 € (§§ 2 II, 13 I RVG), Nr. 1003 VV RVG	€	1.163,00
1,5 Einigungsgebühr aus 20.000,00 € (§§ 2 II, 13 I RVG), Nr. 1000 VV RVG	€	1.113,00
Summe	€	2.276,00

gem. § 15 III RVG nicht mehr als 1,5 aus 70.000,00 € =	€	1.999,50

Darstellung 2:

1,0 Einigungsgebühr aus 50.000,00 € (§§ 2 II, 13 I RVG), Nr. 1003 VV RVG	€	1.163,00
1,5 Einigungsgebühr aus 20.000,00 € (§§ 2 II, 13 I RVG), Nr. 1000 VV RVG	€	1.113,00
Zwischensumme	€	2.276,00
gem. § 15 III RVG höchstens: 1,5 aus 70.000,00 € = 1.999,50 €, somit Kürzung um	./. €	276,50
Summe	**€**	**1.999,50**

(Der Betrag, der in der Vergütungsrechnung zur Addition führt, ist fett gedruckt)

Darstellung 3:

1,0 Einigungsgebühr aus 50.000,00 € (§§ 2 II, 13 I RVG), Nr. 1003 VV RVG	€	1.163,00
1,5 Einigungsgebühr aus 20.000,00 € (§§ 2 II, 13 I RVG), Nr. 1000 VV RVG = 1.113,00 € gem. § 15 III RVG höchstens: 1,5 aus 70.000,00 € = 1.999,50 €, somit Kürzung um € 276,50, Rest	€	836,50
Summe	**€**	**1.999,50**

Darstellung 4:

1,0 Einigungsgebühr aus 50.000,00 € (§§ 2 II, 13 I RVG), Nr. 1003 VV RVG	€	1.163,00
1,5 Einigungsgebühr aus 20.000,00 € (§§ 2 II,13 I RVG), Nr. 1000 VV RVG gekürzt gem. § 15 III RVG um 276,50 €	€	836,50
Summe	**€**	**1.999,50**

Prüfungstipp: Sofern Sie die Darstellungsform 2 oder 3 für Ihre Abschlussprüfung wählen, sollten Sie sich unbedingt den Betrag, der dann in der Vergütungsrechnung zu addieren ist, kennzeichnen (vielleicht durch ein Sternchen), da nicht selten nach Fertigstellung der gesamten Aufgabe in der Aufregung alle rechts ausgeworfenen Beträge addiert werden, und eine an sich korrekte Abrechnung dadurch ein falsches Endergebnis erhält.

In Abschlussprüfungen müssen Sie regelmäßig den Prüfungsvorgang selbst (Zwischenrechnung) darstellen, da der Prüfer nur dann wissen kann, ob Sie § 15 III RVG richtig angewendet haben. Auch in den Fällen, in denen keine Kürzung erfolgt, da die beiden einzeln berechneten Gebühren unter der Obergrenze des § 15 III RVG bleiben, ist in der Abschlussprüfung darzustellen, was geprüft worden ist.

Für Abschlussprüfungen eignen sich daher zur Erreichung der vollen Punktzahl die Darstellungen 1 bis 3. Für Darstellung 1 wird jedoch insbesondere bei großen Handschriften oft der Platz nicht ausreichen.

6. Einigungsgebühr bei Zahlungsvereinbarungen

Zum 01.08.2013 hat der Gesetzgeber eine lange währende Streitfrage durch das 2. KostRMoG geklärt. Immer wieder gab es Diskussionen darüber, ob eine Ratenzahlungsvereinbarung mit dem Schuldner eine Einigungsgebühr auslöst oder nicht. Damit der Streit beendet ist, hat der Gesetzgeber in I 1 Nr. 2 der Anmerkung zu Nr. 1000 VV RVG geregelt, dass eine Zahlungsvereinbarung die Einigungsgebühr auslöst, wenn bestimmte Kriterien bei der Zahlungsvereinbarung erfüllt sind. Gleichzeitig wurde zum 01.08.2013 der § 31b RVG eingeführt.

Vorsicht: Ist Gegenstand einer Einigung nur eine Zahlungsvereinbarung (Nummer 1000 des Vergütungsverzeichnisses), beträgt der Gegenstandswert 20 Prozent des Anspruchs; wobei dem Wort „nur" eine entscheidende Bedeutung zukommt. Regelt man mit der Zahlungsvereinbarung mehr als „nur" die Frage wie gezahlt wird und dass – solange gezahlt wird – keine gerichtliche Geltendmachung oder Vollstreckung erfolgt, beträgt der Wert 100 %.

Nach Anm. I 1 Nr. 2 zu Nr. 1000 VV RVG kann unter folgenden Voraussetzungen bei einer Ratenzahlungsvereinbarung eine Einigungsgebühr entstehen:

- Abschluss eines wirksamen Vertrags
- Regelung der Erfüllung des Anspruchs (auch Zahlungsvereinbarung)
- gleichzeitiger vorläufiger Verzicht auf gerichtliche Geltendmachung oder
- gleichzeitiger vorläufiger Verzicht auf Vollstreckungsmaßnahmen, wenn bereits ein Titel vorliegt.

Aha: Nicht vorgeschrieben ist, wie die Erfüllung des Anspruchs geregelt wird, d.h. die Einigungsgebühr würde, sofern die entsprechenden übrigen Voraussetzungen gegeben sind, entstehen, wenn

- die Zahlung in einer Summe zu einem bestimmten Zeitpunkt vereinbart wird,
- die Zahlung in Raten vereinbart wird, unabhängig von Höhe und Dauer der Ratenzahlungen,
- die anderweitige Erfüllung vereinbart wird, also nicht durch Zahlung, sondern z.B. durch Aufrechnung/Hinterlegung.

Hoppla: Damit ergeben sich für die Zahlungsvereinbarung zwei Varianten.

Variante 1: Vorläufiger Verzicht auf gerichtliche Geltendmachung:

Einigungsgebühr gem. Nr. 1000 Anmerkung I 1 Nr. 2, 1. Alt. VV RVG

- kein Streit über den Bestand der Forderung (mehr)
- Forderung ist noch nicht gerichtlich geltend gemacht
- Schuldner erhält Stundung oder Möglichkeit zur Ratenzahlung
- Gläubiger verzichtet vorläufig auf die gerichtliche Geltendmachung der Forderung.

Variante 2:   Vorläufiger Verzicht auf Vollstreckung:

Einigungsgebühr gem. Nr. 1000 Anmerkung I 1 Nr. 2, 2. Alt. VV RVG

- kein Streit über Bestand der Forderung (mehr)
- Forderung ist bereits tituliert bzw. soll noch tituliert werden
- Schuldner wird Forderung gestundet bzw. Ratenzahlung ermöglicht
- Gläubiger verzichtet vorläufig auf Vollstreckung der Forderung.

Die zweite Variante wird möglicherweise in der Praxis häufiger vorkommen, als die erste. Es ist davon auszugehen, dass in der Regel ein Gläubiger sein Titulierungsinteresse wahren will und nur dann auf eine Titulierung der Forderung verzichten wird, wenn eine Zahlung der unstreitigen Forderung innerhalb weniger Monate erfolgt. Wird sich die Ratenzahlung länger hinziehen, wird in der Praxis wohl kaum ein Gläubiger (auch nicht vorläufig) auf eine Titulierung der Forderung verzichten. Die Titulierung kann dabei z.B. durch Vorlage eines notariellen Schuldanerkenntnisses erfolgen. Dann wäre zwar keine gerichtliche Geltendmachung erfolgt, aber eine Titulierung; ein vorläufiger Verzicht auf Vollstreckungsmaßnahmen nach dieser Art der Titulierung ließe die Einigungsgebühr nach Nr. 1000 Anmerkung I 1 Nr. 2, 2. Alt. VV RVG entstehen.

Fraglich ist, wie die Angelegenheit gebührenrechtlich zu werten ist, wenn der Schuldner sich in der Zahlungsvereinbarung verpflichtet, gegen einen noch zu erhebenden Mahnbescheid/Vollstreckungsbescheid keinen Wider- bzw. Einspruch einzulegen. Der Verzicht des Schuldners auf Rechtsmittel wird m. E. die Einigungsgebühr nach Anm. I 1 Nr. 2 2. Alt. zu Nr. 1000 VV RVG entstehen lassen, da der Gläubiger sich wohl verpflichten wird, aus dem dann ergehenden Titel vorläufig keine Vollstreckungsmaßnahmen zu ergreifen. Aber auch die Fälle, in denen ein Schuldner den Widerspruch gegen den Mahnbescheid zurücknimmt und sich verpflichtet, gegen den beantragten und erlassenen Vollstreckungsbescheid keinen Einspruch zu erheben, dürften unter diese Variante nach Anm. I 1 Nr. 2 zu Nr. 1000 VV RVG fallen.

Praxistipp: Es wird empfohlen, in Zahlungsvereinbarungen auch diesen vorläufigen Verzicht auf Vollstreckungsmaßnahmen aufzunehmen, um nicht später wiederum einem erneuten Streit ausgesetzt zu sein, man habe keine Einigung im Sinne der Anm. I 1 Nr. 2 zu Nr. 1000 VV RVG geschlossen und die Einigungsgebühr sei damit nicht entstanden.

Dabei ist wichtig zu erwähnen, dass nicht ein genereller Verzicht auf Vollstreckungsmaßnahmen oder gerichtliche Geltendmachung (Titulierung) erfolgen muss, sondern dass der „vorläufige Verzicht" ausreichend ist. Dies ist auch sachgerecht. Häufig werden Ratenzahlungsvereinbarungen von Schuldnern mit Gläubigern geschlossen, jedoch nicht dauerhaft von Schuldnern eingehalten.

Na klar: Kein Gläubiger wird dauerhaft auf Vollstreckungsmaßnahmen verzichten wollen, wenn der Schuldner die Zahlungen einstellt.

Die Einigungsgebühr entsteht auch, wenn

- die Zahlungsvereinbarung nur für einen befristeten Zeitraum gilt oder
- die Einigung über einen Teilbetrag erfolgt (dann nur aus dem entsprechend geringeren Wert).

Beispiel 1: Gefordert wird außergerichtlich ein Betrag in Höhe von 3.000,00 €. Der Schuldner erkennt seine Verpflichtung zur Zahlung des vollen Betrags an. Man einigt sich schließlich darauf, dass der Schuldner diese 3.000,00 € in Raten abzahlen kann. Für die Dauer der Ratenzahlungen verzichtet der Gläubiger auf die gerichtliche Geltendmachung der Forderung.

Einigungsgebühr entstanden?

- Ja, nach Anm. I 1 Nr. 2, 1. Variante zu Nr. 1000 VV RVG.

Wert?

- 20 % von 3.000,00 € = 600,00 €; § 31b RVG kommt vorliegend zur Anwendung. Das vollständige Anerkenntnis löst die Einigungsgebühr nicht aus, erst die Zahlungsvereinbarung.

Die neben der Einigungsgebühr entstehende Geschäftsgebühr berechnet sich selbstverständlich aus dem vollen Wert in Höhe von 3.000,00 €.

Beispiel 2: Gefordert wird ein Betrag in Höhe von 3.000,00 €. Der Schuldner bestreitet das Bestehen der Forderung. Die Parteien verständigen sich darauf, dass der Schuldner auf die bestehende Forderung in Höhe von 3.000,00 € 2.000,00 € in Raten bezahlt. Der Restbetrag wird ihm erlassen. Für die Dauer der Ratenzahlungen verzichtet der Gläubiger auf die gerichtliche Geltendmachung der Forderung.

Einigungsgebühr entstanden?

- Ja, nach Anm. I 1 Nr. 1 zu Nr. 1000 VV RVG.

Wert?

- Voller Wert, Einigungsgebühr entsteht aus dem Wert, worüber man sich verglichen hat, nicht worauf. Es liegt keine reine Zahlungsvereinbarung vor, da der Gläubiger auf einen Teil der Forderung verzichtet.

Die neben der Einigungsgebühr entstehende Geschäftsgebühr berechnet sich selbstverständlich ebenfalls aus dem vollen Wert in Höhe von 3.000,00 €.

Beispiel 3: Vollstreckungsbescheid (VB) über 6.000,00 € nebst Kosten und Zinsen in Höhe von insgesamt 500,00 €. Schuldner vereinbart mit Gläubiger eine ratenweise Zahlung der Schuld unter gleichzeitigem vorläufigem Verzicht auf Vollstreckungsmaßnahmen.

Einigungsgebühr entstanden?

- Ja, nach Anm. I 1 Nr. 2, 2. Variante zu Nr. 1000 VV RVG.

Wert?

- 20 % der Gesamtforderung, d.h. 20 % von 6.500,00 € = 1.300,00 €, § 31b RVG kommt zur Anwendung.

Die neben der Einigungsgebühr entstehende Betriebsgebühr berechnet sich selbstverständlich aus dem vollen Wert in Höhe von 6.500,00 €. Ob es sich dabei um eine Geschäftsgebühr handelt (noch kein Auftrag zur ZV erteilt) oder um die 0,3 Verfahrensgebühr nach Nr. 3309 VV RVG, bestimmt sich nach dem erteilten Auftrag, wobei die 0,3 Verfahrensgebühr nicht doppelt anfällt, vgl. § 18 I Nr. 1 RVG.

Beispiel 4: VB über 6.000,00 € nebst Kosten und Zinsen in Höhe von insgesamt 500,00 €. Schuldner vereinbart mit Gläubiger eine ratenweise Zahlung der Schuld unter gleichzeitigem vorläufigem Verzicht auf Vollstreckungsmaßnahmen. Der Schuldner verpflichtet sich zusätzlich zur Sicherung der Vollstreckungsforderung sein Gehalt an den Gläubiger abzutreten.

Einigungsgebühr entstanden?
- Ja, Anm. I 1 Nr. 2, 2. Variante zu Nr. 1000 VV RVG.

Wert?
- Voller Wert, § 31b RVG gilt hier nicht; es gilt vielmehr § 25 I Nr. 1 RVG, da die Vereinbarung sich nicht allein auf eine Ratenzahlungsvereinbarung erstreckt, sondern der Schuldner sich zusätzlich zu etwas verpflichtet, wozu er nicht verpflichtet wäre (Gehaltsabtretung).

Der volle Wert gilt auch hier für die entsprechende Betriebsgebühr.

Wir halten fest:
- Für Ratenzahlungsvereinbarungen kann eine Einigungsgebühr entstehen.
- Voraussetzung für das Entstehen ist, dass die Zahlungsvereinbarung der Legaldefinition in Abs. 1 der Anmerkung zu Nr. 1000 VV RVG entspricht.
- Wird die Einigung getroffen, während gerade eine Maßnahme beim Vollstreckungsgericht oder Gerichtsvollzieher läuft, beträgt die Einigungsgebühr 1,0; sonst 1,5.
- Wird die Einigung getroffen, während gerade ein gerichtliches Verfahren über diesen Anspruch anhängig ist, betrifft die Einigungsgebühr 1,0 in 1. Instanz und 1,3 in 2. Instanz. In besonderen Ausnahmefällen, z.B. beim selbständigen Beweisverfahren beträgt die Einigungsgebühr trotz Anhängigkeit des gerichtlichen Verfahrens 1,5.
- Der Wert der Einigungsgebühr richtet sich entweder nach dem vollen Wert, der mit der Einigung erledigt wird (worüber nie worauf!) oder aber nach 20 % des Anspruchs, wenn eine reine Ratenzahlungsvereinbarung getroffen wird.
- 20 % des Anspruchs bedeuten entweder 20 % der Hauptforderung (z.B. in gerichtlichen Verfahren) oder der Hauptforderung einschließlich Nebenforderungen (z.B. im Rahmen der Zwangsvollstreckung, vgl. § 25 I Nr. 1 RVG).

Kapitel 12
Gehörsrügeverfahren

Das Verfahren wegen Verletzung des Anspruchs auf rechtliches Gehör ist dann möglich, wenn

- ein Rechtsmittel gegen ein Zivilurteil weder zulässig (z.B. Beschwerdegegenstand wird nicht erreicht)
- noch zugelassen ist **und**
- der Anspruch auf Gewährung des rechtlichen Gehörs
- in entscheidungserheblicher Weise verletzt worden ist.

Wir halten fest:

- Die Gehörsrüge – oder auch Anhörungsrüge genannt – kann immer dann eingelegt werden, wenn das rechtliche Gehör in entscheidungserheblicher Weise verletzt wurde und ein anderes Rechtsmittel oder ein anderer Rechtsbehelf nicht mehr möglich ist.
  - Die Gehörsrüge ist auch gegen Urteile der Rechtsmittelgerichte möglich.
- Die Gebühren für ein solches Verfahren sind im Vergütungsverzeichnis im 3. Teil, 2. Abschnitt, 6. Unterabschnitt geregelt. Der RA kann verdienen:
  - eine 0,5 Verfahrensgebühr nach Nr. 3330 VV RVG und
  - eine Terminsgebühr nach Nr. 3331 VV RVG in Höhe der Terminsgebühr für das Verfahren, in dem die Rüge erhoben wird, höchstens 0,5, bei Betragsrahmengebühren höchstens 220,00 €.
- **Wert:** Hauptsachewert, der die angefochtene Entscheidung betrifft, ggf. der Betrag, wegen dem die Fortführung des Prozesses angestrebt ist.

Achtung: § 19 I 2 Nr. 5b) RVG besagt, dass die Rüge wegen Verletzung des Anspruchs auf rechtliches Gehör nach § 321a ZPO zum Rechtszug gehört!

Das heißt: Der RA, der **vorher** oder **nachher** als Prozessbevollmächtigter in derselben Angelegenheit tätig war, kann nicht für die Vertretung im Gehörsrügeverfahren weitere Gebühren nach Nrn. 3330 bzw. 3332 VV RVG geltend machen. Mit § 19 I 2 Nr. 5b) RVG ist eindeutig geregelt, dass dieses Verfahren zum Rechtszug gehört und gesonderte Gebühren in diesem Verfahren nur anfallen können, soweit sie nicht bereits im Verfahren selbst angefallen sind.

Übungsfall:

Klage über 4.000,00 €, mündliche Verhandlung, Beweisaufnahme.

Urteil: Beklagter muss 3.500,00 € bezahlen. Klageabweisung wegen 500,00 €.

Gehörsrüge des Klägers. Begründet. Wiederaufnahme des Verfahrens. Streitige Verhandlung, Urteil bleibt aufrechterhalten. Kläger hatte eine Rechtsanwältin, die ihn sowohl im Klageverfahren, als auch im Verfahren wg. Rüge der Verletzung des rechtlichen Gehörs vertreten hat.

a) Die Auszubildende in Ihrer Kanzlei kommt mit einer Akte zu Ihnen und möchte wissen, ob für das Gehörsrügeverfahren eine Vergütung der Rechtsanwältin des Klägers in Rechnung gestellt werden kann. Erläutern Sie Ihr dies.

b) Bitte rechnen Sie die Vergütung der Rechtsanwältin des Klägers ab.

Lösungsvorschlag:

a) Für das Gehörsrügeverfahren sind zwar eine Verfahrens- und eine Terminsgebühr nach den Nrn. 3330 und 3331 VV RVG aus einem Wert von 500,00 € angefallen. Sie können jedoch nicht gesondert neben der Vergütung des Hauptsacheverfahrens abgerechnet werden, da das Gehörsrügeverfahren nach § 19 I Nr. 5b) RVG zum Rechtszug gehört.

b) **Vergütungsrechnung der Rechtsanwältin des Klägers**

Gegenstandswert: 4.000,00 €, § 2 I RVG

1,3 Verfahrensgebühr		
(§§ 2 II, 13 I RVG), Nr. 3100 VV RVG	€	327,60
1,2 Terminsgebühr		
(§§ 2 II, 13 I RVG), Nr. 3104 VV RVG	€	302,40
PT-Pauschale, Nr. 7002 VV RVG	€	20,00
Zwischensumme	€	650,00
19 % Umsatzsteuer, Nr. 7008 VV RVG	€	123,50
Summe	**€**	**773,50**

Abwandlung:

MA ist nach dem ersten Urteil sauer auf seine Rechtsanwältin, weil er meint, dass sie ihn schlecht vertreten hat. Er sucht RA Clarks auf, der für ihn die Gehörsrüge erhebt. Das Gericht lehnt die Wiederaufnahme des Verfahrens ab und weist die Gehörsrüge als unbegründet zurück.

Bitte erstellen Sie die Vergütungsrechnung für RA Clarks.

Lösungsvorschlag:

Gegenstandswert: 500,00 €, § 2 I RVG

0,5 Verfahrensgebühr		
(§§ 2 II, 13 I RVG), Nr. 3330 VV RVG	€	22,50
0,5 Terminsgebühr		
(§§ 2 II, 13 I RVG), Nr. 3332 VV RVG	€	22,50
PT-Pauschale, Nr. 7002 VV RVG	€	9,00
Zwischensumme	€	54,00
19 % Umsatzsteuer, Nr. 7008 VV RVG	€	10,26
Summe	**€**	**64,26**

Anmerkung: RA Clarks kann das Gehörsrügeverfahren abrechnen, da er **weder** vorher noch nachher Prozessbevollmächtigter war.

Abwandlung:

Die Gehörsrüge ist erfolgreich und RA Clarks vertritt seinen Auftraggeber im wieder aufgenommenen Prozess. Es kommt zur erneuten streitigen Verhandlung und Beweisaufnahme. Anschließend ein Urteil, woraufhin das erste Urteil entsprechend abzuändern ist und der Klage voll stattgegeben wird.

Berechnen Sie die Vergütung von RA Clarks, der seinen Mandanten sowohl im Verfahren wg. der Gehörsrüge als auch im anschließenden wieder aufgenommenen Prozess vertritt?

Lösungsvorschlag:

RA Clarks kann nur die Gebühren für den wieder aufgenommenen Prozess abrechnen und keine Gebühren für das Verfahren wg. Gehörsrüge, da RA Clarks Prozessbevollmächtigter wurde und das Verfahren wg. Gehörsrüge somit zum Rechtszug gehört, § 19 I 2 Nr. 5b) RVG.

Gegenstandswert: € 4.000,00, § 2 I RVG		
1,3 Verfahrensgebühr		
(§§ 2 II, 13 I RVG), Nr. 3100 VV RVG	€	327,60
1,2 Terminsgebühr		
(§§ 2 II, 13 I RVG), Nr. 3104 VV RVG	€	302,40
PT-Pauschale, Nr. 7002 VV RVG	€	20,00
Zwischensumme	€	650,00
19 % Umsatzsteuer, Nr. 7008 VV RVG	€	123,50
Summe	€	**773,50**

Achtung: Wird also nach erfolgreicher Gehörsrüge der **Prozess wieder aufgenommen**, so setzt sich das Verfahren in **demselben Rechtszug** fort, § 321a V ZPO. Es handelt sich **nicht** um eine Zurückverweisung nach § 21 I RVG, die neue Gebühren auslöst, da ja nicht zur weiteren Verhandlung und Entscheidung an ein untergeordnetes Gericht verwiesen wird. Es bleibt vielmehr die ganze Zeit dasselbe Gericht zuständig.

Prüfungstipp: Um zu prüfen, ob der RA in einem Gehörsrügeverfahren noch Gebühren berechnen kann, kann man die folgenden Fragen stellen:

- War der RA bereits als Prozessbevollmächtigter vorher tätig?
- War der RA im wieder aufgenommenen Prozess als Prozessbevollmächtigter tätig?
- Ist im Gehörsrügeverfahren eine Gebühr angefallen, die im Prozess weder vor der Rüge noch nach der Rüge angefallen ist?

Kapitel 13
Das selbständige Beweisverfahren

Im selbständigen Beweisverfahren erhält der RA die Gebühren nach Teil 3 des Vergütungsverzeichnisses.

Achtung: Das Beweisverfahren gehört nicht zum Rechtszug. Es stellt mit dem gerichtlichen Hauptsacheverfahren verschiedene Angelegenheiten dar, die gesondert abgerechnet werden.

Und: Im selbständigen Beweisverfahren heißen die Parteien Antragsteller und Antragsgegner.

Hinweis: Eine Terminsgebühr kann im selbständigen Beweisverfahren auch entstehen, wenn der RA an einem **Ortstermin** des **gerichtlich bestellten Sachverständigen** teilnimmt (nicht des Privatgutachters!!), Vorbem. 3 III 3 Nr. 1 VV RVG.

Hoppla: Eine Einigung im Stadium des selbständigen Beweisverfahrens löst eine 1,5 Einigungsgebühr nach Nr. 1000 VV RVG aus! Vgl. dazu den Wortlaut der Nr. 1003 VV RVG, der eine Einigungsgebühr von 1,0 nur dann vorsieht, wenn ein anderes gerichtliches Verfahren als ein selbständiges Beweisverfahren anhängig ist! Seit 01.01.2007 ist im Gesetz klargestellt, dass die 1,5 Einigungsgebühr auch dann entsteht, wenn für das selbständige Beweisverfahren bereits PKH beantragt worden ist.

Übungsfall:

RA Streit macht für seinen Mandanten Bauherr ein selbständiges Beweisverfahren anhängig. Das Gericht erlässt einen Beweisbeschluss. Danach soll der Sachverständige ein Gutachten über die Behauptung des Antragstellers erstellen, dass Feuchtigkeitsschäden im Gemäuer auf bauliche Mängel, die durch die Baufirma verursacht wurden, zurückzuführen sind. Der vom Gericht bestellte Sachverständige bestimmt Ortstermin, an dem auch beide anwaltlichen Vertreter der Parteien teilnehmen.

Der Streitwert wird auf 160.000,00 € festgesetzt.

Erstellen Sie bitte die Vergütungsrechnung für den RA des Antragstellers.

Lösungsvorschlag:

Gegenstandswert: 160.000,00 €, § 2 I RVG

1,3 Verfahrensgebühr (§§ 2 II, 13 I RVG), Nr. 3100 VV RVG	€	2.395,90
1,2 Terminsgebühr (§§ 2 II, 13 I RVG), Nr. 3104 VV RVG	€	2.211,60
1,5 Einigungsgebühr (§§ 2 II, 13 I RVG), Nr. 1000 VV RVG	€	2.764,50
PT-Pauschale, Nr. 7002 VV RVG	€	20,00
Zwischensumme	€	7.392,00
19 % Umsatzsteuer, Nr. 7008 VV RVG	€	1.404,48
Summe	**€**	**8.796,48**

Achtung: Eine Anrechnungsvorschrift wird nur noch für die Verfahrensgebühr vorgesehen, wenn und soweit ein Hauptsacheverfahren folgt!

Vorbemerkung 3 V: Soweit der Gegenstand eines selbständigen Beweisverfahrens auch Gegenstand eines Rechtsstreits ist oder wird, wird die Verfahrensgebühr des selbständigen Beweisverfahrens auf die Verfahrensgebühr des Rechtszugs angerechnet.

Übungsfall:

Rechtsanwalt Dr. Ernst erhält den Auftrag zur Vertretung in einem selbstständigen Beweisverfahren. Das Gericht erlässt antragsgemäß einen Beweisbeschluss. Im Rahmen der Erstellung eines Sachverständigengutachtens bestimmt der gerichtlich bestellte Sachverständige einen Ortstermin, an dem beide anwaltlichen Vertreter der Parteien teilnehmen.

Obwohl das Gutachten eindeutig zu Gunsten des Antragstellers ausgeht, verweigert der Antragsgegner (nach Aufforderungsschreiben mit Klageauftrag durch Rechtsanwalt Dr. Ernst) die Beseitigung der festgestellten Mängel. Es kommt zu einem Hauptsacheverfahren, nachdem die Klage erhoben wird. Nach streitiger mündlicher Verhandlung wird ein Vergleich geschlossen. Danach sollen die streitgegenständlichen Ansprüche des Klägers mit der Zahlung eines Betrags in Höhe von 25.000,00 € durch den Beklagten abgegolten sein. Das Gericht setzt den Streitwert für das selbstständige Beweisverfahren und für das Hauptsacheverfahren auf 30.000,00 € fest.

Bitte erstellen Sie die Vergütungsrechnung für Rechtsanwalt Dr. Ernst

a) für das selbstständige Beweisverfahren.

b) für das Hauptsacheverfahren.

Lösungsvorschlag:

Gegenstandswert: 30.000,00 €, § 2 I RVG

a) Selbständiges Beweisverfahren:

1,3 Verfahrensgebühr (§§ 2 II, 13 I RVG), Nr. 3100 VV RVG	€	1.121,90
1,2 Terminsgebühr (§§ 2 II, 13 I RVG), Nr. 3104 VV RVG	€	1.035,60
PT-Pauschale, Nr. 7002 VV RVG	€	20,00
Zwischensumme	€	2.177,50
19 % Umsatzsteuer, Nr. 7008 VV RVG	€	413,73
Summe	€	**2.591,23**

b) Hauptsacheverfahren:

1,3 Verfahrensgebühr (§§ 2 II, 13 I RVG), Nr. 3100 VV RVG	€	1.121,90
abzüglich 1,3 Verfahrensgebühr nach Vorbem. 3 Abs. 5 VV RVG	./. €	1.121,90
Zwischensumme	€	0,00
1,2 Terminsgebühr (§§ 2 II, 13 I RVG), Nr. 3104 VVRVG	€	1.035,60
1,0 Einigungsgebühr (§§ 2 II, 13 I RVG), Nr. 1003 VV RVG	€	863,00
PT-Pauschale, Nr. 7002 VV RVG	€	20,00
Zwischensumme (Übertrag)	€	1.918,60

Zwischensumme (Übertrag)	€	1.918,60
19 % Umsatzsteuer, Nr. 7008 VV RVG	€	364,53
Summe	€	**2.283,13**

Erläuterung: Da nach Beendigung des selbständigen Beweisverfahrens Rechtsanwalt Dr. Ernst bereits Klageauftrag erhalten hatte, kann er die zwischen dem selbstständigen Beweisverfahren und dem Hauptsacheverfahren erfolgte Tätigkeit nicht gesondert abrechnen, da es noch zu einem Hauptsacheverfahren kam. Anders wäre es gewesen, wenn noch kein Klageauftrag gegeben wäre. Dann hätte Rechtsanwalt Dr. Ernst zusätzlich eine Geschäftsgebühr + PT-Pauschale und Umsatzsteuer abrechnen können. Allerdings wäre diese Geschäftsgebühr zur Hälfte, max. mit einem Gebührensatz von 0,75 anzurechnen gewesen. Die Anrechnung hätte Rechtsanwalt Dr. Ernst sowohl auf die Verfahrensgebühr des selbstständigen Beweisverfahrens, als auch die Geschäftsgebühr selbst vornehmen können. Auch von der Kostenaufstellung im Hauptsacheverfahren hätte im Gesamten die Anrechnung vorgenommen werden können. Angerechnet werden muss nur einmal, jedoch kann sich der Rechtsanwalt nach § 15a I RVG aussuchen, wo er die Anrechnung vornimmt. Insgesamt darf er nicht mehr fordern, als den um den Anrechnungsbetrag verminderten Gesamtbetrag der hier relevanten Gebühren.

Aber: Die Anrechnung muss nur erfolgen, soweit ein gerichtliches Verfahren folgt, vgl. dazu Wortlaut der Vorbem. 3 Abs. 5 VV RVG!

Übungsfall:

Wie zuvor. Das Gericht setzt allerdings den Streitwert für das selbständige Beweisverfahren auf 30.000,00 € und für das gerichtliche Verfahren auf 20.000,00 € fest.

Bitte erstellen Sie die Vergütungsrechnung für Rechtsanwalt Dr. Ernst

a) für das selbstständige Beweisverfahren.

b) für das Hauptsacheverfahren.

Lösungsvorschlag:

Gegenstandswert: 30.000,00 €, § 2 I RVG

a) Selbständiges Beweisverfahren:

1,3 Verfahrensgebühr (§§ 2 II, 13 I RVG), Nr. 3100 VV RVG	€	1.121,90
1,2 Terminsgebühr (§§ 2 II, 13 I RVG), Nr. 3104 VV RVG	€	1.035,60
PT-Pauschale, Nr. 7002 VV RVG	€	20,00
Zwischensumme	€	2.177,50
19 % Umsatzsteuer, Nr. 7008 VV RVG	€	413,73
Summe	€	**2.591,23**

b) Hauptsacheverfahren:

Gegenstandswert: 20.000,00 €, § 2 I RVG

1,3 Verfahrensgebühr (§§ 2 II, 13 I RVG), Nr. 3100 VV RVG abzüglich	€	964,60
1,3 Verfahrensgebühr nach Vorbem. 3 Abs. 5 VV RVG aus 20.000,00 €	./. €	964,60
Zwischensumme (Übertrag)	€	0,00

Zwischensumme (Übertrag)	€	0,00
1,2 Terminsgebühr		
(§§ 2 II, 13 I RVG), Nr. 3104 VV RVG	€	890,40
1,0 Einigungsgebühr		
(§§ 2 II, 13 I RVG), Nr. 1003 VV RVG	€	742,00
PT-Pauschale, Nr. 7002 VV RVG	€	20,00
Zwischensumme	€	1.652,40
19 % Umsatzsteuer, Nr. 7008 VV RVG	€	313,96
Summe	€	**1.966,36**

Anmerkung: Die Verfahrensgebühr aus dem selbständigen Beweisverfahren muss auch nur in der Höhe angerechnet werden, wie Gegenstandswertidentität besteht.

Wir halten fest:

* Ist lediglich ein selbständiges Beweisverfahren anhängig, erhält der RA die Gebühren nach Teil 3 des Vergütungsverzeichnisses.
* Ist neben dem selbständigen Beweisverfahren auch ein Hauptsacheverfahren anhängig gewesen, muss die im selbständigen Beweisverfahren entstandene Verfahrensgebühr auf die Verfahrensgebühr des gerichtlichen Verfahrens angerechnet werden, Vorbem. 3 Abs. 5 VV RVG.
* Eine Anrechnung der Verfahrensgebühr erfolgt immer nur, soweit der Gegenstand des Beweisverfahrens auch Gegenstand des Hauptsacheverfahrens geworden ist, vgl. Vorbem. 3 Abs. 5 VV RVG.
* Die Terminsgebühr kann zweimal entstehen: Einmal im selbständigen Beweisverfahren – dort auch für die Teilnahme an einem Ortstermin des gerichtlich bestellten Sachverständigen und einmal im Hauptsacheverfahren. Die Terminsgebühr des selbständigen Beweisverfahrens ist auf die Terminsgebühr des Hauptsacheverfahrens nicht anzurechnen!
* Eine Einigung im selbständigen Beweisverfahren löst eine 1,5 Einigungsgebühr aus, obwohl es sich um ein gerichtliches Verfahren handelt. Dies gilt auch dann, wenn bereits PKH für das Beweisverfahren beantragt ist.

Kapitel 14
Arrest und einstweilige Verfügung

Arrest und einstweilige Verfügung sind Eilverfahren, die nur dann durchgeführt werden können, wenn eine besondere Dringlichkeit gegeben ist.

Wie im Erkenntnisverfahren erhält der Rechtsanwalt die Gebühren nach Teil 3 VV RVG, so dass zum Gebührenanfall auf die Ausführungen in Kapitel 10 verwiesen wird.

Der **Arrest** (§§ 916 ff. ZPO) findet statt:

- zur Sicherung der Zwangsvollstreckung in das bewegliche oder unbewegliche Vermögen wegen einer Geldforderung oder eines Anspruchs, der in eine Geldforderung übergehen kann, § 916 ZPO.

Wir halten fest:

Es gibt den dinglichen Arrest (§ 917 ZPO) und den persönlichen Arrest (§ 918 ZPO).

Eine **einstweilige Verfügung** (§ 935 ZPO) ist zulässig, wenn zu besorgen ist,

- dass durch eine Veränderung des bestehenden Zustandes die Verwirklichung des Rechts einer Partei vereitelt oder wesentlich erschwert werden könnte.

Über Arrest und einstweilige Verfügung kann das Gericht ohne mündliche Verhandlung durch einen Beschluss entscheiden (§§ 922 I 1, 937 II ZPO).

Aber: Sofern das Gericht Termin bestimmt, entscheidet es durch Urteil.

Und: Die Parteien heißen im einstweiligen Verfügungsverfahren Antragsteller und Antragsgegner.

Übungsfall:

Die Tageszeitung „Morgens um 7" hat in einem Artikel auf der ersten Seite behauptet, die Schauspielerin Tanja Lippe habe eine Brustvergrößerung machen lassen und zudem die Lippen aufgespritzt. RAin Natürlich beantragt den Erlass einer einstweiligen Verfügung auf Unterlassung gegen die Tageszeitung „Morgens zum 7". Das Gericht erlässt die einstweilige Verfügung ohne mündliche Verhandlung durch Beschluss. Der Gegenstandswert wird auf 25.000,00 € festgesetzt.

Bitte berechnen Sie die Vergütung von Rechtsanwältin Natürlich.

Lösungsvorschlag:

Gegenstandswert: 25.000,00 € (§§ 23 I 1 RVG, 48 I 1 GKG, 3 ZPO)

1,3 Verfahrensgebühr		
(§§ 2 II, 13 I RVG), Nr. 3100 VV RVG	€	1.024,40
PT-Pauschale, Nr. 7002 VV RVG	€	20,00
Zwischensumme	€	1.044,40
19 % Umsatzsteuer, Nr. 7008 VV RVG	€	198,44
Summe	**€**	**1.242,84**

Abwandlung:

Nach Zustellung der einstweiligen Verfügung durch den Gerichtsvollzieher erhebt die Antragsgegnerin, der Verlag der Tageszeitung „Morgens um 7", Widerspruch gegen die erlassene Verfügung und beantragt deren Aufhebung. Das Gericht entscheidet über den Widerspruch durch Urteil. Das Urteil wird rechtskräftig.

Ihre Kollegin möchte gerne wissen, ob neue Gebühren für das Widerspruchsverfahren entstehen, denn sie hat so selten in der Praxis mit derartigen Verfahren zu tun gehabt und kennt sich nicht aus. Erläutern Sie Ihre Antwort.

Lösungsvorschlag:

Es entstehen **keine** neuen Gebühren für das Widerspruchsverfahren, da nach § 16 Nr. 5 RVG das Verfahren auf Anordnung einer einstweiligen Verfügung mit dem Verfahren auf Aufhebung der einstweiligen Verfügung eine Angelegenheit bildet.

Ergeht die Entscheidung durch Urteil und legt der RA hiergegen Berufung ein, entstehen die Gebühren nach Teil 3 Abschnitt 2 VV RVG wie im normalen Berufungsverfahren.

Übungsfall:

Gegen eine einstweilige Verfügung, die durch Urteil ergangen ist und mit der einer Firma verboten wird, weiterhin unlauteren Wettbewerb zu betreiben, wird Berufung eingelegt. Nach mündlicher Verhandlung im Berufungsverfahren wird die einstweilige Verfügung aufgehoben. Das Gericht setzt den Wert für das einstweilige Verfügungsverfahren auf 50.000,00 € fest.

Bitte erstellen Sie die Vergütungsrechnung des Rechtsanwalts des Berufungsklägers.

Lösungsvorschlag:

Gegenstandswert: 50.000,00 €		
1,6 Verfahrensgebühr (§§ 2 II, 13 I RVG), Nr. 3200 VV RVG	€	1.860,80
1,2 Terminsgebühr (§§ 2 II, 13 I RVG), Nr. 3202 VV RVG	€	1.395,60
PT-Pauschale, Nr. 7002 VV RVG	€	20,00
Zwischensumme	€	3.276,40
19 % Umsatzsteuer, Nr. 7008 VV RVG	€	622,52
Summe	**€**	**3.898,92**

Vorsicht: Arrest und einstweilige Verfügungen sind immer nur Entscheidungen für eine begrenzte Zeit. Sofern der Antragsteller die Hauptsache nicht anhängig macht, hat das Arrestgericht auf Antrag ohne mündliche Verhandlung anzuordnen, dass die Partei, die den Arrestbefehl oder die einstweilige Verfügung erwirkt hat, binnen einer zu bestimmten Frist Klage zu erheben habe, § 926 I ZPO. Wird die Klage nicht erhoben, ist auf Antrag die Aufhebung des Arrestes oder der einstweiligen Verfügung durch Endurteil auszusprechen, § 926 II ZPO.

Das ist der Grund, warum einem Arrest- oder einstweiligen Verfügungsverfahren sehr häufig eine sogenannte Hauptsacheklage folgt.

Ach so: Wegen der Dringlichkeit sind Entscheidungen im einstweiligen Verfügungsverfahren auch nicht revisibel, § 542 II ZPO. Das bedeutet, dass gegen eine zweitinstanzliche Entscheidung in einem einstweiligen Verfügungsverfahren eine Revision nicht eingelegt werden kann.

> **Wichtig:** Das Verfahren in der Hauptsache und ein Verfahren auf Erlass einer einstweiligen Verfügung oder einstweiligen Anordnung gelten als verschiedene Angelegenheiten; ebenso gelten Verfahren über die Hauptsache und ein Verfahren über einen Antrag auf Abänderung oder Aufhebung eines Arrestes oder einer einstweiligen Verfügung gelten als **verschiedene** Angelegenheiten, § 17 Nr. 4b) und d) RVG.

Hinweis: Die Klage kann der Antragsteller dadurch vermeiden, dass er in einem sogenannten Abschlussschreiben den Antragsgegner auffordert, den Arrest oder die einstweilige Verfügung als endgültig anzuerkennen. Für ein solches Abschlussschreiben fällt nochmals eine Geschäftsgebühr an. Diese ist nur dann anzurechnen, wenn die Erklärung nicht abgegeben wird und die Hauptsacheklage eingereicht werden muss.

Denn: Die Geschäftsgebühr für das Abschlussschreiben betrifft denselben Gegenstand wie die spätere Hauptsacheklage.

Übungsfall:

Der Inhaber eines Orthopädiegeschäfts (Horst Böhm) hat zum Geburtstag eine „Homepage" geschenkt bekommen. Auf dieser Homepage hat sein Bekannter eine Anfahrtsbeschreibung eingestellt. Die Anfahrtsbeschreibung hat er aus einer von einem Kartenverlag gekauften Straßenkarte eingescannt und ins Internet eingestellt. Als Horst Böhm eine außergerichtliche Abmahnung einer Anwaltskanzlei im Auftrag des Kartenverlags erhält, die ihn zur Abgabe einer strafbewehrten Unterlassungserklärung und Zahlung eines Schadensersatzes wegen der Urheberrechtsverletzung auffordert, denkt er an einen schlechten Witz. Die gesetzte Frist beachtet er nicht. 10 Tage später wird ihm eine einstweilige Verfügung zugestellt. Schließlich erhält er ein weiteres außergerichtliches Aufforderungsschreiben, er solle die einstweilige Verfügung als endgültig anerkennen. Horst Böhm ist total sauer. Er versteht die Welt nicht mehr und reagiert trotzig. Er ignoriert die einstweilige Verfügung und das Abschlussschreiben. Die Karte belässt er im Internet, immerhin hat sein Freund ihm diese „geschenkt". Schließlich erhält er eine Klage auf Unterlassung zugestellt. Im Termin zur mündlichen Verhandlung ist er anwaltlich vertreten. Es wird ein Vergleich geschlossen. Der Gegenstandswert wird auf 10.000,00 € festgesetzt.

Bitte berechnen Sie die gesamte Vergütung (außergerichtlich und gerichtlich) des anwaltlichen Vertreters des Antragstellers (setzen Sie bitte bei der Geschäftsgebühr eine Regelgebühr an).

Lösungsvorschlag:

1. Angelegenheit: außergerichtliches Abmahnschreiben
Gegenstandswert: 10.000,00 €
1,3 Geschäftsgebühr

(§§ 2 II, 13 I, 14 I RVG), Nr. 2300 VV RVG	€	725,40
PT-Pauschale, Nr. 7002 VV RVG	€	20,00
Zwischensumme	€	745,40
19 % Umsatzsteuer, Nr. 7008 VV RVG	€	141,63
Summe	**€**	**887,03**

2. Angelegenheit: einstweilige Verfügung
Gegenstandswert: 10.000,00 €

1,3 Verfahrensgebühr		
(§§ 2 II, 13 I RVG), Nr. 3100 VV RVG	€	725,40
./. 0,65 Geschäftsgebühr (außergerichtl. Abmahnung)		
Vorbem. 3 Abs. 4, Nr. 2300 VV RVG	./. €	362,70
Zwischensumme	€	362,70
PT-Pauschale, Nr. 7002 VV RVG	€	20,00
Zwischensumme	€	382,70
19 % Umsatzsteuer, Nr. 7008 VV RVG	€	72,71
Summe	€	**455,41**

3. Angelegenheit: außergerichtliches Abschlussschreiben
Gegenstandswert: 10.000,00 €

1,3 Geschäftsgebühr		
(§§ 2 II, 13 I, 14 I RVG), Nr. 2300 VV RVG	€	725,40
PT-Pauschale, Nr. 7002 VV RVG	€	20,00
Zwischensumme	€	745,40
19 % Umsatzsteuer, Nr. 7008 VV RVG	€	141,63
Summe	€	**887,03**

4. Angelegenheit: Hauptsacheklage
Gegenstandswert: 10.000,00 €

1,3 Verfahrensgebühr		
(§§ 2 II, 13 I RVG), Nr. 3100 VV RVG	€	725,40
./. 0,65 Geschäftsgebühr (Abschlussschreiben)		
Vorbem. 3 Abs. 4, Nr. 2300 VV RVG	./. €	362,70
Zwischensumme	€	**362,70**
1,2 Terminsgebühr		
(§§ 2 II, 13 I RVG), Nr. 3104 VV RVG	€	669,60
1,0 Einigungsgebühr		
(§§ 2 II, 13 I RVG), Nr. 1003 VV RVG	€	558,00
PT-Pauschale, Nr. 7002 VV RVG	€	20,00
Zwischensumme	€	1.610,30
19 % Umsatzsteuer, Nr. 7008 VV RVG	€	305,96
Summe	€	**1.916,26**

Hinweis: Wird ein Unterlassungsanspruch nicht befolgt, kann der Antragsteller i.d.R. einen sogenannten Bestrafungsantrag bei Gericht nach § 890 ZPO (Prozessgericht 1. Instanz) stellen und beantragen, dass ein Zwangsgeld gegen den Antragsgegner festgesetzt wird. Für diesen Antrag entsteht eine 0,3 Verfahrensgebühr nach Nr. 3309 VV RVG nebst Auslagen und Umsatzsteuer.

Wir halten fest:

- Für den Antrag auf Erlass einer einstweiligen Verfügung oder auf Anordnung eines Arrestes erhebt der RA gesondert Gebühren.
- § 17 Nr. 4b) RVG ist in diesen Fällen zu zitieren. Es entstehen die Gebühren des 3. Teils des Vergütungsverzeichnisses, ggf. auch des 1. Teils (Einigungsgebühr, Erhöhung).
- Folgt ein Verfahren auf Aufhebung oder Abänderung eines Arrestes oder einer einstweiligen Verfügung, bildet es mit dem vorausgegangenen Verfahren eine Angelegenheit, d.h. es wird eine Vergütungsrechnung erstellt, vgl. dazu § 16 Nr. 5 RVG.
- Etwas anderes gilt nur, wenn die Entscheidung durch Urteil ergeht, gegen das Berufung eingelegt wird. In diesem Fall entstehen die Gebühren Nr. 3200 ff. VV RVG.

Kapitel 15
Mahnverfahren

1. Übersicht

Im **Mahnverfahren** erhält der RA die Vergütung nach den Nr. 3305 ff. VV RVG. Hier ist zu unterscheiden, ob er den Antragsteller oder Antragsgegner vertritt. Folgende Gebühren können entstehen.

Übersicht:

3305	Verfahrensgebühr für die Vertretung des Antragstellers Die Gebühr wird auf die Verfahrensgebühr für einen nachfolgenden Rechtsstreit angerechnet.	1,0
3306	Beendigung des Auftrags, bevor der Rechtsanwalt den verfahrenseinleitenden Antrag oder einen Schriftsatz, der Sachanträge, Sachvortrag oder die Zurücknahme des Antrags enthält, eingereicht hat: Die Gebühr 3305 beträgt	0,5
3307	Verfahrensgebühr für die Vertretung des Antragsgegners Die Gebühr wird auf die Verfahrensgebühr für einen nachfolgenden Rechtsstreit angerechnet.	0,5
3308	Verfahrensgebühr für die Vertretung des Antragstellers im Verfahren über den Antrag auf Erlass eines Vollstreckungsbescheids Die Gebühr entsteht neben der Gebühr 3305 nur, wenn innerhalb der Widerspruchsfrist kein Widerspruch erhoben oder der Widerspruch gemäß § 703a Abs. 2 Nr. 4 ZPO beschränkt worden ist. Nummer 1008 ist nicht anzuwenden, wenn sich bereits die Gebühr 3305 erhöht.	0,5

2. Verfahrensgebühr für die Vertretung des Antragstellers

Die Verfahrensgebühr nach Nr. 3305 VV RVG in Höhe von 1,0 für die Vertretung im Mahnverfahren entsteht mit Einreichung des Antrags auf Erlass eines Mahnbescheides. Ob der Mahnbescheid tatsächlich erlassen wird, ist für das Entstehen der Gebühr ohne Bedeutung. Die Gebühr entsteht auch, wenn der RA einen Schriftsatz bei Gericht einreicht, der Sachantrag oder Sachvortrag enthält, vgl. Ziff. 4.

Hinweis: Die Gebühr Nr. 3305 heißt Verfahrensgebühr. Zur besseren Unterscheidung nenne ich sie „Mahnverfahrensgebühr".

Übungsfall:

Ihre Auszubildende in der Kanzlei soll eine Vergütungsrechnung an den Mandanten erstellen. Aus der Akte ergibt sich folgendes:

Außergerichtliches Aufforderungsschreiben für den Mandanten an den Schuldner wegen einer Forderung in Höhe von € 4.000. Die Tätigkeit war nicht umfangreich und nicht schwierig. Nach Erhalt des Aufforderungsschreibens zahlte der Schuldner € 1.000. Wegen des Restbetrags wurde ein Mahnbescheid und sodann ein Vollstre-

---

ckungsbescheid beantragt. Ein Einspruch wurde nicht eingelegt. Der Vollstreckungsbescheid wird rechtskräftig.

Ihre Auszubildende legt Ihnen nun folgende Kostenrechnung vor:

1. Außergerichtliche Tätigkeit
Gegenstandswert: 4.000 €

1,5 Geschäftsgebühr Nr. 2300 VV RVG	€	378,00
PT-Pauschale, Nr. 7002 VV RVG	€	20,00
Zwischensumme	€	398,00
19 % Umsatzsteuer, Nr. 7008 VV RVG	€	75,62
Summe	€	473,62

2. Tätigkeit im Mahnverfahren
Gegenstandswert: 3.000 €

1,0 Mahnverfahrensgebühr Nr. 3305 VV RVG	€	201,00
abzgl. 0,75 Geschäftsgebühr aus 4.000 €	./. €	189,00
0,5 Verfahrensgebühr für den VB Nr. 3308 VV RVG	€	100,50
PT-Pauschale, Nr. 7002 VV RVG	€	20,00
Zwischensumme	€	132,50
19 % Umsatzsteuer, Nr. 7008 VV RVG	€	25,18
Summe	€	157,68

Bitte überprüfen Sie die Rechnung und erklären Sie der Auszubildenden ggf. welche
Fehler in der Vergütungsrechnung enthalten sind.

Lösungsvorschlag:

Da aus der Aufgabenstellung ersichtlich wird, dass die Tätigkeit des Anwalts weder umfangreich noch schwierig war, darf hier maximal eine Geschäftsgebühr in Höhe von 1,3
angesetzt werden. Somit ergibt sich für die außergerichtliche Tätigkeit folgende korrigierte Vergütungsrechnung:

1. Außergerichtliche Tätigkeit
Gegenstandswert: 4.000 €

1,3 Geschäftsgebühr Nr. 2300 VV RVG	€	327,60
PT-Pauschale, Nr. 7002 VV RVG	€	20,00
Zwischensumme	€	347,60
19 % Umsatzsteuer, Nr. 7008 VV RVG	€	66,04
Summe	**€**	**413,64**

In der Kostenrechnung, bezogen auf das Mahnverfahren, befinden sich zwei Fehler.
Zum einen wird die Anrechnung aus dem Gegenstandswert in Höhe von 4.000,00 €
vorgenommen, dies ist falsch. Die Anrechnung hat lediglich aus 3.000,00 € zu erfolgen,
vgl. Vorbem. 3 Abs. 4 S. 5 VV RVG. Da die Geschäftsgebühr lediglich 1,3 betragen hat,
vermindert der Anrechnungssatz auf 0,65, Vorbem. 3 Abs. 4 S. 1 VV RVG. Somit ergibt
sich für die Tätigkeit im Mahnverfahren folgende korrigierte Vergütungsrechnung:

2. Tätigkeit im Mahnverfahren
Gegenstandswert: 3.000 €

1,0 Mahnverfahrensgebühr Nr. 3305 VV RVG	€	201,00
abzgl. 0,65 Geschäftsgebühr aus 3.000 €	./. €	130,65
Zwischensumme	€	70,35
0,5 Verfahrensgebühr für den VB Nr. 3308 VV RVG	€	100,50
PT-Pauschale, Nr. 7002 VV RVG	€	20,00
Zwischensumme	€	190,85
19 % Umsatzsteuer, Nr. 7008 VV RVG	€	36,26
Summe	**€**	**227,11**

3. Erhöhung

Vorsicht: Die Erhöhung nach Nr. 1008 VV RVG kann auf die Verfahrensgebühr für den Mahnbescheid entstehen. Sie entsteht auf die Verfahrensgebühr des Vollstreckungsbescheides nur dann, wenn der Rechtsanwalt sie nicht bereits auf die Verfahrensgebühr Nr. 3305 VV RVG berechnet hat. Dies ist dann der Fall, wenn die Auftraggeber beispielsweise den Mahnbescheid zunächst selbst beantragen, so dass die Gebühr nach Nr. 3305 VV RVG gar nicht entsteht und den Rechtsanwalt erst im Vollstreckungsbescheidsverfahren beauftragen, wenn sie z.B. nicht mehr weiter wissen.

Wir halten fest: Der Rechtsanwalt erhält im Mahnverfahren die Erhöhung (bis max. 2,0) nur einmal. Entweder wird die Verfahrensgebühr für den Mahnbescheid oder aber die Verfahrensgebühr für den Vollstreckungsbescheid erhöht.

Übungsfall:

RA Meyer hat für seine Mandanten Josef und Erna Zöttl einen Mahnbescheid beantragt und schließlich den Vollstreckungsbescheid beim Amtsgericht – Zentrales Mahngericht – Hagen erwirkt. Der Gegenstandswert beträgt 6.333,02 €.

Bitte berechnen Sie die Vergütung von RA Meyer.

Lösungsvorschlag:

Gegenstandswert: 6.332,02 €, § 2 I RVG		
1,3 erhöhte Mahnverfahrensgebühr		
(§§ 2 II, 13 I RVG), Nrn. 3305, 1008 VV RVG	€	526,50
0,5 Verfahrensgebühr für den VB		
(§§ 2 II, 13 I RVG), Nr. 3308 VV RVG	€	202,50
PT-Pauschale, Nr. 7002 VV RVG	€	20,00
Zwischensumme	€	749,00
19 % Umsatzsteuer, Nr. 7008 VV RVG	€	142,31
Summe	€	**891,31**

---

4. Vorzeitige Beendigung

Endet der Auftrag nach Entgegennahme der Information, aber vor Einreichung des Antrags auf Erlass eines Mahnbescheides oder eines Schriftsatzes mit Sachantrag oder Sachvortrag bei Gericht, erhält der RA nach Nr. 3306 VV RVG eine 0,5 Verfahrensgebühr (vorzeitige Erledigung).

Achtung: Die Verfahrensgebühr für die vorzeitige Erledigung nach Nr. 3306 VV RVG erhält also auch der RA, der beispielsweise im Mahnverfahren tätig wird, nachdem sein Mandant zuvor selbst den Mahnbescheid beantragt hat. Dies kann z.B. dann der Fall sein, wenn der RA versuchen soll, einen Gegner zur Zurücknahme eines gegen den vom Mandanten beantragten Mahnbescheid erhobenen Widerspruchs zu bewegen.

Prüfungstipp: Sehr gerne wird in Prüfungen gerade im Bereich der Abrechnung eines Mahnverfahrens mit relativ geringen Werten gearbeitet, um zu sehen, ob der Prüfling die korrekte Berechnung der PT-Pauschale beherrscht. Die PT-Pauschale nach Nr. 7002 VV RVG beträgt 20 % der gesetzlichen Gebühren. Viele nehmen automatisch immer 20,00 € als PT-Pauschale. Dies ist jedoch falsch. Der Betrag in Höhe von 20,00 € entsteht erst, wenn die Gebühren mindestens 100,00 € betragen, Vergleiche dazu ergänzend auch die Auslagen-Höchstgrenze im gesamten Mahnverfahren unter Ziffer 8. in diesem Kapitel.

Übungsfall:

Rechtsanwältin Merkel wird von ihrem Mandanten beauftragt, ein Mahnverfahren einzuleiten. Die Kanzlei arbeitet mit Barcode-Verfahren. Die Auszubildende füllt den Antrag auf Erlass eines Mahnbescheides am PC aus und legt diesen ausgedruckt zur Unterschrift vor. Bevor der Mahnbescheidsantrag bei Gericht eingereicht werden kann, ruft der Mandant an und teilt mit, dass der Schuldner die Hauptforderung mit Zinsen beglichen hat. Der Gegenstandswert hat 342,00 € betragen.

Bitte erstellen Sie die Vergütungsrechnung von Rechtsanwältin Merkel.

Lösungsvorschlag:

Gegenstandswert: 342,00 €, § 2 I RVG		
0,5 Mahn-Verfahrensgebühr		
(§§ 2 II, 13 I RVG), Nr. 3306 VV RVG	€	22,50
PT-Pauschale, Nr. 7002 VV RVG	€	4,50
Zwischensumme	€	27,00
19 % Umsatzsteuer, Nr. 7008 VV RVG	€	5,13
Summe	**€**	**32,13**

5. Verschiedene Angelegenheiten

Achtung: Nach § 17 Nr. 2 RVG bilden das Mahnverfahren und das streitige Verfahren verschiedene Angelegenheiten!

Damit ist klargestellt, dass das Mahnverfahren immer gesondert abzurechnen ist, auch wenn die Sache nach Widerspruch oder Einspruch in das streitige Verfahren übergeht!

Aber: Falls der Gegner Widerspruch gegen einen erlassenen Mahnbescheid erhebt bzw. Einspruch gegen den erlassenen Vollstreckungsbescheid einlegt und es zur Durchführung des streitigen Verfahrens kommt, wird die Mahnbescheidsgebühr auf die im Prozess entstehende Verfahrensgebühr angerechnet, vgl. dazu die Anmerkung zu Nr. 3305 VV RVG.

Übungsfall:

RA Beck beantragt für seinen Mandanten den Erlass eines Mahnbescheides beim AG Coburg. Der Antragsgegner erhebt gegen den Mahnbescheid fristgerecht Widerspruch. Es wird auf Antrag des Antragstellers das streitige Verfahren durchgeführt. Nach streitiger Verhandlung und Beweisaufnahme ergeht ein klagestattgebendes Urteil. Der Gegenstandswert hat 970,23 € betragen.

Bitte erstellen Sie die Vergütungsrechnung für RA Beck.

Lösungsvorschlag:

1. Mahnverfahren:
Gegenstandswert: 970,23 €, § 2 I RVG
1,0 Mahnverfahrensgebühr

(§§ 2 II, 13 I RVG), Nr. 3305 VV RVG	€	80,00
PT-Pauschale, Nr. 7002 VV RVG	€	16,00
Zwischensumme	€	96,00
19 % Umsatzsteuer, Nr. 7008 VV RVG	€	18,24
Summe	€	**114,24**

2. Gerichtliches Verfahren:
Gegenstandswert: 970,23 €, § 2 I RVG
1,3 Verfahrensgebühr

(§§ 2 II, 13 I RVG), Nr. 3100 VV RVG		€	104,00
abzüglich 1,0 Mahnverfahrensgebühr Anm. zu Nr. 3305	./.	€	80,00
Zwischensumme		€	24,00
1,2 Terminsgebühr			
(§§ 2 II, 13 I RVG), Nr. 3104 VV RVG		€	96,00
PT-Pauschale, Nr. 7002 VV RVG		€	20,00
Zwischensumme		€	140,00
19 % Umsatzsteuer, Nr. 7008 VV RVG		€	26,60
Summe		€	**166,60**

Vertritt der RA den Antragsgegner, ist auch dessen 0,5 Verfahrensgebühr nach Nr. 3307 VV RVG bei Durchführung des streitigen Verfahrens auf die Verfahrensgebühr des gerichtlichen Verfahrens anzurechnen, vgl. auch die Ausführungen in diesem Kapitel unter Ziff. 9.

Übungsfall:

Nachdem RA Tüchtig gegen einen Mahnbescheid Widerspruch erhoben hat, wird auf Antrag des Antragstellers das Streitverfahren vor dem Landgericht München durchgeführt. RA Tüchtig vertritt seinen Mandanten auch in diesem Verfahren und erwidert schriftsätzlich auf die Klagebegründung. Bevor Termin zur mündlichen Verhandlung anberaumt ist, gewinnt sein Mandant bei der Fernsehsendung „Millionär in 10 Minuten" und begleicht alle seine Schulden. Der Gegenstandswert beträgt 7.000,00 €.

Erstellen Sie die Vergütungsrechnung für RA Tüchtig und gehen Sie dabei davon aus, dass die Vergütung für den Widerspruch noch nicht abgerechnet ist.

Lösungsvorschlag:

1. Mahnverfahren:
Streitwert: 7.000,00 €, § 2 I RVG
0,5 Verfahrensgebühr

(§§ 2 II, 13 I RVG), Nr. 3307 VV RVG	€	202,50
PT-Pauschale, Nr. 7002 VV RVG	€	20,00
Zwischensumme	€	222,50
19 % Umsatzsteuer, Nr. 7008 VV RVG	€	42,28
Summe	€	**264,78**

2. Gerichtliches Verfahren:		
Streitwert: 7.000,00 €, § 2 I RVG		
1,3 Verfahrensgebühr		
(§§ 2 II, 13 I RVG), Nr. 3100 VV RVG	€	526,50
abzüglich 0,5 Verfahrensgebühr, Anm. zu Nr. 3307 VV RVG	./. €	202,50
Zwischensumme	€	324,00
PT-Pauschale, Nr. 7002 VV RVG	€	20,00
Zwischensumme	€	344,00
19 % Umsatzsteuer, Nr. 7008 VV RVG	€	65,36
Summe	€	**409,36**

6. Teil-Vollstreckungsbescheid

Aufgepasst: Die 0,5 Verfahrensgebühr für die Beantragung des Vollstreckungsbescheids entsteht immer nach dem Wert des Anspruchs, über welchen der Erlass des Vollstreckungsbescheids beantragt wird. Hat der Antragsgegner zum Beispiel einen Teil der Hauptforderung beglichen, dann kann nur noch über die Restforderung ein Antrag auf Erlass des Vollstreckungsbescheides gestellt werden.

Übungsfall:

Mit Mahnbescheid wurde eine Hauptforderung in Höhe von 19.500,00 € geltend gemacht. Nach Zustellung des Mahnbescheides zahlt der Antragsgegner 10.000,00 €. Der Prozessbevollmächtigte des Antragstellers beantragt nun wegen des Restbetrages von 9.500,00 € Erlass des Vollstreckungsbescheides.

Bitte erstellen Sie die Vergütungsrechnung für den Anwalt des Antragstellers.

Lösungsvorschlag:

Gegenstandswert: 19.500,00 €/10.000,00 €, § 2 I RVG		
1,0 Mahnverfahrensgebühr aus € 19.500,00		
(§§ 2 II, 13 I RVG), Nr. 3305 VV RVG	€	742,00
0,5 Verfahrensgebühr für den VB aus 9.500,00 €		
(§§ 2 II, 13 I RVG), Nr. 3308 VV RVG	€	279,00
PT-Pauschale, Nr. 7002 VV RVG	€	20,00
Zwischensumme	€	1.041,00
19 % Umsatzsteuer, Nr. 7008 VV RVG	€	197,79
Summe	€	**1.238,79**

Achtung: Die Gebühr für den Vollstreckungsbescheid wird auf die im nachfolgenden Rechtsstreit entstehenden Gebühren **nicht** angerechnet, der RA erhält sie also immer **zusätzlich!**

Und: Die Verfahrensgebühr für den Vollstreckungsbescheid (VB) entsteht neben der Verfahrensgebühr für den Mahnbescheid (MB) nur, wenn innerhalb der Widerspruchsfrist kein Widerspruch erhoben oder der Widerspruch gemäß § 703a II Nr. 4 ZPO beschränkt worden ist.

7. Terminsgebühr

Nach Vorbem. 3.3.2 kann auch im Mahnverfahren eine Terminsgebühr entstehen. Da gerichtliche Termine im Mahnverfahren nicht vorkommen, kommt hier nur die Terminsgebühr für eine sogenannte Erledigungsbesprechung in Betracht, vgl. dazu auch Kap. 10. Die Terminsgebühr könnte somit z.B. entstehen, wenn der RA, nachdem er Mahnbescheid beantragt hat, mit dem Schuldner telefonisch oder in einer persönlichen Besprechung über die Forderung spricht.

Übungsfall:

RA Protz wird beauftragt, einen Mahnbescheid zu beantragen. Er fordert den Gegner mit Fristsetzung zur Zahlung auf und droht die Einleitung eines gerichtlichen Mahnverfahrens an. Der Antragsgegner Börseleer setzt sich telefonisch mit RA Protz in Verbindung. Im Hinblick auf die finanziellen Verhältnisse des Antragsgegners schließen die Parteien eine Ratenzahlungsvereinbarung.

Der Gegenstandswert hat 12.199,40 € betragen.

Bitte erstellen Sie die Vergütungsrechnung von RA Protz.

Lösungsvorschlag:

Gegenstandswert: 12.199,40 €, § 2 I RVG		
0,5 Verfahrensgebühr		
(§§ 2 II, 13 I RVG), Nr. 3306 VV RVG	€	302,00
1,2 Terminsgebühr		
(§§ 2 II, 13 I RVG), Nr. 3104, Vorbem. 3.3.2 VV RVG	€	724,80
1,5 Einigungsgebühr		
(§§ 2 II, 13 I RVG), Nr. 1000 VV RVG	€	906,00
PT-Pauschale, Nr. 7002 VV RVG	€	20,00
Zwischensumme	€	1.952,80
19 % Umsatzsteuer, Nr. 7008 VV RVG	€	371,03
Summe	**€**	**2.323,83**

Abwandlung 1:

RA Protz hatte zunächst Auftrag, den Antragsgegner Börseleer außergerichtlich anzumahnen. Dies hat er getan. Dabei ist eine Geschäftsgebühr in Höhe von 1,3 angefallen. Nach Ablauf des Zahlungstermins erhielt RA Protz von seinem Mandanten den Auftrag, einen Mahnbescheid zu beantragen.

Auftragsgemäß wird Mahnbescheid eingereicht. Nach Zustellung des Mahnbescheides ruft der Börseleer RA Protz an und bespricht die Sache mit ihm. Die Parteien schließen eine Ratenzahlungsvereinbarung.

Bitte erstellen Sie die Vergütungsrechnung von RA Protz für alle Angelegenheiten.

Lösungsvorschlag:

Gegenstandswert: 12.199,40 €, § 2 I RVG
(zwei Angelegenheiten)

1. Außergerichtliche Tätigkeit:
1,3 Geschäftsgebühr

(§§ 2 II, 13 I, 14 I RVG), Nr. 2300 VV RVG	€	785,20
PT-Pauschale, Nr. 7002 VV RVG	€	20,00
Zwischensumme	€	805,20
19 % Umsatzsteuer, Nr. 7008 VV RVG	€	152,99
Summe	€	**958,19**

2. Tätigkeit im Mahnverfahren:
1,0 Mahnverfahrensgebühr

(§§ 2 II, 13 I RVG), Nr. 3305 VV RVG	€	604,00
abzgl. 0,65 Geschäftsgebühr		
Nr. 2300 VV RVG Vorbem. 3 Abs. 4 VV RVG,	./. €	392,60
Zwischensumme	€	211,40
1,2 Terminsgebühr		
(§§ 2 II, 13 I RVG), Nr. 3104, Vorbem. 3.3.2 VV RVG	€	724,80
1,0 Einigungsgebühr		
(§§ 2 II, 13 I RVG), Nr. 1003 VV RVG	€	604,00
PT-Pauschale, Nr. 7002 VV RVG	€	20,00
Zwischensumme	€	1.560,20
19 % Umsatzsteuer, Nr. 7008 VV RVG	€	296,44
Summe	€	**1.856,64**

Abwandlung 2:

RA Protz versendet zunächst ein außergerichtliches Aufforderungsschreiben (1,3 Geschäftsgebühr). Auftragsgemäß wird sodann Mahnbescheid beantragt. Nach Zustellung des Mahnbescheides ruft der Antragsgegner Börseleer an und telefoniert mit RA Protz.

Er versucht RA Protz zur Zurücknahme des Antrages zu bewegen. RA Protz, der die Verzögerungstaktiken des Schuldners bereits kennt, erklärt diesem, dass der Mandant auf eine Titulierung bestehen wird. Der Gegner erhebt Widerspruch. Die Sache geht in das streitige Verfahren über. Im Güteverhandlungstermin schließen die Parteien sodann einen Vergleich.

Bitte erstellen Sie die Vergütungsrechnung von RA Protz für alle Angelegenheiten.

Lösungsvorschlag:

Gegenstandswert: 12.199,40 €, § 2 I RVG
(drei Angelegenheiten)

1. Außergerichtliche Tätigkeit:
1,3 Geschäftsgebühr

(§§ 2 II, 13 I, 14 I RVG), Nr. 2300 VV RVG	€	785,20
PT-Pauschale, Nr. 7002 VV RVG	€	20,00
Zwischensumme	€	805,20
19 % Umsatzsteuer, Nr. 7008 VV RVG	€	152,99
Summe	€	**958,19**

2. Tätigkeit im Mahnverfahren:

1,0 Mahnverfahrensgebühr		
(§§ 2 II, 13 I RVG), Nr. 3305 VV RVG	€	604,00
abzgl. 0,65 Geschäftsgebühr		
Nr. 2300 VV RVG, Vorbem. 3 Abs. 4 VV RVG,	./. €	392,60
Zwischensumme	€	211,40
1,2 Terminsgebühr		
(§§ 2 II, 13 I RVG), Nr. 3104, Vorbem. 3.3.2 VV RVG	€	724,80
PT-Pauschale, Nr. 7002 VV RVG	€	20,00
Zwischensumme	€	956,20
19 % Umsatzsteuer, Nr. 7008 VV RVG	€	181,68
Summe	**€**	**1.137,88**

3. Tätigkeit im gerichtlichen Verfahren, § 17 Nr. 2 RVG:

1,3 Verfahrensgebühr		
(§§ 2 II, 13 I RVG), Nr. 3100 VV RVG	€	785,20
abzgl. 1,0 Mahnverfahrensgebühr, Nr. 3305 VV RVG	./. €	604,00
Zwischensumme	€	181,20
1,2 Terminsgebühr		
(§§ 2 II, 13 I RVG), Nr. 3104 VV RVG	€	724,80
Zwischensumme	€	906,00
abzgl. 1,2 Terminsgebühr, Abs. 4 der Anm. zu Nr. 3104 VV RVG	./. €	724,80
Zwischensumme	€	181,20
1,0 Einigungsgebühr		
(§§ 2 II, 13 I RVG), Nr. 1003 VV RVG	€	604,00
PT-Pauschale, Nr. 7002 VV RVG	€	20,00
Zwischensumme	€	805,20
19 % Umsatzsteuer, Nr. 7008 VV RVG	€	152,99
Summe	**€**	**958,19**

8. Auslagen-Höchstgrenze

Hoppla: Das Mahn- und Vollstreckungsbescheidsverfahren gelten als eine Angelegenheit (= **eine** Abrechnung). Die PT-Pauschale kann daher für **beide** Verfahren lediglich höchstens 20,00 € betragen. Liegt die PT-Pauschale für den Antrag auf Erlass eines Mahnbescheides unter 20,00 €, so kann bis zur Höchstgrenze von 20,00 € für den Antrag auf Erlass eines Vollstreckungsbescheides noch die Differenz gefordert werden. Dabei sollte beachtet werden, dass die PT-Pauschale nach dem RVG 20 % der entstandenen Gebühren beträgt. (Nicht zu verwechseln: Das Mahn- und das streitige Verfahren sind verschiedene Angelegenheiten!)

Beispiel: Hauptforderung 1.000,00 €. Antrag auf Erlass eines Mahnbescheides, sodann Antrag auf Erlass des Vollstreckungsbescheides. Folgende Gebühren und Auslagen sind entstanden:

Wert: 1.000,00 €		
1,0 Mahnverfahrensgebühr, Nr. 3305 VV RVG	€	80,00
PT-Pauschale, Nr. 7002 VV RVG	€	16,00
0,5 Verfahrensgebühr für den VB, Nr. 3308 VV RVG	€	40,00
PT-Pauschale, Nr. 7002 VV RVG	€	4,00

Die PT-Pauschale würde aus 40,00 € eigentlich 8,00 € betragen. Da jedoch für das Mahnverfahren bereits 16,00 € angefallen sind und insgesamt nur 20,00 € berechnet werden dürfen, können für den VB noch 4,00 € berechnet werden.

9. Vertretung des Antragsgegners

Hinweis: Für die Vertretung des Antrags**gegners** erhält der RA eine 0,5 Verfahrensgebühr nach Nr. 3307 VV RVG. Mit dieser Gebühr wird auch die Tätigkeit für die Erhebung des Widerspruchs abgegolten. Auch wenn der Widerspruch begründet wird, erhält der RA nur diese Gebühr und keine zusätzliche.

Und: Auch diese Verfahrensgebühr ist auf eine Verfahrensgebühr des nachfolgenden gerichtlichen Verfahrens anzurechnen, vgl. dazu die Anmerkung zu Nr. 3307 VV RVG!

Übungsfall:

RA Kitzinger erhebt für seinen Mandanten gegen einen Mahnbescheid beim AG Coburg Widerspruch. Es wird auf Antrag des Antragstellervertreters das streitige Verfahren durchgeführt. Nach mündlicher Verhandlung ergeht ein der Klage stattgebendes Urteil. Der Gegenstandswert hat 970,23 € betragen.

Bitte erstellen Sie die Vergütungsrechnung für RA Kitzinger.

Lösungsvorschlag:

1. Mahnverfahren:
Gegenstandswert: 970,23 €, § 2 I RVG
0,5 Verfahrensgebühr (für die Vertretung des Antragsgegners)

(§§ 2 II, 13 I RVG), Nr. 3307 VV RVG	€	40,00
PT-Pauschale, Nr. 7002 VV RVG	€	8,00
Zwischensumme	€	48,00
19 % Umsatzsteuer, Nr. 7008 VV RVG	€	9,12
Summe	€	**57,12**

2. Gerichtliches Verfahren, § 17 Nr. 2 RVG:
Gegenstandswert: 970,23 €, § 2 I RVG
1,3 Verfahrensgebühr

(§§ 2 II, 13 I RVG), Nr. 3100 VV RVG	€	104,00
abzüglich 0,5 Verfahrensgebühr Nr. 3307	./. €	40,00
Zwischensumme	€	64,00
1,2 Terminsgebühr		
(§§ 2 II, 13 I RVG), Nr. 3104 VV RVG	€	96,00
PT-Pauschale, Nr. 7002 VV RVG	€	20,00
Zwischensumme	€	180,00
19 % Umsatzsteuer, Nr. 7008 VV RVG	€	34,20
Summe	€	**214,20**

10. Beratung bei Mahnbescheid

Praxistipp: Es kommt nicht selten vor, dass der Vertreter des Antragsgegners diesem nach Zustellung eines Mahnbescheides rät, die Sache auszugleichen, da die Forderung zu Recht besteht. In diesem Fall, wenn keine Vertretung im Mahnverfahren erfolgt, sollte der Rechtsanwalt eine Gebührenvereinbarung für die Beratung treffen, vgl. dazu § 34 RVG.

> **Beispiel:** Mandant Pleite sucht Rechtsanwalt Geißler auf und lässt sich von diesem beraten. Mandant Pleite hat einen Mahnbescheid über einen Betrag in Höhe von 1.670,00 € erhalten. In diesem ersten Beratungsgespräch überzeugt Rechtsanwalt Geißler Mandant Pleite davon, die Forderung zu bezahlen. Eine weitere Tätigkeit erfolgt von Rechtsanwalt Geißler nicht.
>
> RA Geißler sollte eine Gebührenvereinbarung nach § 34 I RVG abgeschlossen haben, da er beraten hat. Hat er keine Gebührenvereinbarung abgeschlossen, kann er, da es sich um ein erstes Beratungsgespräch gehandelt hat und der Auftraggeber Verbraucher ist, max. 190,00 € abrechnen.

11. Zusammenfassung

Wir halten fest:

- Der RA des Antragsstellers kann im gerichtlichen Mahnverfahren eine 1,0 Mahnverfahrensgebühr nach Nr. 3305 VV RVG und eine 0,5 Verfahrensgebühr für den Vollstreckungsbescheid nach Nr. 3308 VV RVG verdienen.
- Der RA des Antragsgegners kann im Mahnverfahren eine 0,5 Verfahrensgebühr nach Nr. 3307 VV RVG verdienen.
- Die Gegenstandswerte richten sich immer nach dem „Umfang der Tätigkeit". Wird nur wegen eines Teilbetrags Vollstreckungsbescheid beantragt, erhält der jeweilige RA auch nur aus diesem Teilbetrag die Gebühren.
- Das Mahnverfahren und das streitige Verfahren bilden nach § 17 Nr. 2 RVG verschiedene Angelegenheiten mit der Folge, dass die Verfahren gesondert abzurechnen sind (zwei Rechnungen, zweimal PT-Pauschale).
- Die Verfahrensgebühr für die Vertretung des Antragstellers im Verfahren auf Erlass eines Mahnbescheides und die Verfahrensgebühr für die Vertretung des Antragsgegners werden bei weitergehender Tätigkeit des Rechtsanwalts im streitigen Verfahren angerechnet.
- Die Verfahrensgebühr für die Vertretung des Antragstellers im VB-Verfahren ist nicht anzurechnen.
- Mahn- und Vollstreckungsbescheidsverfahren bilden eine Angelegenheit, d.h., eine Vergütungsrechnung, 1 × Auslagen, bei der Pauschale max. 20,00 €.
- Die Erhöhung kann der RA des Antragstellers entweder auf die Verfahrensgebühr für den MB oder die Verfahrensgebühr für den VB erhalten, je nachdem, wann er zum ersten Mal tätig geworden ist. Zweimal bekommt er sie nicht.
- Die Erhöhung kann auch auf die Verfahrensgebühr für die Vertretung des Antragsgegners anfallen.
- Im Mahnverfahren kann eine Terminsgebühr entstehen für eine Erledigungsbesprechung, Vorbem. 3.2.2.

- Eine im Mahnverfahren entstandene Terminsgebühr ist auf eine Terminsgebühr für ein späteres gerichtliches Verfahren anzurechnen, Abs. 4 der Anm. zu Nr. 3104 VV RVG.
- Die Mindestgerichtskosten für den Mahnbescheid betragen seit dem 01.08.2013 32,00 €; im Übrigen betragen die Gerichtskosten 0,5 nach Nr. 1100 KV GKG.

Kapitel 16
Unterbevollmächtigter und
Korrespondenzanwalt

1. Allgemeines

Bei den nicht zum Prozessbevollmächtigten bestellten Vertretern wird unterschieden zwischen Korrespondenzanwalt (auch Verkehrsanwalt genannt) und Unterbevollmächtigtem.

Führung des Schriftverkehrs zwischen Auftraggeber und Prozessbevollmächtigtem	Korrespondenzanwalt oder Verkehrsanwalt	Nr. 3400 VV RVG
Vertretung in der mündlichen Verhandlung	Unterbevollmächtigter	Nr. 3401 VV RVG Nr. 3402 VV RVG

2. Korrespondenzanwalt

Wie bereits oben ausgeführt, ist der Korrespondenzanwalt nicht Prozessbevollmächtigter. Prozessbevollmächtigter ist vielmehr der Rechtsanwalt am auswärtigen Gericht. Oft ist auch der Rechtsanwalt der 1. Instanz Korrespondenzanwalt (auch Verkehrsanwalt genannt), z.B. für den beim BGH zugelassenen Prozessbevollmächtigten in der Rechtsmittelinstanz.

Deshalb: Wird ein RA mit der Vertretung und Prozessführung vor einem fremden Gericht beauftragt, so ist er der Prozessbevollmächtigte, der auch die Schriftsätze bei Gericht einreicht oder Termine wahrnimmt, auch wenn ein anderer RA am Wohnort des Mandanten z.B. die Schriftsätze fertigt und dem Prozessbevollmächtigten zur Fertigstellung auf dessen Briefkopf zukommen lässt. Früher nannte man den Prozessbevollmächtigten auch „Stempelanwalt", weil er meist auf dem Schriftsatz ohne Briefkopf seinen Kanzleistempel anbrachte. Später wurde dann ein solcher Schriftsatz auf den eigenen Briefbogen kopiert. Im Zeitalter von elektronischer Post benötigt man solche Hilfsmittel nicht mehr.

Achtung: Der Rechtsanwalt am Wohnort des Mandanten ist der **Korrespondenzanwalt (auch Verkehrsanwalt genannt)**, denn er führt die Korrespondenz zwischen dem Prozessbevollmächtigten und der Mandantschaft.

Nr. 3400 VV RVG besagt: *„Der Auftrag beschränkt sich auf die **Führung des Verkehrs** der Partei oder des Beteiligten mit dem Verfahrensbevollmächtigten."*

Der **Korrespondenzanwalt** erhält nach Nr. 3400 VV RVG eine Verfahrensgebühr in Höhe der dem Verfahrensbevollmächtigten zustehenden Verfahrensgebühr, höchstens 1,0, bei Betragsrahmengebühren höchstens 420,00 €.

Aufgepasst: Damit erhält der Korrespondenzanwalt auch dann nur eine 1,0 Verfahrensgebühr, wenn der BGH-Anwalt als Prozessbevollmächtigtem beispielsweise eine 2,3 Verfahrensgebühr zusteht.

3. Übersicht über die Verfahrensgebühr des Korrespondenzanwalts

Die nachfolgende Übersicht soll die anfallende Verfahrensgebühr für den Korrespondenzanwalt verdeutlichen:

Prozessbevollmächtigter	Korrespondenzanwalt
1,3 Verfahrensgebühr, Nr. 3100 VV RVG	1,0 Verfahrensgebühr, Nr. 3400 i. V. m. 3100 VV RVG
1,6 Verfahrensgebühr, Nr. 3200 VV RVG	1,0 Verfahrensgebühr, Nr. 3400 i. V. m. 3200 VV RVG
0,8 Verfahrensgebühr, Nr. 3101 Nr. 1–3 VV RVG	0,8 Verfahrensgebühr, Nr. 3400 i. V. m. Nr. 3101 Nr. 1–3 VV RVG
2,3 Verfahrensgebühr, Nr. 3208 VV RVG	1,0 Verfahrensgebühr, Nr. 3400 i. V. m. Nr. 3208 VV RVG
1,1 Verfahrensgebühr, Nr. 3201 VV RVG	1,0 Verfahrensgebühr, Nr. 3400 i. V. m. Nr. 3201 VV RVG

Übungsfall:

In einem Verfahren vor dem Bundesgerichtshof wird der in I. und II. Instanz zuvor tätige Rechtsanwalt des Klägers, Rechtsanwalt März, als Korrespondenzanwalt tätig. Er soll lediglich den Schriftverkehr mit dem am BGH zugelassenen Rechtsanwalt, Herrn Prof. Dr. Groß, führen.

Der BGH-Anwalt vertritt in dem Revisionsverfahren vor dem Bundesgerichtshof (BGH) den Kläger und nimmt an einer mündlichen Verhandlung in Karlsruhe (Sitz des BGH) teil. Der BGH weist die Revision jedoch kostenpflichtig zurück. Die Angelegenheit ist damit beendet. Der Gegenstandswert beträgt 233.000,00 €.

Bitte erstellen Sie die Vergütungsrechnung

a) für Rechtsanwalt März (Korrespondenzanwalt).

b) für Rechtsanwalt Prof. Dr. Groß (**BGH-Anwalt**).

Lösungsvorschlag:

a) Gebühren Rechtsanwalt März (Korrespondenzanwalt):
Gegenstandswert: 233.000,00 €, § 2 I RVG
1,0 Verfahrensgebühr

(§§ 2 II, 13 I RVG), Nr. 3400 i. V. m. 3206 VV RVG	€	2.253,00
PT-Pauschale, Nr. 7002 VV RVG	€	20,00
Zwischensumme	€	2.273,00
19 % Umsatzsteuer, Nr. 7008 VV RVG	€	431,87
Summe	**€**	**2.704,87**

b) Gebühren Rechtsanwalt Prof. Dr. Groß (BGH-Anwalt):
Gegenstandswert: 233.000,00 €, § 2 I RVG
2,3 Verfahrensgebühr

(§§ 2 II, 13 I RVG), Nr. 3208 VV RVG	€	5.181,90
1,5 Terminsgebühr		
(§§ 2 II, 13 I RVG), Nr. 3210 VV RVG	€	3.379,50
Zwischensumme	€	8.561,40
PT-Pauschale, Nr. 7002 VV RVG	€	20,00
Zwischensumme	€	8.581,40
19 % Umsatzsteuer, Nr. 7008 VV RVG	€	1.630,47
Summe	**€**	**10.211,87**

Hinweis: Wenn sich die Parteien oder Beteiligten nur durch einen beim BGH zugelassenen Rechtsanwalt vertreten lassen können, beträgt die Verfahrensgebühr für diesen BGH-Anwalt Nr. 3206 VV RVG 2,3 und nicht 1,6. Die 1,6 Verfahrensgebühr in einem Revisionsverfahren nach Nr. 3206 VV RVG erhält der Rechtsanwalt z.B. für die Vertretung in einem Revisionsverfahren vor dem Bundesarbeitsgericht. Vor dem Bundesarbeitsgericht ist eine spezielle Zulassung des Rechtsanwalts nicht erforderlich. Hier kann jeder Rechtsanwalt aus Deutschland auftreten. Anders beim BGH. In Zivilsachen (nicht in Strafsachen, nicht in Patentnichtigkeitsverfahren) können sich die Parteien nur durch einen speziell beim Bundesgerichtshof zugelassenen Rechtsanwalt vertreten lassen.

Bei der Verfahrensgebühr für den Verkehrsanwalt ist neben VV-Nr. 3400 auch die VV-Nr. 3206 anzugeben. Nr. 3208 VV RVG wäre hier falsch, da diese Gebühr NUR dem beim BGH zugelassenen Anwalt zusteht.

Achtung: Verdient der Prozessbevollmächtigte lediglich eine ermäßigte Verfahrensgebühr, da sich die Angelegenheit vorzeitig erledigt, so ermäßigt sich die Verfahrensgebühr des Korrespondenzanwalts entsprechend.

Aufgepasst! Eine **Erhöhung** nach Nr. 1008 VV RVG für mehrere Auftraggeber **entsteht nicht nur für** den Prozessbevollmächtigten, sondern auch für den Korrespondenzanwalt. Das entspricht der herrschenden Meinung.

Aha: Eine Vergütung nach Nr. 3400 VV RVG entsteht auch, wenn im Einverständnis mit dem Auftraggeber mit der Übersendung der Akten an den Rechtsanwalt des höheren Rechtszugs gutachterliche Äußerungen verbunden sind.

Übungsfall:

RA Bach, der vor dem OLG München tätig geworden ist, übersendet an RA Prof. Dr. Martens in Karlsruhe die Handakten im Fall Schneider ./. Kranz und äußert sich auftragsgemäß gutachterlich zum vorliegenden Rechtsfall.

Bitte erstellen Sie die Vergütungsrechnung von RA Bach.

Lösungsvorschlag:

Gebühren RA Bach in München (Korrespondenzanwalt):
Gegenstandswert 2.500,00 €, § 2 I RVG
1,0 Verfahrensgebühr
(§§ 2 II, 13 I RVG),

Nr. 3400 i. V. m. 3100 VV RVG	€	201,00
PT-Pauschale, Nr. 7002 VV RVG	€	20,00
Zwischensumme	€	221,00
19 % Umsatzsteuer, Nr. 7008 VV RVG	€	41,99
Summe	**€**	**262,99**

Prüfungstipp: Achten Sie in der Abschlussprüfung auf die Formulierung. So fällt für die Prüfung der Erfolgsaussichten eines Rechtsmittels gegenüber der Partei eine Gebühr von 0,5 bis 1,0 nach Nr. 2100 VV RVG an (mit Gutachten 1,3 nach Nr. 2101 VV RVG). Die gutachterlichen Äußerungen gegenüber einem Anwalt des höheren Rechtszugs werden aber über Nr. 3400 VV RVG abgerechnet.

Endet der Auftrag, bevor der Verfahrensbevollmächtigte oder der Rechtsanwalt gegenüber dem Verfahrensbevollmächtigten tätig geworden ist, entsteht für die vorzeitige Beendigung eine 0,5 Verfahrensgebühr nach Nr. 3405 Nr. 1 VV RVG.

Wir halten fest:

- Der Korrespondenzanwalt wird auch Verkehrsanwalt genannt.
- Der Korrespondenzanwalt ist der RA, der den Schriftverkehr mit der Partei führt und bei Gericht nicht als Prozessbevollmächtigter tätig wird.
- Der Korrespondenzanwalt kann eine Verfahrensgebühr verdienen in Höhe der Verfahrensgebühr eines Verfahrensbevollmächtigten (Prozessbevollmächtigten), jedoch höchstens in Höhe von 1,0 bzw. bei Betragsrahmengebühren max. 420,00 €, auch wenn die Verfahrensgebühr für den Verfahrensbevollmächtigten höher ist, Nr. 3400 VV RVG.
- Die Erhöhung fällt nach herrschender Meinung neben der Verfahrensgebühr zusätzlich an.
- Eine Terminsgebühr kann der Korrespondenzanwalt nach der herrschenden Meinung in der Literatur nicht berechnen, vgl. Abs. 1 der Vorbem. 3.4. VV RVG.
- Der Korrespondenzanwalt kann die Gebühr nach Nr. 3400 VV RVG auch verdienen, wenn er im Einverständnis mit dem Auftraggeber mit der Übersendung der Akten an den Rechtsanwalt des höheren Rechtszugs gutachterliche Äußerungen verbindet.
- Die vorzeitige Beendigung löst eine 0,5 Verfahrensgebühr bzw. bei Betragsrahmengebühren höchstens 210,00 € aus, Nr. 3405 Nr. 1 VV RVG.

4. Haupt- und Unterbevollmächtigter

Es ist möglich, dass ein Verfahren vor einem Gericht durchgeführt werden muss, das vom Kanzleiort bzw. Wohnort des Mandanten weit entfernt ist. Für den Mandanten besteht nun die Möglichkeit,

1. einen Rechtsanwalt am Gerichtsort zu beauftragen,
2. seinen Prozessbevollmächtigten an seinem Wohnort zu einem etwaigen Verhandlungstermin anreisen zu lassen, oder aber,
3. einen Rechtsanwalt in Untervollmacht seines Prozessbevollmächtigten auftreten zu lassen.

Mit dieser letzten Möglichkeit wollen wir uns nun weiter beschäftigen.

Der Einfachheit halber sollen hier das Tätigkeitsgebiet des Unter- bzw. Hauptbevollmächtigten und die entsprechenden wichtigsten Gebühren der 1. Instanz in einer Tabelle veranschaulicht werden:

Hauptbevollmächtigter/ Prozessbevollmächtigter	reicht Klage ein, führt den gesamten Schriftwechsel mit Gericht und Mandant	1,3 Verfahrensgebühr Nr. 3100 VV RVG
Unterbevollmächtigter	nimmt den Termin wahr	0,65 halbe Verfahrensgebühr Nr. 3401 VV RVG Terminsgebühr je nach Verhandlung Nr. 3104 oder Nr. 3105 VV RVG

5. Verfahrensgebühr des Unterbevollmächtigten

Der Unterbevollmächtigte erhält die Hälfte der Verfahrensgebühr des Verfahrensbevollmächtigten (Hauptbevollmächtigter oder auch Prozessbevollmächtigter genannt), Nr. 3401 VV RVG.

Damit können beispielsweise folgende Verfahrensgebühren für den Unterbevollmächtigten in der 1. Instanz entstehen:

- 0,65 Verfahrensgebühr nach Nr. 3401 VV RVG i. V. m. Nr. 3100 VV RVG
- 0,4 Verfahrensgebühr nach Nr. 3401 VV RVG i. V. m. Nr. 3101 Nr. 1 VV RVG, wenn sich auch die Angelegenheit für den Hauptbevollmächtigten vorzeitig erledigt (was in der Praxis äußerst selten der Fall sein dürfte, da der Unterbevollmächtigte in der Regel erst dann beauftragt wird, wenn die Klage schon zumindest eingereicht ist)
- 0,5 Verfahrensgebühr nach Nr. 3405 Nr. 2 VV RVG, wenn der Auftrag endet, bevor der Termin begonnen hat
- 0,8 Verfahrensgebühr nach Nr. 3401 VV RVG i. V. m. Nr. 3200 VV RVG
- 0,55 Verfahrensgebühr nach Nr. 3401 VV RVG i. V. m. Nr. 3201 VV RVG

Achtung: Ein Unterbevollmächtigter kann auch in einem Berufungsverfahren neben dem Hauptbevollmächtigten den Auftraggeber vertreten. Hier sind die Verfahrensgebühren entsprechend anzupassen. So würde beispielsweise die Verfahrensgebühr eines Unterbevollmächtigten im Berufungsverfahren 0,8 nach Nr. 3401 VV RVG i.V.m. Nr. 3200 VV RVG betragen.

Prüfungstipp: Bitte beachten Sie unbedingt, dass bei den Gebühren des Unterbevollmächtigten immer beide Vergütungsverzeichnisnummern angegeben werden müssen. D.h. für die Verfahrensgebühr ist grundsätzlich die Nr. 3401 VV RVG (bei vorzeitiger Beendigung Nr. 3405 VV RVG) anzugeben. Da aber erst aus der zweiten Vergütungsverzeichnisnummer klar wird, wie sich die Verfahrensgebühr konkret berechnet, ist auch die weitere VV-Nummer, beispielsweise für die erste Instanz Nr. 3100 VV RVG anzugeben. Sie können dies oben an den Beispielen der Vergütungsverzeichnisnummer gut sehen. So würde beispielsweise für den Mandanten nicht klar sein wie man auf eine 0,65 Verfahrensgebühr kommt, wenn man lediglich die Nr. 3401 VV RVG angibt, nicht aber i.V.m. Nr. 3100 VV RVG. Da die Verfahrens- und Terminsgebühr eben sowohl in der ersten als auch in der Rechtsmittelinstanz entstehen kann, ist die Angabe der zwei VV-Nummern zwingend erforderlich. Allein die Angabe der Nr. 3401 oder Nr. 3402 VV RVG reicht nicht für die volle Punktzahl aus.

6. Terminsgebühr

Bei der Teilnahme an einem Verhandlungs-, Erörterungs- oder Beweisaufnahmetermin erhält der **Unterbevollmächtigte** eine 1,2 Terminsgebühr gemäß Nr. 3402 VV RVG i. V. m. Nr. 3104 VV RVG.

Ausnahme: Nimmt der Unterbevollmächtigte nur einen Termin war, in dem ein Antrag zur Prozess- oder Sachleitung oder auf Erlass eines Versäumnisurteils gestellt wird, weil eine Partei nicht erschienen oder nicht ordnungsgemäß vertreten war, erhält der Unterbevollmächtigte eine Terminsgebühr in Höhe von 0,5 nach Nr. 3402 VV RVG i.V.m. Nr. 3105 VV RVG für die 1. Instanz.

> **Vorsicht:** Der **Hauptbevollmächtigte erhält nicht automatisch auch eine** Terminsgebühr, nur weil der Unterbevollmächtigte eine solche verdient.

Aber: Der Hauptbevollmächtigte kann die Terminsgebühr dadurch auslösen, dass er beispielsweise mit dem Gegenanwalt oder Gegner eine Besprechung führt, die auf die Erledigung des Verfahrens gerichtet ist, da die Terminsgebühr nach Abs. 3 der Vorbem. 3 VV RVG für derartige Besprechungen ausgelöst werden kann, wenn der RA Prozessauftrag hat.

Übungsfall:

RA Kurz (Hamburg) reicht für Fritz Fischer (Hamburg) Klage gegen Franz Lehmann beim LG München I ein. Gegenstandswert: 6.555,00 €. Im Termin zur mündlichen Verhandlung erscheint RA Lang aus München I. Es kommt zu einer streitigen Verhandlung. Danach ergeht ein klageabweisendes Urteil.

Bitte berechnen Sie die Vergütung von RA Kurz und RA Lang.

Lösungsvorschlag:

Die Vergütung von RA Kurz und RA Lang:

RA Kurz aus Hamburg (Hauptbevollmächtigter):
Gegenstandswert: 6.555,00 €, § 2 I RVG

1,3 Verfahrensgebühr		
(§§ 2 II, 13 I RVG), Nr. 3100 VV RVG	€	526,50
PT-Pauschale, Nr. 7002 VV RVG	€	20,00
Zwischensumme (Übertrag)	€	546,50

Zwischensumme (Übertrag)	€	546,50
19 % Umsatzsteuer, Nr. 7008 VV RVG	€	103,84
Summe	€	**650,34**

RA Lang aus München (Unterbevollmächtigter):
Gegenstandswert: 6.555,00 €, § 2 I RVG

0,65 Verfahrensgebühr		
(§§ 2 II, 13 I RVG), Nr. 3401 VV RVG		
i. V. m. Nr. 3100 VV RVG	€	263,25
1,2 Terminsgebühr		
(§§ 2 II, 13 I RVG), Nr. 3402 VV RVG i. V. m.		
Nr. 3104 VV RVG	€	486,00
PT-Pauschale, Nr. 7002 VV RVG	€	20,00
Zwischensumme	€	769,25
19 % Umsatzsteuer, Nr. 7008 VV RVG	€	146,16
Summe	€	**915,41**

Abwandlung:

Fall wie zuvor. Jedoch findet nun eine nicht streitige Verhandlung statt, da der Beklagte gar nicht zum Termin erscheint und antragsgemäß Versäumnisurteil ergeht.

Bitte berechnen Sie die Vergütung von RA Kurz und RA Lang.

Lösungsvorschlag:

RA Kurz aus Hamburg (Hauptbevollmächtigter):
Gegenstandswert: 6.555,00 €, § 2 I RVG

1,3 Verfahrensgebühr		
(§§ 2 II, 13 I RVG), Nr. 3100 VV RVG	€	526,50
PT-Pauschale, Nr. 7002 VV RVG	€	20,00
Zwischensumme	€	546,50
19 % Umsatzsteuer, Nr. 7008 VV RVG	€	103,84
Summe	€	**650,34**

RA Lang aus Hamburg (Unterbevollmächtigter):
Gegenstandswert: 6.555,00 €, § 2 I RVG

0,65 Verfahrensgebühr		
(§§ 2 II, 13 I RVG), Nr. 3401 VV RVG i. V. m. Nr. 3100 VV RVG	€	263,25
0,5 Terminsgebühr		
(§§ 2 II, 13 I RVG), Nr. 3402 VV RVG i. V. m. Nr. 3105 VV RVG	€	202,50
PT-Pauschale, Nr. 7002 VV RVG	€	20,00
Zwischensumme	€	485,75
19 % Umsatzsteuer, Nr. 7008 VV RVG	€	92,29
Summe	€	**578,04**

Aufgepasst: Eine Erhöhung der Verfahrensgebühr nach **Nr. 1008 VV** RVG kann auch beim Unterbevollmächtigten entstehen!

Übungsfall:

RA Voigt aus Bremen nimmt vor dem Landgericht Bremen einen Termin in Untervollmacht für RA Bogs aus Dormagen klägerseits wahr, in dem streitig verhandelt wird. Die Kläger sind Horst und Annemarie Meyer aus Dormagen. Der Gegenstandswert hat 6.322,00 € betragen.

Bitte erstellen Sie die Vergütungsrechnung für RA Voigt.

Lösungsvariante a):

RA Bogs aus Dormagen (Hauptbevollmächtigter):
Gegenstandswert: 6.322,00 €, § 2 I RVG

1,3 Verfahrensgebühr		
(§§ 2 II, 13 I RVG), Nr. 3100 VV RVG	€	526,50
0,3 Erhöhung		
(§§ 2 II,13 I RVG), Nr. 1008 VV RVG	€	121,50
PT-Pauschale, Nr. 7002 VV RVG	€	20,00
Zwischensumme	€	668,00
19 % Umsatzsteuer, Nr. 7008 VV RVG	€	126,92
Summe	€	**794,92**

RA Voigt aus Bremen (Unterbevollmächtigter):
Gegenstandswert: 6.322,00 €, § 2 I RVG

0,65 Verfahrensgebühr		
(§§ 2 II, 13 I RVG), Nr. 3401 VV RVG i. V. m. Nr. 3100 VV RVG	€	263,25
0,3 Erhöhung		
(§§ 2 II, 13 I RVG), Nr. 1008 VV RVG	€	121,50
1,2 Terminsgebühr		
(§§ 2 II, 13 I RVG), Nr. 3402 VV RVG i. V. m. Nr. 3104 VV RVG	€	486,00
PT-Pauschale, Nr. 7002 VV RVG	€	20,00
Zwischensumme	€	890,75
19 % Umsatzsteuer, Nr. 7008 VV RVG	€	169,24
Summe	€	**1.059,99**

Man kann auch schreiben:

Lösungsvariante b):

RA Bogs aus Dormagen (Hauptbevollmächtigter):
Gegenstandswert: 6.322,00 €, § 2 I RVG

1,6 **erhöhte** Verfahrensgebühr		
(§§ 2 II, 13 I RVG), Nrn. 3100, 1008 VV RVG	€	648,00
PT-Pauschale, Nr. 7002 VV RVG	€	20,00
Zwischensumme	€	668,00
19 % Umsatzsteuer, Nr. 7008 VV RVG	€	126,92
Summe	€	**794,92**

RA Voigt aus Bremen (Unterbevollmächtigter):
Gegenstandswert: 6.322,00 €, § 2 I RVG

0,95 **erhöhte** Verfahrensgebühr		
(§§ 2 II, 13 I RVG), Nrn. 3401 VV RVG i. V. m. Nr. 3100, 1008 VV RVG	€	384,75
1,2 Terminsgebühr		
(§§ 2 II, 13 I RVG), Nr. 3402 VV RVG i. V. m. Nr. 3104 VV RVG	€	486,00
PT-Pauschale, Nr. 7002 VV RVG	€	20,00
Zwischensumme (Übertrag)	€	890,75

Zwischensumme (Übertrag)	€	890,75
19 % Umsatzsteuer, Nr. 7008 VV RVG	€	169,24
Summe	**€**	**1.059,99**

Erläuterung: Warum wird hier neben Nr. 3401 VV RVG die Nr. 3100 VV RVG mit angegeben? Weil in Nr. 3401 VV RVG nicht auf Nr. 3100 VV RVG verwiesen wird, sondern vielmehr lediglich geregelt ist, dass der Unterbevollmächtigte die Hälfte der dem Verfahrensbevollmächtigten zustehenden Verfahrensgebühr erhält. Welche Verfahrensgebühr das ist (Nr. 3100 oder 3101 oder 3200) ergibt sich erst aus der Fallgestaltung. Aus diesem Grund ist die entsprechende Nr. der Verfahrensgebühr mitanzugeben! Bei der Verfahrensgebühr für den Unterbevollmächtigten geht die Verfasserin mit der herrschenden Meinung davon aus, dass die Erhöhung Nr. 1008 unvermindert anfällt und nicht nur zu Hälfte.

Prüfungstipp: Der vorangegangene Übungsfall ist ein schönes Beispiel dafür, was so alles im Gebührenrecht streitig ist. Die Experten diskutieren auch 11 Jahre nach In-Kraft-Treten des RVG immer noch darüber:

- ob die Erhöhung eine eigenständige Gebühr ist, oder aber nur ein Erhöhungsfaktor (als eigenständige Gebühr wäre die Schreibweise unter Lösungsvariante a) richtig, als Erhöhungsfaktor Lösungsvariante b). Für eine eigenständige Gebühr spricht die Formulierung in Vorbem. 1 („Die Gebühren dieses Teils …"); für den Erhöhungsfaktor spricht die Formulierung in Nr. 1008 („… erhöht sich …");
- ob der Unterbevollmächtigte überhaupt die Erhöhung erhält;
- und wenn er sie erhält, ob er nur die Hälfte der Erhöhung mit 0,15 oder aber die „volle" Erhöhung mit 0,3 abrechnen kann.

Die herrschende Meinung in der Literatur ist zur Zeit der Auffassung, dass der Unterbevollmächtigte die Erhöhung voll erhält (Stand: September 2015). Es kann sein, dass sich dies irgendwann durch Rechtsprechung ändert.

Nach meiner Auffassung sollten in Prüfungen beide Lösungsvarianten zugelassen werden; ein Streit unter Gebührenexperten sollte nie zu Lasten des Prüflings gehen. Welche Auffassung die einzelnen Prüfungsausschüsse vertreten und ob und wann sie ihre Meinungen ändern, kann ich naturgemäß nicht sagen. Sie sollten sich daher mit Ihren Lehrkräften über dieses Thema unterhalten und grundsätzlich abklären, ob es bestimmte Vorgaben gibt, die eingehalten werden müssen.

7. Entstehung und Erstattungsfähigkeit

Wenn ein Mandant mehreren Rechtsanwälten in derselben Angelegenheit einen Auftrag erteilt hat, muss er grundsätzlich auch für die Mehrkosten aufkommen. Unterschieden werden muss insbesondere bei diesen Gebühren immer nach **Entstehung und Erstattungsfähigkeit**. Sind mehrere Rechtsanwälte in einem Prozess tätig geworden, so sind entsprechend ihrer Tätigkeit die jeweiligen Gebühren auch entstanden. Ob diese Gebühren vom unterlegenen Gegner auch zu erstatten sind, steht auf einem anderen Blatt. Regelmäßig treten Probleme auf, wenn es um die **Erstattungsfähigkeit** dieser Mehrkosten geht. Wenn der Unterlegene die Kosten des Verfahrens tragen muss, prüft das Gericht genau, ob die Einschaltung eines weiteren Rechtsanwalts zur **zweckentsprechenden Rechtsverfolgung oder Rechtsverteidigung** wirklich **notwendig** gewesen ist, **§ 91 ZPO**.

Da Rechtsprechung zur Erstattungsfähigkeit von Gebühren in der Regel nicht Gegenstand der Abschlussprüfung zur/zum RA-Fachangestellten ist, erfolgen hier keine weiteren Ausführungen. Den Grundsatz des § 91 ZPO sollten Sie jedoch kennen, siehe oben.

Kapitel 17
Prozesskostenhilfe

1. Prozesskostenhilfevoraussetzungen

Kann ein Mandant die Prozesskosten

- nicht,
- nur zum Teil oder
- nur in Raten aufbringen,

ist zu prüfen, ob er Anspruch auf Prozesskostenhilfe (PKH) hat. Hierzu wird ein entsprechender Antrag an das Prozessgericht übermittelt (das Gericht, das für die Klage zuständig wäre bzw. ist), der Sachverhalt mit Angabe der Beweismittel wird dargelegt und eine Erklärung über die persönlichen und wirtschaftlichen Verhältnisse des Mandanten beigefügt. Nur in den Fällen, in denen die beabsichtigte Rechtsverfolgung oder -verteidigung nicht mutlos erscheint, Aussicht auf Erfolg besteht und die persönlichen und wirtschaftlichen Verhältnisse des Mandanten entsprechend schlecht sind, kann PKH bewilligt werden.

PKH kann in zivilgerichtlichen und arbeitsgerichtlichen Verfahren, in Verfahren der freiwilligen Gerichtsbarkeit, in Verfahren der besonderen Gerichtsbarkeit (Verwaltungsgerichts-, Sozialgerichts-, Finanzgerichtsverfahren) sowie anderen Fällen beantragt werden.

Und: Ist einem Mandanten PKH bewilligt, so übernimmt der Staat die Gerichtskosten, Anwaltsgebühren, Sachverständigenauslagen und Zeugenauslagen.

Zu beachten ist: Verliert die „arme Partei" den Prozess, muss sie dennoch dem Gegner die Gebühren seines RA ersetzen. Diese Gebühren berechnen sich nach der Tabelle zu § 13 I RVG! Die „arme Partei" schuldet somit die „normalen" Gebühren. Siehe dazu auch § 123 ZPO! **Lesen!** Auf dieses Prozesskostenrisiko ist die Partei bei Klageerhebung hinzuweisen.

2. Vergütung für das PKH-Bewilligungsverfahren

Es gibt Mandanten, die die Klage nur dann einreichen wollen, wenn ihnen PKH bewilligt wird, weil sie die Prozesskosten für das Hauptsacheverfahren nicht aufbringen könnten. Andere beauftragen den Rechtsanwalt mit der Einreichung der Klage und dem gleichzeitigen Antrag auf PKH. Sie wollen die Klage in jedem Fall vor Gericht anhängig machen, unabhängig davon, ob sie PKH bewilligt erhalten, oder nicht. Im Bewilligungsverfahren (auch PKH-Prüfungsverfahren) wird zunächst nur geprüft, ob der Antragsteller Anspruch auf PKH hat. Die Klage ist dann noch nicht eingereicht. Reicht der RA einen Antrag auf Bewilligung von PKH somit zusammen mit einem Klageentwurf (zur Darlegung des Sach- und Streitgegenstands unter Angabe der Beweismittel) ein und wird die Bewilligung abgelehnt und Klage nicht erhoben, erhält der RA eine Verfahrensgebühr in Höhe einer Verfahrensgebühr für das Verfahren, für das die Prozesskostenhilfe beantragt wird, höchstens 1,0 Verfahrensgebühr gemäß Nr. 3335 VV RVG.

> **Achtung:** Die Gebühren für das Bewilligungsverfahren richten sich nach der normalen Tabelle zu § 13 I RVG!

> **Vorsicht:** Wird der RA als Prozessbevollmächtigter beigeordnet und führt er das Klageverfahren ebenfalls durch, kann er die Gebühren nur einmal berechnen, da nach § 16 Nr. 2 RVG das PKH-Bewilligungsverfahren und das Verfahren, für das die PKH beantragt worden ist (das Hauptsacheverfahren) dieselbe Angelegenheit darstellen und nach § 15 II RVG in derselben Angelegenheit die Gebühren nur einmal abgerechnet werden dürfen.

Und: Nach § 16 Nr. 3 RVG sind auch mehrere Verfahren über die PKH in demselben Rechtszug dieselbe Angelegenheit!

Zu beachten ist: Gegenstandswert des PKH-Bewilligungsverfahrens ist der Wert der Hauptsache, § 23a I RVG. Eine Addition der Werte findet nicht statt, § 23a II RVG.

Übungsfall:

Heinz Kalkofen aus Hamburg will Günther Krone auf Rückzahlung eines Darlehens von **9.455,00 €** verklagen und beauftragt RAin Dr. Siebold, weil die Voraussetzungen des § 114 ZPO vorliegen würden, mit der Beantragung der Bewilligung von PKH für das Klageverfahren. Die Klage soll noch nicht eingereicht werden. Das Gericht bestimmt im Bewilligungsverfahren Termin zur mündlichen Verhandlung und lädt zur Feststellung der Erfolgsaussichten vorsorglich eine Zeugin.

Nach Erörterung der Sach- und Rechtslage und Vernehmung der Zeugin ergeht ein Beschluss, wonach die Bewilligung von PKH versagt wird. Heinz Kalkofen möchte die Klage nicht ohne PKH einreichen und das Verfahren nicht fortsetzen.

Bitte erstellen Sie die Vergütungsrechnung von RAin Dr. Siebold.

Lösungsvorschlag:

Gegenstandswert: 9.455,00 €, § 2 I RVG, § 23a I RVG

1,0 Verfahrensgebühr		
(§§ 2 II, 13 I RVG), Nr. 3335 VV RVG	€	558,00
1,2 Terminsgebühr		
(§§ 2 II, 13 I RVG, Vorbem. 3.3.6 VV RVG), Nr. 3104 VV RVG	€	669,60
PT-Pauschale, Nr. 7002 VV RVG	€	20,00
Zwischensumme	€	1.247,60
19 % Umsatzsteuer, Nr. 7008 VV RVG	€	237,04
Summe	€	**1.484,64**

Hoppla: Der RA erhält im PKH-Bewilligungsverfahren immer max. eine 1,0 Gebühr, sowohl in der ersten als auch der Rechtsmittelinstanz.

Aha: Wäre aber die Verfahrensgebühr für das Verfahren, für das PKH beantragt wird, niedriger, ist auch die Verfahrensgebühr für das PKH-Verfahren niedriger als 1,0; denn in Nr. 3335 VV RVG heißt es: „max. 1,0". Wird z.B. PKH für die Zwangsvollstreckung beantragt, die eine 0,3 Verfahrensgebühr nach Nr. 3309 VV RVG auslöst, kann der RA auch für den PKH-Antrag nur eine 0,3 Verfahrensgebühr nach Nr. 3335 VV RVG verlangen.

Weitere Ausnahme: Eine vorzeitige Beendigung löst nur eine 0,5 Gebühr nach Nr. 3337 VV RVG aus!

Achtung: Der Rechtsanwalt kann eine Terminsgebühr nach Vorbem. 3.3.6 verdienen, die in erster und zweiter Instanz 1,2 beträgt!

Übungsfall:

Der verarmte Schlagersänger Jonny Barde möchte seinen Musikverlag auf Zahlung weiterer Vergütungsansprüche für sein letztes Album (das allerdings ein Flop war) verklagen. Er beauftragt Rechtsanwalt Dr. Melodie, für ihn Prozesskostenhilfe für diese Klage auf Zahlung eines Betrags in Höhe von 13.495,00 € zu beantragen. Der Antrag ist bereits diktiert, aber noch nicht beim Prozessgericht eingereicht. Bevor der Antrag noch bei Gericht eingereicht werden kann, meldet sich Jonny Barde bei Rechtsanwalt Dr. Melodie und teilt mit, dass sich die Angelegenheit erledigt hat, da der Musikverlag freiwillig eine zusätzliche Vergütung geleistet hat.

Bitte erstellen Sie die Vergütungsrechnung für Rechtsanwalt Dr. Melodie.

Lösungsvorschlag:

Gegenstandswert: 13.495,00 €, § 2 I, 23a I RVG
0,5 Verfahrensgebühr
(§§ 2 II, 13 I, Nr. 1 der Anm. zu Nr. 3337 RVG),

Nr. 3337 VV RVG	€	325,00
PT-Pauschale, Nr. 7002 VV RVG	€	20,00
Zwischensumme	€	345,00
19 % Umsatzsteuer, Nr. 7008 VV RVG	€	65,55
Summe	€	**410,55**

Prüfungstipp: Achten Sie bei der Aufgabenstellung unbedingt darauf, ob nach dem Bewilligungsverfahren der RA im Hauptsacheverfahren tätig wird, da diese beiden Verfahren dieselbe Angelegenheit darstellen, mit der Folge, dass nur die Gebühren für das Hauptsacheverfahren abgerechnet werden können.

Differenzbeträge, die sich aus der Abrechnung des PKH-Verfahrens nach § 13 RVG und des Hauptsacheverfahrens nach § 49 RVG ergeben, dürfen dem Mandanten NICHT in Rechnung gestellt werden, § 122 I Nr. 3 ZPO.

Übungsfall:

RA Dr. Meyer beantragt für seinen Mandanten Guido Korn Prozesskostenhilfe beim Landgericht Düsseldorf. Die Prozesskostenhilfe wird bewilligt. RA Dr. Meyer wird anschließend im Klageverfahren als beigeordneter Rechtsanwalt tätig. Es kommt zu einem Güteverhandlungstermin, in dem die Parteien einen Vergleich schließen. Der Gegenstandswert hat **10.000,00 €** betragen.

Bitte erstellen Sie die Vergütungsrechnung für RA Dr. Meyer.

Lösungsvorschlag:

Das PKH-Bewilligungs- und das Hauptsacheverfahren stellen dieselbe Angelegenheit nach § 16 Nr. 2 RVG dar, so dass die Gebühren nur einmal berechnet werden können, § 15 II RVG.

Gegenstandswert: 10.000,00 €, § 2 I RVG

1,3 Verfahrensgebühr		
(§§ 2 II, 49 RVG), Nr. 3100 VV RVG	€	399,10
1,2 Terminsgebühr		
(§§ 2 II, 49 RVG), Nr. 3104 VV RVG	€	368,40
1,0 Einigungsgebühr		
(§§ 2 II, 49 RVG), Nr. 1003 VV RVG	€	307,00
PT-Pauschale, Nr. 7002 VV RVG	€	20,00
Zwischensumme	€	1.094,50
19 % Umsatzsteuer, Nr. 7008 VV RVG	€	207,96
Summe	€	**1.302,46**

Hinweis: Eine 1,3 Verfahrensgebühr aus dem Wert 10.000,00 € nach der Tabelle zu § 13 hätte 725,40 € betragen. Die Differenz zwischen beiden Verfahrensgebühren (und weiteren Gebühren) darf dem Mandanten **nicht** in Rechnung gestellt werden, § 122 I Nr. 3 ZPO, siehe dazu weiter unten ausführlich.

Abwandlung:

Guido Korn wird die beantragte PKH *nicht* bewilligt. Er beauftragt dennoch RA Dr. Meyer, das Verfahren durchzuführen. Es kommt zu einem Güteverhandlungstermin, in dem die Parteien einen Vergleich schließen.

Bitte erstellen Sie die Vergütungsrechnung für RA Dr. Meyer.

Lösungsvorschlag:

Gegenstandswert: 10.000,00 €, § 2 I RVG

1,3 Verfahrensgebühr		
(§§ 2 II, 13 I RVG), Nr. 3100 VV RVG	€	725,40
1,2 Terminsgebühr		
(§§ 2 II, 13 I RVG), Nr. 3104 VV RVG	€	669,60
1,0 Einigungsgebühr		
(§§ 2 II, 13 I RVG), Nr. 1003 VV RVG	€	558,00
PT-Pauschale, Nr. 7002 VV RVG	€	20,00
Zwischensumme	€	1.973,00
19 % Umsatzsteuer, Nr. 7008 VV RVG	€	374,87
Summe	€	**2.347,87**

Anmerkung: Das Verfahren auf Bewilligung von PKH und das Verfahren, für das PKH beantragt worden ist, stellen immer dieselbe Angelegenheit dar, auch wenn die beantragte PKH nicht bewilligt wurde. Das heißt, auch hier kann nur einmal abgerechnet werden. Da die PKH nicht bewilligt und RA Dr. Meyer auch nicht beigeordnet worden ist, erfolgt die Abrechnung nach der normalen Tabelle zu § 13 I RVG!

Wir halten fest:

- Die Verfahrensgebühr im Bewilligungsverfahren beträgt max. 1,0 in 1. und 2. Instanz nach Nr. 3335 VV RVG.
- Die Terminsgebühr im Bewilligungsverfahren beträgt 1,2 in 1. und 2. Instanz nach Nr. 3104 VV RVG i. V. m. Vorbem. 3.3.6.
- Bei vorzeitiger Beendigung wird eine 0,5 Verfahrensgebühr nach Nr. 3337 VV RVG ausgelöst.
- Für den Antrag auf PKH für eine Zwangsvollstreckungsmaßnahme erhält der RA eine 0,3 Verfahrensgebühr nach Nr. 3335 VV RVG.
- Der Gegenstandswert im Bewilligungsverfahren richtet sich nach dem Wert der Hauptsache, § 23a I RVG.
- Die Gebühren für das PKH-Verfahren richten sich nach der Tabelle zu § 13 I RVG, somit der „normalen" Gebührentabelle, unabhängig vom Gegenstandswert.
- Das PKH-Verfahren und das Verfahren, für das PKH beantragt wurde (auch Hauptsachverfahren genannt) stellen nach § 16 Nr. 2 VV RVG dieselbe Angelegenheit dar, so dass die Gebühren nur einmal abgerechnet werden können, § 15 II RVG.

3. Vergütung des beigeordneten Rechtsanwalts im Hauptsacheprozess

Vorsicht: Bei einem Gegenstandswert bis einschließlich 4.000,00 € berechnen sich die Gebühren nach der Gebührentabelle als Anlage zu § 13 I RVG. Bei einem Gegenstandswert von mehr als 4.000,00 € sind die Gebühren der Tabelle des § 49 RVG zu entnehmen. Der Höchstwert liegt bei über 30.000,00 €. Ab diesem Wert erhält der RA eine 1,0 Festgebühr von 447,00 € nach § 49 RVG, egal wie hoch der Streitwert über 30.000,00 € liegt.

Achtung: Die Gebühren aus der Tabelle zu § 49 RVG stellen Gebühren in Höhe von 1,0 dar! Sie müssen diese also z.B. mit 1,3 oder 1,2 multiplizieren, um den benötigten Gebührensatz zu ermitteln!

Übungsfall:

RAin Nolte reicht nach Bewilligung von PKH und ihrer Beiordnung für die Mandantin Susanne Sauer beim Amtsgericht Hannover eine Klage auf Zahlung eines Betrages in Höhe von 4.567,00 € ein. Nach gescheitertem Gütetermin wird im Termin zur mündlichen Verhandlung streitig verhandelt und Beweis erhoben. Danach ergeht ein Urteil, mit dem die Klage abgewiesen wird. Der Beklagte war ebenfalls anwaltlich vertreten ohne Prozesskostenhilfebewilligung.

Bitte erstellen Sie die Vergütungsrechnung

a) für RAin Nolte

b) für den Beklagtenvertreter.

Lösungsvorschlag a):

Die Gebühren werden nach der Tabelle zu § 49 RVG abgerechnet.
Gegenstandswert: 4.567,00 €, § 2 I RVG

1,3 Verfahrensgebühr		
(§§ 2 II, 49 RVG), Nr. 3100 VV RVG	€	334,10
1,2 Terminsgebühr		
(§§ 2 II, 49 RVG), Nr. 3104 VV RVG	€	308,40
PT-Pauschale, Nr. 7002 VV RVG	€	20,00
Zwischensumme	€	662,50
19 % Umsatzsteuer, Nr. 7008 VV RVG	€	125,88
Summe	**€**	**788,38**

Vorsicht: Stehen dem beigeordneten RA andere Gebührensätze als 1,0 zu (z.B. 1,3 Verfahrensgebühr), so berechnen sich diese von den in § 49 RVG aufgeführten 1,0 Sätzen.

Lösungsvorschlag b):

Die Gebühren werden nach der Tabelle zu § 13 I RVG abgerechnet.
Gegenstandswert: 4.567,00 €, § 2 I RVG

1,3 Verfahrensgebühr		
(§§ 2 II, 13 I RVG), Nr. 3100 VV RVG	€	393,90
1,2 Terminsgebühr		
(§§ 2 II, 13 I RVG), Nr. 3104 VV RVG	€	363,60
PT-Pauschale, Nr. 7002 VV RVG	€	20,00
Zwischensumme	€	777,50
19 % Umsatzsteuer, Nr. 7008 VV RVG	€	147,73
Summe	**€**	**925,23**

Übungsfall:

Sie haben für Ihren Auszubildenden eine kleine Übungsaufgabe vorbereitet. Er soll folgende Gebühren berechnen:

a) 1,3 Verfahrensgebühr aus einem Wert von 5.000,00 €
b) 1,2 Terminsgebühr aus einem Wert von 6.666,00 €
c) 0,8 Verfahrensgebühr aus einem Wert von 14.730,00 €
d) 1,3 Verfahrensgebühr aus einem Wert von 38.000,00 €

jeweils nach der Tabelle zu § 49 RVG.

Ihr Auszubildender legt Ihnen folgendes Ergebnis vor:

a) 334,10 €
b) 277,00 €
c) 335,00 €
d) 581,10 €

Überprüfen Sie, ob Ihr Auszubildender diese Übungsaufgabe korrekt gelöst hat.

Lösungsvorschlag:

a) (1,0 aus 5.000,00 € = 257,00 € × 1,3 =) 334,10 € – korrekt gelöst
b) (1,0 aus 6.666,00 € = 277,00 € × 1,2 =) 332,40 € – falsch gelöst; offenbar von 1,0 Gebühr ausgegangen

---

c) (1,0 aus 14.730,00 € = 335,00 € × 0,8 =) 268,00 € – falsch gelöst; offenbar von
1,0 Gebühr ausgegangen
d) (1,0 aus 38.000,00 € = 447,00 € × 1,3 =) 581,10 € – korrekt gelöst

---

Prüfungstipp: Achten Sie bei der Aufgabenstellung unbedingt darauf, für **welchen** anwaltlichen Vertreter Sie die Vergütung berechnen sollen. Hier können sich Unterschiede ergeben!

Beispiel: RAin Hopf vertritt Klara Schuhmann vor dem AG München in einem Klageverfahren. Sie hat 5.000,00 € eingeklagt. Nach Klagezustellung teilt die Mandantin mit, dass ein Teilbetrag bereits bezahlt war, so dass die Klage i.H.v. 2.000,00 € zurückgenommen wird. Nun bestellt sich RA Wiese für den Beklagten.

Der Wert der Verfahrensgebühr beträgt für RAin Hopf 5.000,00 €; für RA Wiese 2.000,00 €.

Achtung: Nach § 123 ZPO hat die Bewilligung von PKH keinen Einfluss auf die Verpflichtung, dem Gegner die Kosten erstatten zu müssen. Das heißt: Verliert die PKH-Partei den Prozess, muss sie der anderen Partei die Vergütung nach der „normalen" Tabelle zu § 13 I RVG ersetzen!

Übungsfall:

In einem Berufungsverfahren ist RA Pamatat dem Berufungskläger unter Bewilligung von Prozesskostenhilfe beigeordnet worden. Das Verfahren vor dem Oberlandesgericht Köln hat einen Gegenstandswert von 20.400,00 €. Nach der mündlichen Verhandlung, an der die anwaltlichen Vertreter beider Parteien teilgenommen haben, wird der Berufung stattgegeben und das Urteil des Landgerichts Köln wird aufgehoben.

Bitte berechnen Sie die Vergütung des RA Pamatat für die 2. Instanz, die dieser vom unterlegenen Gegner einfordern könnte.

Lösungsvorschlag:

Wert: 20.400,00 €, § 2 I RVG		
1,6 Verfahrensgebühr		
(§§ 2 II, 13 I RVG), Nr. 3200 VV RVG	€	1.187,20
1,2 Terminsgebühr		
(§§ 2 II, 13 I RVG), Nr. 3202 VV RVG	€	890,40
PT-Pauschale, Nr. 7002 VV RVG	€	20,00
Zwischensumme	€	2.097,60
19 % Umsatzsteuer, Nr. 7008 VV RVG	€	398,54
Summe	**€**	**2.496,14**

Praxishinweis: RA Pamatat könnte nun die gesamte Vergütung nach § 13 I RVG gegen den Berufungsbeklagten festsetzen lassen. Da er aber nicht weiß, ob der Berufungsbeklagte die festgesetzten Kosten bezahlen kann und er möglicherweise lange vollstrecken muss, wird er die PKH-Anwaltsvergütung (nach der Tabelle zu § 49 RVG) von der Staatskasse einfordern und nur die Differenz zwischen der PKH-Anwalts- und

Regelvergütung (auch Wahlanwaltsvergütung genannt) nach § 13 RVG im Kostenfestsetzungsverfahren festsetzen lassen. Dies kann er nach § 126 ZPO sogar im eigenen Namen, d.h., der Beklagte wird verpflichtet, die festgesetzten Kosten nicht an den Kläger, sondern unmittelbar an RA Pamatat zu zahlen. Die Staatskasse wird sich dann den Betrag, den sie an RA Pamatat nach der Tabelle zu § 49 RVG ausgezahlt hat, vom Beklagten „wiederholen".

Ach so: Die Staatskasse ist wegen § 45 RVG immer verpflichtet dem beigeordneten RA die PKH-Vergütung zu erstatten; hierzu reicht er einen sogenannten Festsetzungsantrag nach § 55 RVG bei Gericht ein.

Übungsfall:

Rechtsanwalt Schwank vertritt seinen Auftraggeber Witz in einem Klageverfahren als im Wege der Prozesskostenhilfe beigeordneter Rechtsanwalt. Der Gegenstandswert hat 11.200,00 € betragen. Nach mündlicher Verhandlung gibt das Gericht dem Kläger Herrn Witz Recht. Es verurteilt den Beklagten kostenpflichtig, Herrn Lachnicht, zur Zahlung des eingeklagten Betrags.

a) **Berechnen Sie den Vergütungsanspruch, den Rechtsanwalt Schwank gegenüber der Staatskasse geltend machen kann.**

b) **Der Mandant hat Sorge, ob er RA Schwank auch noch eine Vergütung schuldet und erkundigt sich bei Ihnen, ob dies der Fall ist. Was werden Sie dem Mandanten antworten?**

c) **Berechnen Sie den Erstattungsanspruch von Rechtsanwalt Schwank gegenüber dem Gegner.**

Lösungsvorschlag:

a) Vergütungsanspruch Rechtsanwalt Schwank gegenüber der Staatskasse:

Gegenstandswert: 11.200,00 €, § 2 I RVG

1,3 Verfahrensgebühr (§§ 2 II, 49 RVG), Nr. 3100 VV RVG	€	417,30
1,2 Terminsgebühr (§§ 2 II, 49 RVG), Nr. 3104 VV RVG	€	385,20
PT-Pauschale, Nr. 7002 VV RVG	€	20,00
Zwischensumme	€	822,50
19 % Umsatzsteuer, Nr. 7008 VV RVG	€	156,28
Summe	**€**	**978,78**

b) Differenzanspruch gegen den Mandanten?

Nach § 122 Abs. 1 Nr. 3 ZPO darf Rechtsanwalt Schwank seinem Mandanten gegenüber, dem er im Wege der PKH beigeordnet ist, keine zusätzlichen Vergütungsansprüche geltend machen.

c) Erstattungsanspruch gegenüber dem erstattungspflichtigen Gegner:

Rechtsanwalt Schwank hat die Möglichkeit nach § 126 I ZPO im eigenen Namen einen Kostenfestsetzungsantrag beim Prozessgericht der I. Instanz zu stellen und die Differenz zwischen der PKH und Wahlanwaltsvergütung festsetzen zu lassen. Diese berechnet sich wie folgt:

Gegenstandswert: 11.200,00 €, § 2 I RVG		
1,3 Verfahrensgebühr (§§ 2 II, 13 I RVG), Nr. 3100 VV RVG	€	785,20
1,2 Terminsgebühr (§§ 2 II, 13 I RVG), Nr. 3104 VV RVG	€	724,80
PT-Pauschale, Nr. 7002 VV RVG	€	20,00
Zwischensumme	€	1.530,00
19 % Umsatzsteuer, Nr. 7008 VV RVG	€	290,70
Summe	€	1.820,70
abzgl. aus der Staatskasse gezahlte Vergütung	./. €	978,78
Differenz	€	**841,92**

Rechtsanwalt Schwank kann selbstverständlich auch die gesamte Wahlanwaltsvergütung, d.h. 1.820,70 € gegen den Gegner nach §§ 103 ff. ZPO festsetzen lassen. Dies birgt allerdings das Risiko, dass der Gegner kein Geld hat und RA Schwank so der gesamten Vergütung „hinterherläuft". Da er als beigeordneter Anwalt seine Vergütung nach § 49 RVG aus der Staatskasse fordern darf, ist es sinnvoll, wenn er dies auch entsprechend macht, § 45 RVG.

Erläuterung: Die PT-Pauschale kann lediglich einmal geltend gemacht werden. Da diese bereits gegenüber der Staatskasse abgerechnet worden ist, entfällt sie im Kostenfestsetzungsantrag nach § 126 I ZPO.

Wir halten fest:

- In PKH-Angelegenheiten unterscheidet man das Bewilligungsverfahren (Klage ist noch nicht eingereicht – es geht zunächst nur darum, ob PKH bewilligt wird), auch PKH-Prüfungsverfahren genannt und das Hauptsacheverfahren.
- Im PKH-Verfahren kann der RA verdienen:
  - eine Verfahrensgebühr nach Nr. 3335 VV RVG in Höhe von max. 1,0, bei Betragsrahmengebühren höchstens 420,00 €,
  - eine Verfahrensgebühr nach Nr. 3337 VV RVG in Höhe von höchstens 0,5 bei vorzeitiger Beendigung,
  - eine Terminsgebühr in Höhe von 1,2 nach Vorbem. 3.3.6 i. V. m. Nr. 3104 VV RVG (1. Instanz!) und Nr. 3202 VV RVG (2. Instanz!).
- Die Gebühren im PKH-Verfahren entstehen nach der „normalen" Tabelle zu § 13 I RVG aus dem Streitwert der Hauptsache, vgl. dazu § 23a I RVG.
- Sofern PKH bewilligt worden ist und der RA in der Hauptsache tätig wird, werden die Gebühren ab einem Streitwert von über 4.000,00 € nach der Tabelle zu § 49 RVG abgerechnet, bis 4.000,00 € richten sich die Gebühren nach der Regelvergütungs-Tabelle zu § 13 I RVG. In diesem Fall kann der RA Gebühren aus dem Bewilligungsverfahren nur dann geltend machen, wenn sie nicht im Hauptsacheverfahren entstanden sind (z.B. eine Terminsgebühr ist beispielsweise nur im Bewilligungsverfahren, nicht aber im Hauptsacheverfahren entstanden – das ist aber sehr selten!!).
- Das Bewilligungsverfahren und das Verfahren, für das die PKH beantragt worden ist (Hauptsacheverfahren) gelten nach § 16 Nr. 2 RVG als „dieselbe Angelegenheit" mit der Folge, dass die Gebühren nach § 15 II RVG nur einmal berechnet werden können.
- Auch mehrere Verfahren über die PKH in demselben Rechtszug gelten als „dieselbe Angelegenheit", § 16 Nr. 3 RVG.

- Verliert die PKH-Partei den Prozess, zahlt die Staatskasse nur die Kosten des eigenen RA; die Kosten des anderen RA sind nach der Regelvergütungs-Tabelle zu § 13 I RVG dem Gegner zu erstatten, § 123 ZPO.
- Gewinnt die PKH-Partei den Prozess, muss der Gegner die Kosten des PKH-Anwalts nach der Tabelle zu § 13 I RVG erstatten, selbst wenn ihm selbst PKH bewilligt wurde, da die PKH-Bewilligung immer nur für die Kosten des eigenen Anwalts gilt.
- Übrigens: Das Gericht kann die PKH auch wieder aufheben, wenn der Auftraggeber seinen anlassbezogenen Mitteilungspflichten nicht nachkommt, vgl. §§ 120a, 124 ZPO.

4. Geltendmachung von Differenz-Gebühren

a) Allgemeiner Grundsatz

Grundsatz: Wegen der Sperrwirkung des § 122 I Nr. 3 ZPO kann der RA grundsätzlich eine Differenzvergütung, die sich zwischen der PKH-Gebühren-Tabelle und den normalen Gebühren ergeben, nicht von der Partei fordern.

> **Beispiel:** Wäre PKH nicht bewilligt worden, so hätte der RA eine 1,3 Verfahrensgebühr aus 60.000,00 € nach der Tabelle zu § 13 I RVG erhalten. Diese hätte 1.622,40 € betragen. Da aber PKH bewilligt worden ist, erhält der RA lediglich eine 1,3 Verfahrensgebühr nach der Tabelle zu § 49 RVG, und somit 581,10 €. Diese Differenz beträgt 1.041,30 €.
>
> **Frage:** Kann die Differenz vom Auftraggeber gefordert werden?
>
> **Antwort:** Nein. Nun gilt im RVG der allgemein bekannte Grundsatz, dass einmal entstandene Gebühren nicht wieder wegfallen. Warum also kann der RA diese Differenz nicht abrechnen?
>
> Weil in § 122 I Nr. 3 ZPO die sogenannte Sperrwirkung geregelt ist, die besagt, dass der RA, solange seinem Mandanten PKH bewilligt worden ist, derartige Differenzgebühren nicht abrechnen darf!

Aber: Hat der Auftraggeber einen Vorschuss geleistet, so darf man diesen Vorschuss verrechnen und zwar bis zur Höhe dieser Differenzen! Das ist in § 58 II RVG geregelt. Dort heißt es:

„In Angelegenheiten, in denen sich die Gebühren nach Teil 3 des VV bestimmen (haben wir hier!), sind Vorschüsse und Zahlungen, die der RA vor oder nach der Beiordnung erhalten hat, zunächst auf die Vergütungen anzurechnen, für die ein Anspruch gegen die Staatskasse nicht oder nur unter den Voraussetzungen des § 50 RVG besteht!"

Damit ist die Differenz zwischen Wahlanwalts- und PKH-Anwaltsvergütung gemeint.

§ 50 RVG regelt die weitere Vergütung und greift nur in den Fällen, in denen dem Auftraggeber PKH unter Ratenzahlung bewilligt worden ist. Dazu im übernächsten Abschnitt unter c) mehr!

b) Verrechnung eines Vorschusses

Wie oben erläutert, kann der RA also einen Vorschuss, den der Auftraggeber geleistet hat, auf die Differenz zwischen Wahlanwalts- und PKH-Anwaltsgebühren verrechnen, § 58 II RVG.

Übungsfall:

Auftraggeber Huber beauftragt RA Blumentritt, Prozesskostenhilfe für die Durchführung eines Klageverfahrens wegen Zahlung eines Betrags von 8.700,00 € zu beantragen, die auch bewilligt wird. RA Blumentritt wird antragsgemäß beigeordnet. Huber hat einen Vorschuss von 300,00 € geleistet. Im Hauptsacheverfahren wird nach gescheiterter Güteverhandlung streitig verhandelt und Beweis erhoben. Es ergeht sodann ein Urteil, mit dem der Klage stattgegeben wird

a) Bitte erstellen Sie die Vergütungsrechnung von RA Blumentritt gegenüber der Staatskasse.

b) Nehmen Sie die Verrechnung des Vorschusses vor.

(Bitte vollständige Berechnung!)

Lösungsvorschlag:

a) Vergütungsrechnung gegenüber Staatskasse, § 45 I RVG:

Gegenstandswert: 8.700,00 €, § 2 I RVG

1,3 Verfahrensgebühr (§§ 2 II, 49 RVG), Nr. 3100 VV RVG	€	386,10
1,2 Terminsgebühr (§§ 2 II, 49 RVG), Nr. 3104 VV RVG	€	356,40
PT-Pauschale, Nr. 7002 RVG	€	20,00
Zwischensumme	€	762,50
19 % Umsatzsteuer, Nr. 7008 VV RVG	€	144,88
Summe	**€**	**907,38**

b) Verrechnung der Vorschusszahlung:

Der Vorschuss kann auf die Differenz zwischen Wahlanwalts- und PKH-Anwaltsgebühren verrechnet werden.

Wahlanwaltsgebühren:

Gegenstandswert: 8.700,00 €, § 2 I RVG

1,3 Verfahrensgebühr (§§ 2 II, 13 I RVG), Nr. 3100 VV RVG	€	659,10
1,2 Terminsgebühr (§§ 2 II, 13 I RVG), Nr. 3104 VV RVG	€	608,40
PT-Pauschale, Nr. 7002 VV RVG	€	20,00
Zwischensumme	€	1.287,50
19 % Umsatzsteuer, Nr. 7008 VV RVG	€	244,63
Summe	**€**	**1.532,13**
abzgl. PKH-Anwaltsgebühren siehe unter a)	./. €	907,38
Differenz zwischen PKH-Anwalts- und Wahlanwaltsgebühren:	**€**	**624,75**

Ergebnis: Der Vorschuss kann daher voll einbehalten werden, da er nur 300,00 € betragen hat und somit die Differenz nicht übersteigt!

Anmerkung: Würde der Vorschuss beispielsweise 700,00 € betragen haben, so würde der RA diesen Vorschuss einbehalten, die Staatskasse würde aber von den zu erstattenden Gebühren in Höhe von 907,38 € den Teil des Vorschusses in Abzug bringen, der die Wahlanwaltsgebühren übersteigt.

Also: Differenz zwischen PKH-Anwalts- und Wahlanwaltsgebühren = 624,75 €. Vorschuss = 700,00 €, übersteigender Teil somit 75,25 €. Die Staatskasse würde also nur noch 907,38 € abzüglich 75,25 € = 832,13 € erstatten.

> **Ergebnis:** Der RA würde also auch mit Vorschuss, unabhängig davon, wie hoch dieser ist, nie mehr als die Wahlanwaltsgebühren erhalten. Damit wird erreicht, dass der PKH-Anwalt nicht bessergestellt wird, als der Wahlanwalt.

c) Weitere Vergütung nach § 50 RVG

Merksatz:

§ 50 RVG gilt nur, wenn dem Antragsteller PKH unter Ratenzahlungen bewilligt worden ist!

Vorweg: Raten muss eine Partei dann leisten, wenn sie dazu wirtschaftlich in der Lage ist (wird anhand der Erklärung über die persönlichen und wirtschaftlichen Verhältnisse vom Gericht berechnet, bei dem die PKH beantragt worden ist). Muss eine Partei Ratenzahlungen leisten, so leistet sie diese an die Staatskasse (Bundeskasse bei Verfahren vor Bundesgerichten (z.B. BGH), Landeskasse, bei Verfahren vor Gerichten des Landes (Amts-, Land- oder Oberlandesgerichte). Maximal muss eine Partei 48 Monate lang Raten zahlen. Dann ist Schluss, auch wenn die von der Staatskasse übernommenen Kosten noch nicht alle bezahlt sind.

Die Staatskasse übernimmt (§ 122 I Nr. 1 ZPO):
- Kosten des beigeordneten RA
- Gerichtskosten
- Sachverständigenkosten
- Zeugengebühren, etc.

Aber: In einigen Fällen hat der Antragsteller beispielsweise weniger als 48 Monate lang Raten bezahlt und die von der Staatskasse übernommenen Kosten sind schon alle gedeckt. Es ist doch nicht einzusehen, warum ein RA für eine geringe PKH-Vergütung tätig werden soll, wenn der Mandant zumindest ratenweise leistungsfähig ist, oder nicht?

Also: § 50 RVG = weitere Vergütung! D. h. Die Staatskasse zieht weiterhin Raten ein, damit der RA die Differenz zwischen PKH-Anwalts- und Wahlanwaltsvergütung auch noch bekommt!

> **Übungsfall:**
>
> In einem Rechtsstreit erster Instanz mit einem Streitwert von 50.000,00 € fallen eine Verfahrens- und eine Terminsgebühr an. Es erging eine Entscheidung durch Urteil. Der dem Kläger unter Bewilligung von PKH beigeordnete Rechtsanwalt rechnet seine Gebühren mit der Staatskasse ab. Außer den Anwaltsgebühren und Gerichtskosten sind von der Staatskasse keine Kosten übernommen worden. Der beigeordnete Rechtsanwalt teilt seine weitere Vergütung nach § 50 RVG mit. Dem Auftraggeber wurde PKH unter monatlicher Ratenzahlung i.H.v. 95,00 € bewilligt.
>
> Ermitteln Sie die von der Staatskasse in diesem Fall übernommenen Kosten und Gebühren und prüfen Sie anhand einer vollständigen Berechnung, ob der Klägervertreter die Differenz zwischen den PKH- und Wahlanwaltsgebühren auch noch erhalten kann.

Lösungsvorschlag:

1. Zahlung/Übernahme durch die Staatskasse:

1,3 Verfahrensgebühr		
(§ 2 II, 49 RVG), Nr. 3100 VV RVG	€	581,10
1,2 Terminsgebühr		
(§§ 2 II, 49 RVG), Nr. 3104 VV RVG	€	536,40
PT-Pauschale, Nr. 7002 VV RVG	€	20,00
Zwischensumme	€	1.137,50
19 % Umsatzsteuer, Nr. 7008 VV RVG	€	216,13
Summe	€	**1.353,63**
3,0 Gerichtsgebühren, Nr. 1210 KV GKG	€	1.638,00
Summe	€	**2.991,63**

2. Wahlanwaltsvergütung/Verrechnung mit Zahlung der Staatskasse:

1,3 Verfahrensgebühr		
(§§ 2 II, 13 I RVG), Nr. 3100 VV RVG	€	1.511,90
1,2 Terminsgebühr		
(§§ 2 II, 13 I RVG), Nr. 3104 VV RVG	€	1.395,60
PT-Pauschale, Nr. 7002 VV RVG	€	20,00
Zwischensumme	€	2.927,50
19 % Umsatzsteuer, Nr. 7008 VV RVG	€	556,23
Summe	€	**3.483,73**

Die Staatskasse hat insgesamt 2.991,69 € übernommen. Da die Raten 95,00 € monatlich betragen, sind zunächst 32 Monate lang Raten gezahlt worden (31 × 95,00 € = 2.945,00 € + 1 × 46,69 €). Die maximale Ratenzahlungsdauer beträgt 48 Monate. Die Differenz zwischen Wahlanwalts- und PKH-Anwaltsvergütung beträgt: (3.483,73 € ./. 1.353,63 € =) 2.130,10 €. Die Gerichtskosten unter 1. bleiben unberücksichtigt. Bei der Ermittlung der Gebührendifferenz wird nur die Vergütung des Anwalts verglichen. Die monatlichen Ratenzahlungen durch den Auftraggeber i.H.v. 95,00 € werden insgesamt 48 Monate lang eingezogen (Staatskasse: 2.991,69 € + Differenz: 2.130,10 € = 5.121,79 €). Zu beachten ist, dass der Auftraggeber maximal 48 Monate lang die Raten zu bezahlen hat. Dass nach 48 Monaten noch nicht alles bezahlt ist, spielt keine Rolle, die Ratenzahlung endet trotzdem (48 × 95,00 € = 4.560,00 €). Der RA erhält somit in obigem Beispielfall nicht die gesamte Differenz in Höhe von 2.130,10 €, sondern nur 1.568,37 € über den Rateneinzug der Staatskasse.

Kapitel 18
Kostenfestsetzung

1. Kostenfestsetzungsverfahren

Über die Erstattung von Kosten erfolgt zunächst eine Entscheidung dem Grunde nach (Kostengrundentscheidung – Kostenentscheidung), §§ 308 II ZPO. Eine Kostenentscheidung ist der gerichtliche Ausspruch, wer die Kosten des Verfahrens zu tragen hat. In jedem Zivilprozess muss neben der Entscheidung zur Streitsache auch eine Kostengrundentscheidung ergehen, § 308 II ZPO.

Es wird also zunächst festgelegt, wer ggf. in welcher Quote die Kosten des Verfahrens zu tragen hat. In einem Rechtszug ergeht die Kostenentscheidung in der Regel erst im Schlussurteil. Teil- oder Zwischenurteile enthalten in der Regel keine Kostenentscheidung. Der Umfang der Kostenerstattungspflicht ergibt sich aus den §§ 91 ff. ZPO. Das Gericht muss die Kosten nach § 91 I ZPO grundsätzlich dem unterlegenen Gegner auferlegen, jedoch nur, soweit sie zur zweckentsprechenden Rechtsverfolgung oder Rechtsverteidigung notwendig waren. Die Kostenerstattung umfasst auch die Entschädigung des Gegners für die durch notwendige Reisen oder durch die notwendige Wahrnehmung von Terminen entstandene Zeitversäumnis; das JVEG ist entsprechend anzuwenden, § 91 I 2 ZPO.

So z.B.

- § 92 ZPO
  Kostenentscheidung bei Teilunterliegen
  Kosten sind entweder gegeneinander aufzuheben oder verhältnismäßig zu teilen.
  Bei Kostenaufhebung tragen die Parteien die Gerichtskosten je zur Hälfte, die eigenen Anwaltsgebühren jeder selbst.
  Zu beachten: § 92 II Nr. 1 ZPO – Wenn das Unterliegen nur geringfügig war und keine oder nur geringfügig höhere Kosten veranlasst waren – kann das Gericht von einer Teilkosten-Auferlegung absehen.
- § 93 ZPO
  Kosten bei sofortigem Anerkenntnis – unter Verwahrung gegen die Kostenlast
  keine Veranlassung zur Klage durch Verhalten des Beklagten – Kläger trägt die Kosten
- § 95 ZPO
  Kosten bei Säumnis oder Verschulden
  Verursacher trägt die Kosten (z.B. Urteilstenor: Der Beklagte trägt die Kosten des Verfahrens mit Ausnahme der Kosten der Säumnis, diese trägt der Kläger.)

Die **Höhe** der zu erstattenden Kosten wird erst im **Kostenfestsetzungsverfahren** ermittelt. Damit derjenige, der die Kosten des Verfahrens ganz oder teilweise zu zahlen hat, weiß, welche Beträge er leisten muss, wird daher die Festsetzung der zu erstattenden Kosten beim erstinstanzlichen Gericht **beantragt**. Über den Kostenfestsetzungsantrag entscheidet der **Rechtspfleger**.

Interessant: Die Parteien im Kostenfestsetzungsverfahren heißen Antragsteller und Antragsgegner.

Das Kostenfestsetzungsverfahren ist gemäß §§ 103 bis 107 ZPO ein besonderes **Nachverfahren** zum Hauptverfahren. Im Kostenfestsetzungsverfahren wird vom Rechtspfleger über die **Höhe** der festzusetzenden Vergütung entschieden. Das Verfahren ist gerichtsgebührenfrei. Eine Entscheidung ergeht durch den sogenannten **Kostenfestsetzungsbeschluss.**

Ein Kostenfestsetzungsbeschluss ergeht nur auf Antrag. Der Prozessbevollmächtigte beantragt die Festsetzung i.d.R. im Namen seines Auftraggebers. Ein eigenes Antragsrecht hat er nur in den Kostenfestsetzungsverfahren nach § 11 RVG, wenn er gegen seinen eigenen Mandanten die Kosten festsetzen lässt, wenn dieser die Rechnung einer gerichtlichen Tätigkeit nicht begleicht oder aber über § 126 ZPO bei PKH-Mandaten gegen den unterlegenen Gegner.

Tipp: Die Kostenfestsetzung wird IMMER beim Prozessgericht 1. Instanz beantragt.

Selbst wenn also die Kostenentscheidung vom Rechtsmittelgericht erfolgt, werden sämtliche Kosten, d.h. die Kosten aller Instanzen immer beim Prozessgericht der 1. Instanz zur Festsetzung angemeldet und dort auch festgesetzt.

Übungsfall:

In einer zivilrechtlichen Angelegenheit wird der Kläger durch Ihre Kanzlei vertreten. Eingeklagt ist seine Forderung in Höhe von 7.250,00 €. Im Termin zur mündlichen Verhandlung schließen die Parteien einen widerruflichen Vergleich, nachdem der Beklagte zur Abgeltung der Klageforderung einen Betrag in Höhe von 4.200,00 € nebst Zinsen bezahlen soll. Der Beklagte widerruft jedoch den Vergleich innerhalb der Widerrufsfrist. Das Gericht bestimmt sodann erneut Termin zur mündlichen Verhandlung und vernimmt im Termin zwei Zeugen. Sodann bestimmt das Gericht einen Termin zur Verkündung einer Entscheidung. Die Klage wird schließlich durch Urteil kostenpflichtig abgewiesen. Der Beklagte beantragt die Festsetzung seiner Rechtsanwaltskosten wie folgt:

Gegenstandswert 7.250,00 €		
1,3 Verfahrensgebühr Nr. 3100 VV RVG	€	592,80
1,2 Terminsgebühr Nr. 3104 VV RVG	€	547,20
1,0 Einigungsgebühr Nr. 1003 VV RVG	€	456,00
PT-Pauschale, Nr. 7002 VV RVG	€	20,00
Zwischensumme	€	1.616,00
19 % Umsatzsteuer, Nr. 7008 VV RVG	€	307,04
Summe	€	1.923,04

falsch

Das Gericht fordert Ihre Kanzlei zur Stellungnahme zu diesem Kostenfestsetzungsantrag auf. Prüfen Sie bitte die zur Kostenfestsetzung angemeldete Vergütung des gegnerischen Rechtsanwalts. Ist die Vergütungsberechnung korrekt oder fehlerhaft? Bitte begründen Sie Ihre Antwort.

Lösungsvorschlag:

Der Gegenstandswert wurde von der Gegenseite korrekt angesetzt, da dies auch der Klagebetrag war, § 2 I RVG. Die Verfahrensgebühr ist korrekt berechnet, sie beträgt in I. Instanz 1,3 nach Nr. 3100 VV RVG und wird z.B. ausgelöst durch die Schriftsätze, die der Beklagte durch seinen Anwalt hat einreichen lassen und die Sachanträge oder Sachvortrag enthalten. Da es hier zu mehreren Gerichtsterminen gekommen ist, ist auch der Ansatz der 1,2 Terminsgebühr nach Nr. 3104 VV RVG korrekt. Der Rechtsanwalt darf die Gebühr allerdings nach § 15 II RVG nur einmal fordern. Falsch ist indem Kostenfest-

> setzungsantrag der Ansatz einer Einigungsgebühr. Wie sich aus der Aufgabenstellung ergibt, wurde der Vergleich zunächst widerruflich geschlossen und auch innerhalb der Widerrufsfrist widerrufen. Die Einigungsgebühr entsteht in einem solchen Fall nicht, vgl. dazu Abs. 3 der Anm. zu Nr. 1000 VV RVG. Die PT-Pauschale nach Nr. 7002 VV RVG ist korrekt berechnet. Die 19 % Umsatzsteuer und auch die Endsumme sind entsprechend zu korrigieren. Die Umsatzsteuer beträgt korrekt 220,40 €, die Endsumme 1.380,40 €.

Es gibt auch Kostenfestsetzungsbeschlüsse, die gleich auf ein Urteil gesetzt sind. Hier ist vor Vollstreckung **keine Wartefrist** einzuhalten. Der Vorteil dieser **vereinfachten Kostenfestsetzung** nach § 105 ZPO ist, dass für die Zwangsvollstreckung keine gesonderte Vollstreckungsklausel für den Beschluss notwendig ist. Klausel und Zustellung des Urteils wirken für den auf ein Urteil gesetzten KFB mit.

Die vereinfachte Kostenfestsetzung ist zulässig,

- wenn der Kostenfestsetzungsantrag bei Gericht eingeht, **bevor** eine **Ausfertigung** des Urteils erteilt ist und eine **Verzögerung** der Ausfertigung nicht eintritt, § 105 Abs. 1 ZPO und
- wenn **keine** Kosten**ausgleichung** durchgeführt werden muss und
- dem Kostenfestsetzungsantrag **voll entsprochen** werden kann.

Umsatzsteuer auf die Anwaltsgebühren ist nur erstattungsfähig, wenn der Erstattungsberechtigte sie nicht als Vorsteuer abziehen kann, § 104 II 3 ZPO.

Aus diesem Grund muss im Kostenfestsetzungsantrag die Erklärung abgegeben werden, dass keine Vorsteuerabzugsberechtigung vorliegt, wenn Umsatzsteuer gefordert wird. Erfolgt eine Erklärung auch nicht innerhalb einer vom Gericht gesetzten Frist, wird evtl. berechnete Umsatzsteuer bei der Festsetzung nicht berücksichtigt.

Zu den festzusetzenden Kosten gehören auch die Kosten, die eine Partei im Laufe des Rechtsstreits der anderen Partei gezahlt hat, § 91 IV ZPO.

§ 91 IV ZPO ermöglicht damit die Rückfestsetzung von Kosten, die z.B. aufgrund eines KFBs für vorhergehende Instanzen gezahlt wurden.

> **Beispiel:** Der Kläger gewinnt in 1. Instanz. Antragsgemäß werden seine Kosten durch Kostenfestsetzungsbeschluss festgesetzt. Um der Zwangsvollstreckung zu entgehen, zahlt der Beklagte die festgesetzten Kosten in Höhe von 3.500,00 € zzgl. Zinsen in Höhe von 67,00 €. Die 2. Instanz gewinnt der Beklagte, die Klage wird abgewiesen, das erstinstanzliche Urteil aufgehoben. Der Beklagte beantragt nun:
>
> - die Kostenfestsetzung seiner Kosten 1. Instanz
> - die Kostenfestsetzung seiner Kosten 2. Instanz
> - die Rückfestsetzung der zu Unrecht gezahlten Kosten 1. Instanz in Höhe von 3.567,00 €.

Wir halten fest:

- Obsiegt eine Partei kann sie Kostenfestsetzung gegen die unterlegene Partei beantragen.
- Die Kostenfestsetzung wird immer beim erstinstanzlichen Gericht beantragt; auch für die Gebühren der 2. oder 3. Instanz.
- Über die Kostenfestsetzung entscheidet der Rechtspfleger.

- Die Kosten werden ab Antragseingang bei Gericht mit 5 Prozentpunkten über dem Basiszinssatz verzinst, sofern man dies beantragt. Deshalb sollte der Kostenfestsetzungsantrag möglichst früh bei Gericht eingereicht werden.
- Eingereicht werden kann ein Kostenfestsetzungsantrag aber erst, wenn das Gericht über die Kostentragung dem Grunde nach entschieden hat.
- Im Kostenfestsetzungsantrag ist die Erklärung abzugeben, dass keine Vorsteuerabzugsberechtigung des Mandanten besteht, sofern man auf die Vergütung Umsatzsteuer festsetzen lassen möchte.
- Verauslagte Gerichtskosten sind im Kostenfestsetzungsantrag mit anzugeben.
- Für den Kostenfestsetzungsantrag kann der Anwalt, der Verfahrensbevollmächtigter war, keine gesonderte Vergütung abrechnen, § 19 I 2 Nr. 14 RVG.
- Für ein Erinnerungs- und Beschwerdeverfahren entsteht eine 0,5 Verfahrensgebühr nach Nr. 3500 VV RVG.
- Wird eine Beschwerde verworfen oder zurückgewiesen, entstehen Gerichtsgebühren nach Nr. 1812 KV GKG in Höhe von 60,00 €.
- § 16 Nr. 10 RVG regelt, dass im Kostenfestsetzungsverfahren einerseits und im Kostenansatzverfahren andererseits jeweils mehrere Verfahren über a) die Erinnerung, c) die Beschwerde in demselben Beschwerderechtszug dieselbe Angelegenheit bilden. Dies hat zur Folge, dass nach § 15 II RVG die Gebühren nur einmal berechnet werden können.
- In sehr einfachen Fällen kann die vereinfachte Kostenfestsetzung beantragt werden, § 105 ZPO, hier werden die Kosten gleich auf dem Titel mit festgesetzt. Die übliche Wartefrist von 2 Wochen ab Zustellung des KFB, § 798 ZPO, muss in diesen Fällen nicht abgewartet werden.
- Hat eine Partei zunächst eine Instanz verloren und die für die Gegenseite festgesetzten Kosten ausgeglichen, um die Zwangsvollstreckung zu vermeiden, kann sie bei Obsiegen in er nächsten Instanz die zu Unrecht gezahlten Kosten der 1. Instanz rückfestsetzen lassen, § 91 IV ZPO.

2. Kostenausgleichung

Sofern eine Partei nur teilweise gewinnt und teilweise verliert, sind die Kosten gegeneinander aufzuheben oder verhältnismäßig zu teilen, § 92 I 1 ZPO. Sind die Kosten gegeneinander aufgehoben, so fallen die Gerichtskosten jeder Partei zur Hälfte zur Last, § 92 I 2 ZPO – die Anwaltskosten trägt dann jede Partei selbst. Häufig werden die Kosten jedoch im Verhältnis der sogenannten Unterliegensquote verteilt, § 92 I 1 ZPO.

Prüfungstipp: Die Kostenquotelung ist ein beliebtes Prüfungsthema! Sie sollten sie gut beherrschen.

Aha: Bei einer Kostenquotelung (z.B. Kläger trägt ¼; Beklagter ¾ der Kosten) meldet jede Partei ihre Anwaltskosten und die von ihr gezahlten Gerichtskosten im Kostenfestsetzungsverfahren nach § 106 ZPO zur Ausgleichung an. Der Rechtspfleger nimmt dann die sogenannte Kostenausgleichung vor. RA-Fachangestellte müssen in der Lage sein, diese Kostenausgleichung zu überprüfen.

Vorsicht: Im Kostenfestsetzungsverfahren heißen die RA-Kosten für das gerichtliche Verfahren „außergerichtliche Kosten" (= alle Kosten außerhalb der Gerichtskosten). Damit ist NICHT die Geschäftsgebühr gemeint.

Übungsfall:

In einem **gerichtlichen Verfahren** (Gegenstandswert: **15.000,00 €**) schließen die Parteien in der **mündlichen Verhandlung** einen **Vergleich**, nach dem der Beklagte zur Abgeltung der Klageforderung 10.000,00 € an den Kläger bezahlt. Die Kostenregelung lautet wie folgt: Von den Kosten des Rechtsstreits einschließlich der Kosten des Vergleichs trägt der Kläger 1/3, der Beklagte 2/3.

Bitte nehmen Sie die Kostenausgleichung vor.

Lösungsvorschlag:

1. Ausgleichung der Gerichtskosten:

mit Klage vom Kläger eingezahlt,		
3,0 Verfahrensgebühr, Nr. 1210 KV GKG	€	879,00
Erstattung durch Staatskasse aufgrund des Vergleichs	./. €	586,00
Rest Gerichtskosten	€	293,00
hiervon hat der Kläger 1/3 zu tragen	€	97,67
sodass der Beklagte an den Kläger an Gerichtskosten		
zu erstatten hat	**€**	**195,33**

2. Ausgleichung der außergerichtlichen Kosten
(d.h. der Rechtsanwaltskosten für das gerichtliche Verfahren):

RA-Kosten des Klägers:

Gegenstandswert: 15.000,00 €, § 2 I RVG		
1,3 Verfahrensgebühr		
(§§ 2 II, 13 I RVG), Nr. 3100 VV RVG	€	845,00
1,2 Terminsgebühr		
(§§ 2 II, 13 I RVG), Nr. 3104 VV RVG	€	780,00
1,0 Einigungsgebühr		
(§§ 2 II, 13 I RVG), Nr. 1003 VV RVG	€	650,00
PT-Pauschale, Nr. 7002 VV RVG	€	20,00
Zwischensumme	€	2.295,00
19 % Umsatzsteuer, Nr. 7008 VV RVG	€	436,05
Summe	**€**	**2.731,05**

RA-Kosten des Beklagten:

Gegenstandswert: 15.000,00 €, § 2 I RVG		
1,3 Verfahrensgebühr		
(§§ 2 II, 13 I RVG), Nr. 3100 VV RVG	€	845,00
1,2 Terminsgebühr		
(§§ 2 II, 13 I RVG), Nr. 3104 VV RVG	€	780,00
1,0 Einigungsgebühr		
(§§ 2 II, 13 I RVG), Nr. 1003 VV RVG	€	650,00
PT-Pauschale, Nr. 7002 VV RVG	€	20,00
Zwischensumme	€	2.295,00
19 % Umsatzsteuer, Nr. 7008 VV RVG	€	436,05
Summe	**€**	**2.731,05**
Summe der außergerichtlichen Kosten	€	5.462,10
hiervon hat der Kläger 1/3 zu zahlen	€	1.820,70
seine eigenen Kosten haben betragen	€	2.731,05
sodass der Beklagte an den Kläger	**€**	**910,35**
zu erstatten hat.		

Gegenprobe:		
Summe der außergerichtlichen Kosten	€	5.462,10
hiervon hat der Beklagte 2/3 zu zahlen	€	3.641,40
seine eigenen Kosten haben betragen	€	2.731,05
sodass der Beklagte an den Kläger	€	**910,35**
zu erstatten hat.		

3. Gesamterstattungsanspruch

Summe zu erstattender Gerichtskosten	€	195,33
Summe zu erstattende Rechtsanwaltskosten	€	910,35
zu erstattender Betrag gesamt vom Beklagten an den Kläger	€	**1.105,68**

Hinweis: Aufgrund des Vergleichsabschlusses erfolgt eine Gerichtskostenrückerstattung von 2 Gerichts-Verfahrensgebühren gem. Nr. 1211 Nr. 3 KV GKG in Höhe von 586,00 €.

Vorsicht: Außergerichtliche Kosten sind für das Gericht nicht etwa die Geschäftsgebühr, sondern vielmehr alle Kosten außerhalb der Gerichtskosten, d.h. in diesem Fall die Rechtsanwaltsgebühren des Verfahrens.

Aha: Bei einer Kostenausgleichung werden in der Regel zunächst die Gerichtskosten ausgeglichen, und dann die Rechtsanwaltskosten. Die Ausgleichung wird immer getrennt vorgenommen, die Reihenfolge ist jedoch nicht wichtig. Sobald die Gerichtskosten und die Rechtsanwaltskosten jeweils gesondert ausgeglichen worden sind, erfolgt eine Einbeziehung der sich hier ergebenden Beträge in die Kostenausgleichung.

Übungsfall:

In einem Verfahren vor dem Landgericht Flensburg (Gegenstandswert: 9.300,00 €) kommt es im Termin zur mündlichen Verhandlung zu einem Vergleich. Nach dem Vergleich verpflichtet sich der Beklagte 6.000,00 € zur Abgeltung der Klageforderung an den Kläger zu bezahlen. Von den Kosten des Verfahrens trägt der Kläger 1/3, der Beklagte 2/3. Der Kläger ist nicht vorsteuerabzugsberechtigt, der Beklagte ist vorsteuerabzugsberechtigt. Der Rechtspfleger erlässt einen Kostenfestsetzungsbeschluss, nach dem die vom Beklagten an den Kläger zu erstattenden Kosten auf 1.068,25 € festgesetzt werden.

Überprüfen Sie bitte anhand einer eigenen Kostenausgleichung, ob der Rechtspfleger den festzusetzenden Betrag korrekt ermittelt hat.

Lösungsvorschlag:

Kostenausgleichung:

RA-Kosten für den Kläger:
Gegenstandswert: 9.300,00 €

1,3 Verfahrensgebühr Nr. 3100 VV RVG	€	725,40
1,2 Terminsgebühr Nr. 3104 VV RVG	€	669,60
1,0 Einigungsgebühr Nr. 1003 VV RVG	€	558,00
PT-Pauschale, Nr. 7002 VV RVG	€	20,00
Zwischensumme	€	1.973,00
19 % Umsatzsteuer, Nr. 7008 VV RVG	€	374,87
Summe	€	**2.347,87**

RA-Kosten für den Beklagten, netto:
Gegenstandswert: 9.300,00 €

1,3 Verfahrensgebühr Nr. 3100 VV RVG	€	725,40
1,2 Terminsgebühr Nr. 3104 VV RVG	€	669,60
1,0 Einigungsgebühr Nr. 1003 VV RVG	€	558,00
PT-Pauschale, Nr. 7002 VV RVG	€	20,00
Summe	**€**	**1.973,00**

Außergerichtliche Kosten Kläger	€	2.347,87
Außergerichtliche Kosten Beklagter	€	1.973,00
Gesamtsumme außergerichtliche Kosten	**€**	**4.320,87**
Hiervon hat der Beklagte zu tragen 2/3	€	2.880,58
Abzgl. eigener Kosten des Beklagten	./. €	1.973,00
Zu erstattende außergerichtliche Kosten des Beklagten an den Kläger	**€**	**907,58**

Gerichtskosten vom Kläger einbezahlt		
3,0 Verfahrensgebühr Nr. 1210 KV GKG	€	723,00
Abzgl. Erstattung durch Gerichtskasse wegen Vergleichsabschluss Nr. 1211 Nr. 3 KV GKG	./. €	482,00
Restbetrag Gerichtskosten	€	241,00
Hiervon hat der Beklagte zu tragen 2/3	€	160,67

Vom Beklagten an den Kläger zu erstattende Rechtsanwaltskosten	€	907,58
Vom Beklagten an den Kläger zu erstattende Gerichtskosten	€	160,67
Summe	**€**	**1.068,25**

Ergebnis:
Der vom Rechtspfleger festgesetzte Betrag ist korrekt. Gegen den Kostenfestsetzungsbeschluss ist daher ein Rechtsmittel nicht einzulegen.

Übungsfall:

In einem Verfahren vor dem Landgericht Flensburg (Gegenstandswert: 19.300,00 €) kommt es im Termin zur mündlichen Verhandlung zu einem Vergleich. Nach dem Vergleich verpflichtet sich der Beklagte 6.000,00 € zur Abgeltung der Klageforderung an den Kläger zu bezahlen. Von den Kosten des Verfahrens trägt der Kläger 1/3, der Beklagte 2/3. Der Kläger ist nicht vorsteuerabzugsberechtigt, der Beklagte ist vorsteuerabzugsberechtigt. Der Rechtspfleger erlässt einen Kostenfestsetzungsbeschluss, nach dem die vom Beklagten an den Kläger zu erstattenden Kosten auf 1.638,15 € festgesetzt werden.

Überprüfen Sie bitte anhand einer eigenen Kostenausgleichung, ob der Kostenfestsetzungsbeschluss anzufechten ist.

Lösungsvorschlag:

Kostenausgleichung:

RA-Kosten für den Kläger:
Gegenstandswert: 19.300,00 €

1,3 Verfahrensgebühr Nr. 3100 VV RVG	€	964,60
1,2 Terminsgebühr Nr. 3104 VV RVG	€	890,40
Zwischensumme (Übertrag)	€	1855,00

Zwischensumme (Übertrag)	€	1855,00
1,0 Einigungsgebühr Nr. 1003 VV RVG	€	742,00
PT-Pauschale, Nr. 7002 VV RVG	€	20,00
Zwischensumme	€	2.617,00
19 % Umsatzsteuer, Nr. 7008 VV RVG	€	497,23
Summe	€	**3.114,23**

RA-Kosten für den Beklagten, netto:
Gegenstandswert: 19.300,00 €

1,3 Verfahrensgebühr Nr. 3100 VV RVG	€	964,60
1,2 Terminsgebühr Nr. 3104 VV RVG	€	890,40
1,0 Einigungsgebühr Nr. 1003 VV RVG	€	742,00
PT-Pauschale, Nr. 7002 VV RVG	€	20,00
Summe	€	**2.617,00**
Außergerichtliche Kosten Kläger	€	3.114,23
Außergerichtliche Kosten Beklagter	€	2.617,00
Gesamtsumme außergerichtliche Kosten	€	**5.731,23**
Hiervon hat der Beklagte zu tragen 2/3	€	3.820,82
Abzgl. eigener Kosten des Beklagten	./. €	2.617,00
Zu erstattende außergerichtliche Kosten **des Beklagten an den Kläger**	€	**1.203,82**

Gerichtskosten vom Kläger einbezahlt

3,0 Verfahrensgebühr Nr. 1210 KV GKG	€	1.035,00
Abzgl. Erstattung durch Gerichtskasse wegen Vergleichsabschluss Nr. 1211 Nr. 3 KV GKG	./. €	690,00
Restbetrag Gerichtskosten	€	345,00
Hiervon hat der Beklagte zu tragen 2/3	€	230,00
Vom Beklagten an den Kläger zu erstattende Rechtsanwaltskosten	€	1.203,82
Vom Beklagten an den Kläger zu erstattende Gerichtskosten	€	230,00
Summe	€	**1.433,82**

Ergebnis:
Die Berechnung des Rechtspflegers ist nicht korrekt. Gegen den Kostenfestsetzungsbeschluss kann die sofortige Beschwerde eingelegt werden, da der Wert des Beschwerdegegenstands 200,00 € übersteigt, §§ 104 Abs. 3, 567 Abs. 1 Nr. 1, 569 Abs. 1, Abs. 2 ZPO, 11 Abs. 1 RPflG. Die sofortige Beschwerde ist innerhalb einer Notfrist von zwei Wochen ab Zustellung des Kostenfestsetzungsbeschlusses einzulegen.

Prüfungstipp: Beachten Sie bei einer Kostenausgleichung immer, wer nach der Aufgabenstellung die Gerichtskosten verauslagt hat. Bei einem Zivilprozess ist immer der Kläger vorschusspflichtig (Ausnahme: Er stellt einen PKH-Antrag).

Wir halten fest:
- Obsiegt eine Partei nur teilweise, werden ihr in der Regel auch ein Teil der Kosten auferlegt.
- Bei teilweisem Obsiegen erfolgt keine Festsetzung der gesamten entstandenen Kosten.
- Bei teilweisem Obsiegen wird eine Kostenausgleichung durchgeführt, wenn die Parteien jeweils einen anteiligen Kostenerstattungsanspruch gegen die andere Partei haben.

- Bei einer Kostenausgleichung verrechnet der Rechtspfleger den teilweisen Kostenerstattungsanspruch der einen Partei mit dem teilweisen Kostenerstattungsanspruch der anderen Partei.
- Durch die Kostenausgleichung wird vermieden, dass zwei Kostenfestsetzungsbeschlüsse in einem Gerichtsverfahren erlassen werden.
- Sobald eine Partei Kostenausgleichung beantragt, muss die andere Partei innerhalb von einer Woche ebenfalls einen Kostenausgleichungsantrag einreichen, damit eine einheitliche Entscheidung des Rechtspflegers ergehen kann, § 106 ZPO.
- Bei der Kostenausgleichung werden zunächst die Gerichtskosten ausgeglichen und sodann die sogenannten „außergerichtlichen Kosten" (= RA-Vergütung des gerichtlichen Verfahrens).
- Für den Rechtspfleger sind alle Kosten außerhalb der Gerichtskosten, Sachverständigenkosten und Zeugenauslagen „außergerichtliche Kosten", d.h. die Verfahrens- und Terminsgebühr der Anwälte z.B.; unter dem Begriff „außergerichtliche Kosten" fällt für den Rechtspfleger nicht die Geschäftsgebühr. Diese wird vielmehr meist als „vorgerichtliche Anwaltskosten" bezeichnet.

3. Vergütungsfestsetzung gegen den eigenen Auftraggeber

Zahlt der Auftraggeber die Vergütung seines eigenen RA nicht, so besteht **in gerichtlichen Verfahren** die Möglichkeit, eine Kostenfestsetzung gegen den eigenen Auftraggeber nach **§ 11 RVG** zu erreichen.

Voraussetzungen zur Festsetzung nach § 11 RVG sind:
- Fälligkeit der Gebühren;
- ein gerichtliches Verfahren ist voraus gegangen (vorgerichtliche Gebühren sind nicht festsetzbar!);
- Anhörung der Beteiligten vor der Festsetzung;
- Anwendung der Vorschriften der §§ 103 ff. ZPO;
- Aussetzung des Verfahrens, wenn der Gegenstandswert vom Gegner bestritten wird, bis der Gegenstandswert vom Gericht festgesetzt worden ist;
- es dürfen keine „nicht gebührenrechtlichen Einwendungen des Gegners" erfolgen (z.B. Anwalt habe den Verlust des Prozesses verschuldet – in diesen Fällen ist eine Fortsetzung des Kostenfestsetzungsverfahrens gegen den Auftraggeber nicht möglich – nur noch Klage oder Mahnbescheid);
- bei Rahmengebühren ist lediglich die Festsetzung der Mindestgebühr möglich, außer es wird mit dem Antrag eine Einverständniserklärung des Auftraggebers vorgelegt (z.B. eine Vergütungsvereinbarung oder nachträgliche Zustimmung zur Rechnung).

Rechtsfolge: Hemmung der Verjährungsfrist für den Vergütungsanspruch des RA, § 11 VII RVG.

Das Verfahren läuft somit ähnlich ab wie ein normales Kostenfestsetzungsverfahren, nur dass die Gebühren und Auslagen hier nicht gegen den Gegner, sondern gegen den eigenen Auftraggeber festgesetzt werden.

Vorteil:
- die Vergütung wird kostengünstig tituliert, da das Verfahren nach § 11 RVG keine Gebühren auslöst, vgl. dazu § 19 I 2 Nr. 14 RVG;
- das Verfahren ist wesentlich schneller als ein Klage- oder Mahnverfahren;

- es erfordert weniger Aufwand, da eine Begründung des Anspruchs wie z.B. bei der Klage nicht notwendig ist.

Übungsfall:

Rechtsanwalt Huber beantragt die Festsetzung seiner Vergütung für die Vertretung in einem gerichtlichen Zivilverfahren. Der zuständige Rechtspfleger übersendet den Kostenfestsetzungsantrag an den früheren Mandanten/Antragsgegner. Dieser nimmt zum Kostenfestsetzungsantrag Stellung und erhebt die Einwendung, dass eine Vergütung nicht geschuldet wird, da der Rechtsanwalt schuldhaft nicht darauf hingewiesen habe, dass ein Anspruch auf Prozesskostenhilfe besteht.

Der Rechtspfleger lehnt daraufhin die Festsetzung der Vergütung gegen den eigenen Auftraggeber ab. Prüfen Sie, ob die Ablehnung zu Recht erfolgt ist.

Lösungsvorschlag:

Die Festsetzung durch den Rechtspfleger ist abzulehnen, soweit der Antragsgegner Einwendungen oder Einreden erhebt, die nicht im Gebührenrecht ihren Grund haben, § 11 V 1 RVG. Um eine solche Einwendung handelt es sich hier. Daher hat der Rechtspfleger zu Recht die Festsetzung abgelehnt.

Hinweis: Der Rechtsanwalt wird seine Vergütung nun gerichtlich geltend machen müssen durch die Erhebung einer Klage oder aber Beantragung eines Mahnbescheides.

Wir halten fest:

- Hat der Auftraggeber seine Rechnung nicht bezahlt, kann in bestimmten Fällen beantragt werden, dass die entstandenen Kosten gegen ihn festgesetzt werden.
- Die Voraussetzungen des § 11 RVG sind:
  - Es müssen Kosten eines gerichtlichen Verfahrens sein, § 11 I 1 RVG.
  - Der RA muss einen Antrag stellen, § 11 I 1 RVG.
  - Die Kosten müssen fällig sein, § 11 II 1 RVG.
  - Vor der Festsetzung sind die Beteiligten zu hören, § 11 II 2 RVG.
  - Bei Rahmengebühren können nur die Mindestgebühren festgesetzt werden; Ausnahme: Mit dem Festsetzungsantrag wird eine Zustimmungserklärung des Auftraggebers zur Gebührenhöhe vorgelegt, dann können auch z.B. Mittel- oder Höchstgebühren festgesetzt werden, § 11 VIII RVG.
- Bei Bestreiten des Gegenstandswertes ist das Verfahren bis zur Streitwertfestsetzung auszusetzen, § 11 IV RVG.
- Durch den Antrag auf Festsetzung wird die Verjährung wie durch Klagerhebung gehemmt, § 11 VII RVG.
- Durch die Festsetzung der Gebühren gegen den eigenen Auftraggeber erhält der RA schnell und kostengünstig einen Titel, aus dem die Zwangsvollstreckung möglich ist.
- Eine Klage oder ein Mahnbescheid gegen den Mandanten wg. der Gebühren sind in gerichtlichen Verfahren erst möglich, wenn der Rechtspfleger die Festsetzung ablehnt. Man kann also nicht frei wählen und muss erst die Festsetzung nach § 11 RVG versuchen.
- Handelt es sich um eine nicht bezahlte Rechnung für eine Beratung oder außergerichtliche Vertretung, kann – wenn der Auftraggeber sich in Verzug befindet – sogleich der Erlass eines Mahnbescheides beantragt oder eine Klage erhoben werden.

Kapitel 19
Zwangsvollstreckungssachen

1. Gebührenanfall

Die Gebühren in Zwangsvollstreckungssachen und für die Vollziehung einer im Wege des einstweiligen Rechtsschutzes ergangenen Entscheidung (z.B. Zustellung einer einstweiligen Verfügung) sind im 3. Teil, 3. Abschnitt, 3. Unterabschnitt des Vergütungsverzeichnisses geregelt.

Danach kann der Rechtsanwalt verdienen:
- 0,3 Verfahrensgebühr nach Nr. 3309 VV RVG
- 0,3 Terminsgebühr nach Nr. 3310 VV RVG.

Hoppla: Auch eine Erhöhung der Verfahrensgebühr ist möglich, wenn der RA mehrere Personen vertritt, die Auftraggeber sind. Die Erhöhung beträgt für jeden weiteren Auftraggeber 0,3, und zwar unabhängig von der Ausgangsgebühr! Zur Erhöhung siehe auch Kapitel 9 sowie nachstehend unten. Die Erhöhung darf insgesamt nicht mehr als 2,0 betragen!

2. Gegenstandswert

Aha: Der Gegenstandswert wird nach § 25 RVG berechnet! Vgl. dazu auch die Ausführungen in Kapitel 7. Die Bestimmung in § 25 RVG **geht anderen Wertvorschriften vor!**

Bei der Berechnung des Gegenstandswertes werden in **Zwangsvollstreckungsangelegenheiten** – anders als sonst – sämtliche **Neben- und Kostenforderungen** sowie die **Zinsen hinzugerechnet, § 25 I Nr. 1 RVG**. Kosten und Zinsen werden bis zu dem Tage berechnet, an dem die jeweilige Maßnahme durchgeführt wird. Frühere Zwangsvollstreckungskosten in derselben Angelegenheit gehören ebenfalls zur Kostenforderung und sind dem Gegenstandswert hinzuzurechnen.

Übungsfall:

RA Niedermeier vollstreckt aus einem Titel, nach dem die Schuldnerin eine Hauptforderung in Höhe von 3.400,00 € zzgl. Zinsen i.H.v. 251,00 € zu bezahlen hat. Die bisherigen Zwangsvollstreckungskosten haben 115,85 € betragen. Am 08.11.2015 wird ein Antrag auf Erlass eines Pfändungs- und Überweisungsbeschlusses (PfÜb) gestellt.

Bitte berechnen Sie die Vergütung für RA Niedermeier einschl. der anfallenden Gerichtskosten.

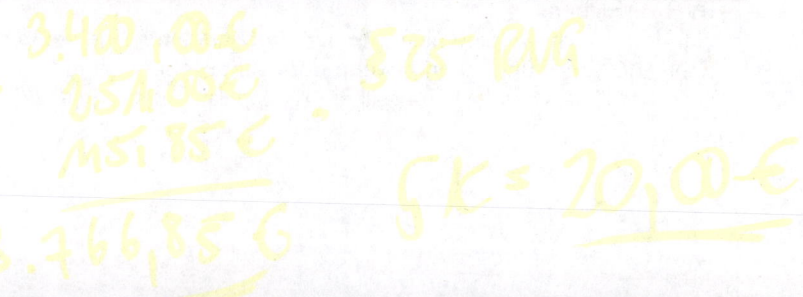

Lösungsvorschlag:

Gegenstandswert: 3.766,85 €, §§ 2 I, 25 I Nr. 1 RVG

Hauptforderung	€	3.400,00
Zinsen	€	251,00
bisherige Vollstreckungskosten	€	115,85
Summe	€	**3.766,85**

Antrag auf Erlass eines PfÜb:

0,3 Verfahrensgebühr		
(§§ 2 II, 13 I RVG) Nr. 3309 VV RVG	€	75,60
PT-Pauschale, Nr. 7002 VV RVG	€	15,12
Zwischensumme	€	90,72
19 % Umsatzsteuer, Nr. 7008 VV RVG	€	17,24
Summe	€	107,96
Gerichtskosten gem. Nr. 2110 KV GKG Anlage 1 zu § 3 Abs. 2 GKG	€	20,00
Summe	€	**127,96**

Abwandlung:

Fall wie zuvor. Die weiteren Zwangsvollstreckungsmaßnahmen gegen die Schuldnerin sind fruchtlos ausgefallen. Inzwischen liegen die Voraussetzungen zur Abgabe der eidesstattlichen Versicherung vor. Weitere Vollstreckungskosten sind in Höhe von 150,44 € angefallen.

Bitte erstellen Sie die Vergütungsrechnung des RA Niedermeier für den Antrag auf Bestimmung eines Termins zur Abnahme der Vermögensauskunft.

Lösungsvorschlag:

Gegenstandswert: 2.000,00 € (Höchstwert), §§ 2 I, 25 I Nr. 4 RVG

0,3 Verfahrensgebühr		
(§§ 2 II, 13 I RVG) Nr. 3309 VV RVG	€	45,00
PT-Pauschale, Nr. 7002 VV RVG	€	9,00
Zwischensumme	€	54,00
19 % Umsatzsteuer, Nr. 7008 VV RVG	€	10,26
Summe	€	**64,26**

Achtung: Bei der Herausgabevollstreckung bestimmt sich der Wert nach der herauszugebenden Sache, jedoch darf der Wert nicht den Wert übersteigen, den der Herausgabe- oder Räumungsanspruch (z.B. bei Mietobjekten) nach dem GKG hat, **§ 25 I Nr. 2 RVG.**

Vorsicht: Der Gegenstandswert in Zwangsversteigerungs-, Zwangsverwaltungs- und Insolvenzverfahren ist gesondert in den §§ 26, 27, und 28 RVG geregelt!

Prüfungstipp: Bei der **Vermögensauskunft** gilt als **Höchstgegenstandswert** ein Betrag von **2.000,00 €**, § 25 I Nr. 4, letzter Halbsatz RVG. Die Gegenstandswerte in ZV-Sachen und damit § 25 RVG sind regelmäßig Prüfungsstoff!

3. Einzelne Tätigkeiten

Aber: Einige Tätigkeiten des Rechtsanwalts, die der Vorbereitung zur Zwangsvollstreckung dienen (z.B. Einholung einer Vollstreckungsklausel) sind mit der Verfahrensgebühr des Prozesses **abgegolten**. Etwas anderes gilt lediglich, wenn der Rechtsanwalt nicht bereits Prozessbevollmächtigter für den Hauptprozess war. Dann werden derartige Tätigkeiten (z.B. Einholung der Vollstreckungsklausel) nach **Nr. 3408 VV** RVG abgegolten (= ermäßigte 0,8 Verfahrensgebühr für eine Einzeltätigkeit).

4. Mehrere Gläubiger

Und: Vertritt der Rechtsanwalt **mehrere** Gläubiger, findet Nr. 1008 VV RVG Anwendung, so dass sich die Zwangsvollstreckungsgebühr für jeden weiteren Auftraggeber um 0,3 **erhöht**, die Erhöhung jedoch maximal 2,0 beträgt!

Übungsfall:

RA Müller vollstreckt für die Eheleute Günther und Maria Meier gegen den Schuldner Michael Pfahl aus einem Versäumnisurteil. Die Hauptforderung beträgt 677,00 € zzgl. Zinsen in Höhe von 15,44 € sowie festgesetzte Kosten nebst Zinsen in Höhe von 136,00 €.

Bitte berechnen Sie die Vergütung des RA Müller für diesen Vollstreckungsauftrag.

Lösungsvorschlag:

Gegenstandswert: 677,00 € zzgl. 15,44 € u. zzgl. 136,00 € = 828,44 €
§§ 2 I, 25 I Nr. 1 RVG

0,3 Verfahrensgebühr		
(§§ 2 II, 13 I RVG), Nr. 3309 VV RVG	€	24,00
0,3 Erhöhung		
(§§ 2 II, 13 I RVG), Nr. 1008 VV RVG	€	24,00
PT-Pauschale, Nr. 7002 VV RVG	€	9,60
Zwischensumme	€	57,60
19 % Umsatzsteuer, Nr. 7008 VV RVG	€	10,94
Summe	**€**	**68,54**

Sie können auch schreiben: 0,6 erhöhte Verfahrensgebühr, Nrn. 3309, 1008 VV RVG (= 48,00 €).

Abwandlung:

Gleicher Fall wie zuvor. Der Rechtsanwalt vertritt aber nicht Eheleute, sondern 9 Auftraggeber!

Bitte berechnen Sie die Vergütung des RA Müller für diesen Vollstreckungsauftrag.

Lösungsvorschlag:

0,3 Verfahrensgebühr (§§ 2 II, 13 I RVG), Nr. 3309 VV RVG	€	24,00
2,0 Erhöhung (§§ 2 II, 13 I RVG), Nr. 1008 VV RVG	€	160,00
PT-Pauschale, Nr. 7002 VV RVG	€	20,00
Zwischensumme	€	204,00
19 % Umsatzsteuer, Nr. 7008 VV RVG	€	38,76
Summe	€	**242,76**

Sie können auch schreiben: 2,3 erhöhte Verfahrensgebühr, Nrn. 3309, 1008 VV RVG.

5. Mehrere Schuldner

Achtung: Richtet sich die Zwangsvollstreckung **gegen mehrere Schuldner**, so entstehen die Gebühren und Auslagen des Rechtsanwalts **für jeden Schuldner gesondert**. Dies gilt auch dann, wenn die Schuldner **Gesamtschuldner** sind. Dies ist unabhängig davon der Fall, ob die Vollstreckungsmaßnahme getrennt oder in einem einheitlichen Formular beantragt wird.

Übungsfall:

Rechtsanwältin Bauer beauftragt am 16.08. den Gerichtsvollzieher damit, aus einem Vollstreckungsbescheid gegen die Eheleute Cindy und Atze Schmitz die Sachpfändung durchzuführen. Die Hauptforderung beträgt 970,00 €. Zinsen sind bisher in Höhe von 23,70 € entstanden. Die Kosten des Mahnverfahrens haben 162,23 € betragen.

Bitte erstellen Sie die Vergütungsrechnung für Rechtsanwältin Bauer.

Lösungsvorschlag:

Gegenstandswert: 1.155,93 €, §§ 2 I, 25 I Nr. 1 RVG

Hauptforderung	€	970,00
Zinsen	€	23,70
Kosten des Mahnverfahrens	€	162,23
Summe	€	**1.155,93**

Zwangsvollstreckungsauftrag gegen Anna Schmitz:

0,3 Verfahrensgebühr (§§ 2 II, 13 I RVG), Nr. 3309 VV RVG	€	34,50
PT-Pauschale, Nr. 7002 VV RVG	€	6,90
Zwischensumme	€	41,40
19 % Umsatzsteuer, Nr. 7008 VV RVG	€	7,87
Summe	€	**49,27**

Zwangsvollstreckungsauftrag gegen Heinz Schmitz:

0,3 Verfahrensgebühr (§§ 2 II, 13 I RVG), Nr. 3309 VV RVG	€	34,50
PT-Pauschale, Nr. 7002 VV RVG	€	6,90
Zwischensumme (Übertrag)	€	41,40

Zwischensumme (Übertrag)	€	41,40
19 % Umsatzsteuer, Nr. 7008 VV RVG	€	7,87
Summe	€	**49,27**

6. Eine oder mehrere Angelegenheiten?

Aufgepasst: Gemäß § 18 I Nr. 1 RVG gilt **jede Vollstreckungsmaßnahme** zusammen mit den durch diese vorbereitenden weiteren Handlungen bis zur Befriedigung des Gläubigers als **besondere Angelegenheit** mit der Folge, dass im Umkehrschluss zu § 15 II (in **derselben** Angelegenheit Gebühren nur 1 ×!) jede Maßnahme gesondert abgerechnet werden kann. Dies gilt entsprechend im Verwaltungszwangsverfahren (Verwaltungsvollstreckungsverfahren), § 18 I Nr. 1 RVG.

Solange die Vollstreckungshandlungen ihre Beziehung zu der einmal gewählten und in Gang gebrachten Vollstreckungsmaßnahme behalten, stellt dies jedoch **eine** Angelegenheit dar. So z.B.,

- wenn Vollstreckungsauftrag erteilt wird, der Schuldner verzogen ist, eine Einwohnermeldeamtsanfrage erforderlich wird und neuer Vollstreckungsauftrag innerhalb des gleichen Bezirks folgt
- oder auch, wenn zunächst eine Vorpfändung zugestellt wird und alsdann ein Pfändungs- und Überweisungsbeschluss beim Vollstreckungsgericht beantragt wird.

Aha: Hier kann lediglich **eine** Gebühr nach Nr. 3309 VV RVG in Ansatz gebracht werden.

Und: Als **eine** Angelegenheit zählen z.B. auch

- Antrag auf Bestimmung eines Termins zur Abgabe der Vermögensauskunft und anschließender evtl. notwendiger Verhaftungsauftrag (ohne erneutem Pfändungsauftrag);
- Antrag auf Abgabe der Vermögensauskunft und Prüfung des Vermögensverzeichnisses.

Übungsfall:

Erläutern Sie der Auszubildenden in Ihrer Kanzlei, wie die nachfolgenden Tätigkeiten des RA abgerechnet werden können!

Bitte geben Sie nur die entsprechende Vergütungsverzeichnis-Nummer und die Gebühr nebst Gebührensatz an!

a) Antrag auf Erlass eines Pfändungs- und Überweisungsbeschlusses

b) Auftrag an Gerichtsvollzieher, eine Zustellung zu bewirken (und nur das)

c) Anmeldung einer Insolvenzforderung (und nur das)

d) Vertretung des Gläubigers im Vermögensauskunftsverfahren nebst Terminswahrnehmung

e) Antrag auf Durchführung der Zwangsversteigerung eines Hausgrundstücks

f) Antrag auf einstweilige Einstellung eines Zwangsversteigerungsverfahrens für den Schuldner

g) Vertretung des Antragsgegners im Zwangsversteigerungsverfahren und Wahrnehmung des Versteigerungstermins

h) Vertretung eines Gläubigers im Verfahren auf Eröffnung des Insolvenzverfahrens

---

Lösungsvorschlag:

a) 0,3 Verfahrensgebühr, Nr. 3309 VV RVG

b) 0,3 Verfahrensgebühr, Nr. 3309 VV RVG

c) 0,5 Verfahrensgebühr, Nr. 3320 VV RVG

d) 0,3 Verfahrensgebühr, Nr. 3309 VV RVG,
0,3 Terminsgebühr Nr. 3310 VV RVG

e) 0,4 Verfahrensgebühr, Nr. 3311 VV RVG (Anmerkung Nr. 1 VV RVG)

f) 0,4 Verfahrensgebühr, Nr. 3311 VV RVG (Anmerkung Nr. 6 VV RVG)

g) 0,4 Verfahrensgebühr, Nr. 3311 VV RVG (Anmerkung Nr. 1 VV RVG),
0,4 Terminsgebühr Nr. 3312 VV RVG

h) 0,5 Verfahrensgebühr, Nr. 3314 VV RVG

Und: Zu jeder besonderen Angelegenheit fallen Auslagen und Umsatzsteuer an.

7. Teilvollstreckungsauftrag

Achtung: Soll der RA aus Kostengründen nur wegen eines Teilbetrages Vollstreckungsauftrag erteilen, so richten sich seine Gebühren nach diesem Wert, § 25 I Nr. 1 RVG.

Übungsfall:

Gegen den Schuldner Ernst Pfandlos liegt ein Vollstreckungstitel mit einer Hauptforderung von 40.000,00 € vor. Aus Kostengründen soll zunächst aus einem Teilbetrag von 6.000,00 € Zwangsvollstreckungsauftrag erteilt werden. RA Furchtlos beauftragt daher den zuständigen Gerichtsvollzieher, wegen eines Teilbetrags von 6.000,00 € die Sachpfändung durchzuführen.

Bitte erstellen Sie die Vergütungsrechnung für RA Furchtlos.

Lösungsvorschlag:

Gegenstandswert: 6.000,00 €, § 25 I Nr. 1 RVG		
0,3 Verfahrensgebühr		
(§§ 2 II, 13 I RVG), Nr. 3309 VV RVG	€	106,20
PT-Pauschale, Nr. 7002 VV RVG	€	20,00
Zwischensumme	€	126,20
19 % Umsatzsteuer, Nr. 7008 VV RVG	€	23,98
Summe	€	**150,18**

8. Herausgabevollstreckung

Hinweis: Soll nur ein bestimmter Gegenstand gepfändet werden, und hat dieser einen geringeren Wert als die Forderung aus dem Titel nebst Zinsen und Kosten, gilt nur dieser geringere Wert.

Übungsfall:

Gegen den Schuldner Ernst Pfandlos liegt ein Vollstreckungstitel mit einer Hauptforderung von 40.000,00 € vor. RA Furchtlos erhält von seinem Auftraggeber die Mitteilung, dass der Schuldner Eigentümer eines wertvollen Kupferstichs ist. RA Furchtlos beauftragt daher den zuständigen Gerichtsvollzieher, diesen wertvollen Kupferstich (Wert: 15.000,00 €) zu pfänden.

Bitte erstellen Sie die Vergütungsrechnung für RA Furchtlos.

Lösungsvorschlag:

Gegenstandswert: 15.000,00 €, § 25 I Nr. 1 RVG

0,3 Verfahrensgebühr		
(§§ 2 II, 13 I RVG), Nr. 3309 VV RVG	€	195,00
PT-Pauschale, Nr. 7002 VV RVG	€	20,00
Zwischensumme	€	215,00
19 % Umsatzsteuer, Nr. 7008 VV RVG	€	40,85
Summe	**€**	**255,85**

Anmerkung:
Unerheblich ist dabei der Ausgang der Vollstreckung! Es kommt auf die Auftragserteilung an. Selbst wenn der Kupferstich nicht gepfändet werden kann, weil der Gerichtsvollzieher diesen beispielsweise nicht findet, ist die Abrechnung wie oben vorzunehmen.

---

9. Pfändung Unterhalt

Wird wegen Unterhalt künftig fällig werdendes Arbeitseinkommen gepfändet, so sind die noch nicht fälligen Ansprüche nach § 51 I 1 FamGKG zu bewerten, § 25 I Nr. 1 RVG.

Übungsfall:

Gegen den Schuldner Hugo Habenichts liegt ein Unterhaltstitel vor, nach dem der Schuldner seit 01.07.2013 einen monatlich im Voraus zu leistenden Unterhalt in Höhe von 364,00 € zu bezahlen hat. Im Oktober 2013 wird eine Lohnpfändung wegen der Rückstände und des laufenden Unterhalts beantragt.

Bitte erstellen Sie die Vergütungsrechnung für RA Furchtlos.

Lösungsvorschlag:

Gegenstandswert:

364,00 € × 12, § 25 I Nr. 1 RVG i. V. m. § 51 I FamGKG =	€	4.368,00
zzgl. 4 Monate bereits fälliger Unterhalt (Juli – Oktober) × 364,00 € =	€	1.456,00
gesamt, § 22 I RVG:	€	5.824,00
0,3 Verfahrensgebühr		
(§§ 2 II, 13 I RVG), Nr. 3309 VV RVG	€	106,20
PT-Pauschale, Nr. 7002 VV RVG	€	20,00
Zwischensumme	€	126,20
19 % Umsatzsteuer, Nr. 7008 VV RVG	€	23,98
Summe	**€**	**150,18**

Wir halten fest:

- In der Zwangsvollstreckung entsteht für eine Tätigkeit des Rechtsanwalts eine 0,3 Verfahrensgebühr nach Nr. 3309 VV RVG.
- Vertritt der RA mehrere Gläubiger in derselben Angelegenheit, kann sich die Verfahrensgebühr je weiterer Person, die Auftraggeber ist, um 0,3 erhöhen, Nr. 1008 VV RVG.
- Die Erhöhung darf max. 2,0 betragen (ohne die Ausgangsgebühr nach Nr. 3309) und ist in ihrer Höhe nicht abhängig von der Ausgangsgebühr.
- Nimmt der RA an einem gerichtlichen Termin oder aber einem Termin zur Abnahme der eidesstattlichen Versicherung teil, kann die Terminsgebühr nach Nr. 3310 VV RVG in Höhe von 0,3 entstehen. Dies gilt jedoch nur, wenn der RA selbst oder einer seiner in § 5 RVG genannten Vertreter den Termin wahrnimmt!
- Richtet sich eine Vollstreckungsmaßnahme gegen mehrere Schuldner, so erhält der RA die Verfahrensgebühr zzgl. Auslagen und Umsatzsteuer für jeden Schuldner gesondert.
- Die Gegenstandswertberechnung erfolgt nach § 25 RVG. Besonderheit: Wir addieren die bisherigen Kosten und Nebenforderungen wie Zinsen zum Hauptsachewert dazu und im Verfahren zur Abnahme der Vermögensauskunft darf maximal von einem Wert von 2.000,00 € ausgegangen werden.

Zur Ratenzahlungsvereinbarung im Rahmen der Zwangsvollstreckung vgl. auch ausführlich unter Kapitel 11 mit etlichen Beispielen.

Kapitel 20
Auslagen

1. PT-Pauschale

Der RA hat nach Nr. 7002 VV RVG Anspruch auf Ersatz der von ihm entrichteten Post- und Telekommunikationsdienstleistungen.

Achtung: Er kann dabei nach seiner Wahl entweder die **tatsächlich** gezahlten Entgelte weiterberechnen Nr. 7001 VV RVG oder aber eine sogenannte **PT-Pauschale** in Höhe von 20 % der Gebühren berechnen, Nr. 7002 VV RVG.

Hinweis: In diesem Buch wird grundsätzlich der Begriff PT-Pauschale gewählt, da die Bezeichnung „Entgelte für Post- und Telekommunikationsdienstleistungen" extrem lang ist. Auch „Auslagenpauschale" ist ein gängiger Begriff für Aufwendungen nach Nr. 7002 VV RVG. Bitte erkundigen Sie sich – sofern Sie unsicher sind –, ob in dem für Sie zuständigen Kammerbezirk diese Schreibweisen zugelassen sind.

Wichtig: Die PT-Pauschale darf je gebührenrechtlicher Angelegenheit maximal 20,00 € betragen. Bei Gebührenbeträgen unter 100,00 € kann sie aber auch niedriger sein.

Aber: Wird eine **Einzelberechnung** der Auslagen nach Nr. 7001 VV RVG vorgenommen, so können die tatsächlich entstandenen Auslagen berechnet werden, auch wenn diese über 20,00 € liegen.

Jedoch: Für die durch die Geltendmachung der Vergütung entstehenden Entgelte (Übersendung der Vergütungsrechnung) kann kein Ersatz verlangt werden! Siehe dazu die Anmerkung zu Nr. 7001 VV RVG.

Übungsfall:

Sie möchten mit Ihrer Auszubildenden die korrekte Berechnung der PT-Pauschale trainieren und geben ihr verschiedene Gebührenbeträge vor. Ihre Auszubildende soll die PT-Pauschale nach Nr. 7002 VV RVG für folgende Gebührenbeträge in zivilgerichtlichen Angelegenheiten berechnen:

a)	95,00 €	d)	64,00 €
b)	758,00 €	e)	50,00 €
c)	25,00 €	f)	4.560,00 €

Ihre Auszubildende legt Ihnen folgendes Ergebnis vor:

a)	20,00 €	d)	20,00 €
b)	20,00 €	e)	20,00 €
c)	20,00 €	f)	20,00 €

Prüfen Sie, ob die Auszubildende diese Beträge korrekt ermittelt hat.

Lösungsvorschlag:

a) Der Betrag ist falsch ermittelt. Der richtige Betrag beläuft sich auf: 19,00 €
b) Der Betrag ist korrekt.
c) Der Betrag ist falsch ermittelt. Der richtige Betrag beläuft sich auf: 5,00 €
d) Der Betrag ist falsch ermittelt. Der richtige Betrag beläuft sich auf: 12,80 €
e) Der Betrag ist falsch ermittelt. Der richtige Betrag beläuft sich auf: 10,00 €
f) Der Betrag ist korrekt.

Ich erkläre der Auszubildenden nochmals, dass sich die PT-Pauschale nach den gesetzlichen Gebühren richtet und 20 % beträgt, maximal 20,00 € und dass bei Gebührenbeträgen unter 100,00 € der Maximalbetrag nicht erreicht wird.

2. Dokumentenpauschale

Eine Pauschale für die Herstellung und Überlassung von Dokumenten (Dokumentenpauschale) erhält der RA nach Nr. 7000 Nr. 1 a) bis d) VV RVG für Kopien und Ausdrucke

1. aus Behörden- und Gerichtsakten, soweit deren Herstellung zur sachgemäßen Bearbeitung der Rechtssache geboten war, Nr. 7000 Nr. 1 a) VV RVG
2. zur Zustellung oder Mitteilung an Gegner oder Beteiligte und Verfahrensbevollmächtigte aufgrund einer Rechtsvorschrift oder nach Aufforderung durch das Gericht, die Behörde oder die sonst das Verfahren führende Stelle, soweit hierfür mehr als 100 Seiten zu fertigen waren, Nr. 7000 Nr. 1 b) VV RVG;
3. zur notwendigen Unterrichtung des Auftraggebers, soweit hierfür mehr als 100 Seiten zu fertigen waren, Nr. 7000 Nr. 1 c) VV RVG
4. in sonstigen Fällen nur, wenn sie im Einverständnis mit dem Auftraggeber zusätzlich, auch zur Unterrichtung Dritter, angefertigt worden sind, Nr. 7000 Nr. 1 d) VV RVG

in Höhe von 0,50 € für die ersten 50 abzurechnenden Seiten und für jede weitere Seite 0,15 €. Zum 01.08.2013 hat der Gesetzgeber eine Vergütung für Farbkopien geregelt: 1,00 € für die ersten 50 und 0,30 € für die weiteren ab der 51. =Kopie. Dabei gilt die Regel, dass nach Nr. 7000 1 b) und c) VV RVG gefertigte Kopien in der Anzahl von insgesamt 100 kostenfrei herzustellen sind, auch hier.

Achtung: Die Höhe der Dokumentenpauschale nach Nr. 7000 Nr. 1 VV RVG ist in derselben Angelegenheit und in gerichtlichen Verfahren in demselben Rechtszug **einheitlich** zu berechnen.

Das heißt:

- Ablichtungen farbig und/oder schwarz-weiß nach Nr. 7000 Nr. 1 a) können ab der ersten Kopie gezählt werden;
- Ablichtungen farbig und/oder schwarz-weiß nach Nr. 7000 Nr. 1 b) können ab der 101. Kopie gezählt werden (100 Kopien sind kostenlos zu fertigen!);
- Ablichtungen farbig und/oder schwarz-weiß nach Nr. 7000 Nr. 1 c) können ebenfalls ab der 101. Kopie gezählt werden (auch hier sind 100 Kopien kostenlos zu fertigen!);

- Ablichtungen farbig und/oder schwarz-weiß nach Nr. 7000 Nr. 1 d) können ab der ersten Kopie gezählt werden.

Aber: Bei der Berechnung der Dokumentenpauschale nach Nr. 7000 Nr. 1 VV RVG muss dann eine Addition der nach den Buchstaben a bis d zählbaren Kopien erfolgen. Die ersten 50 Kopien davon sind mit 0,50 €, alle weiteren mit 0,15 € zu berechnen, soweit es sich um schwarz-weiße Kopien handelt, für farbige Kopien oder Ausdrucke gelten 1,00 € bzw. 0,30 €.

Beispiele: Es wurden folgende Ablichtungen gefertigt:

Ablichtungen nach Nr. 7000 Nr. 1 a) VV RVG:	Anzahl 116
Ablichtungen nach Nr. 7000 Nr. 1 b) VV RVG:	Anzahl 124
Ablichtungen nach Nr. 7000 Nr. 1 c) VV RVG:	Anzahl 25
Ablichtungen nach Nr. 7000 Nr. 1 d) VV RVG:	Anzahl 5

Wir können addieren:

Ablichtungen nach Nr. 7000 Nr. 1 a) VV RVG:	**Anzahl 116** (können alle addiert werden)
Ablichtungen nach Nr. 7000 Nr. 1 b) VV RVG:	**Anzahl 24** (100 sind kostenfrei!)
Ablichtungen nach Nr. 7000 Nr. 1 c) VV RVG:	**Anzahl 0** (100 sind kostenfrei und noch nicht erreicht)
Ablichtungen nach Nr. 7000 Nr. 1 d) VV RVG:	**Anzahl 5** (können alle addiert werden)

Summe Ablichtungen **Gesamt-Anzahl 145**

Die Dokumentenpauschale nach Nr. 7000 Nr. 1 VV RVG beträgt: 39,25 €.

Zur Erläuterung:

- Die in Nr. 7000 Nr. 1 b) VV RVG angesprochene Rechtsvorschrift ist z.B. § 133 ZPO.
- Die in Nr. 7000 Nr. 1 d) VV RVG angesprochenen „sonstigen Fälle" betreffen z.B. Kopien für eine Rechtsschutzversicherung oder z.B. für den Steuerberater des Mandanten.

Achtung: Für die Überlassung von elektronisch gespeicherten Dateien oder deren Bereitstellung zum Abruf anstelle der in Nr. 7000 Nr. 1 d) genannten Abschriften und Ablichtungen erhält der Rechtsanwalt je Datei 1,50 €; für die in einem Arbeitsgang überlassenen, bereitgestellten oder in einem Arbeitsgang auf denselben Datenträger übertragenen Dokumente insgesamt höchstens 5,00 €.

Übungsfall:

RA Müller hat in einer Zivilsache 137 Kopien (schwarz-weiß) aus einer gerichtlichen Akte gefertigt.

Bitte berechnen Sie die Dokumentenpauschale.

Lösungsvorschlag:

Für die ersten 50 Kopien je 0,50 € = 25,00 €, für die weiteren 87 Kopien je 0,15 € = 13,05 €, zusammen 38,05 € gem. Nr. 7000 Nr. 1 a) VV RVG.

Hoppla: Eine Übermittlung durch den RA per **Telefax** steht der Herstellung einer Ablichtung gleich, Satz 2 der Anm. zu Nr. 7000 VV RVG.

Und neu seit 01.08.2013: Werden zum Zweck der Überlassung von elektronisch ge-speicherten Dateien Dokumente im Einverständnis mit dem Auftraggeber zuvor von der Papierform in die elektronische Form übertragen, beträgt die Dokumentenpau-schale nach Nr. 2 nicht weniger, als die Dokumentenpauschale im Fall der Nr. 7000 Nr. 1 VV RVG betragen würde, Abs. 2 der Anmerkung zu Nr. 7000 VV RVG.

3. Reisekosten

Sofern der RA eine Geschäftsreise unternimmt (Reise an einen anderen als den Wohn-oder Kanzleiort des RA), hat er Anspruch auf Ersatz seiner Reise- und Fahrtkosten, Übernachtungskosten sowie ein Tage- und Abwesenheitsgeld. Grundsatz und Höhe ergeben sich aus Vorbem. 7 Abs. 2 und 3 sowie Nrn. 7003 bis 7006 VV RVG (bitte lesen).

> **Achtung:** Eine Geschäftsreise liegt nur dann vor, wenn das Reiseziel außerhalb der Gemeinde liegt, in der sich die Kanzlei oder die Wohnung des Rechtsanwalts befindet, Vorbem. 7 Abs. 2 VV RVG.

Übungsfall:

RA Müller aus Köln reist nach Düsseldorf zu einem Gerichtstermin. Die Fahrt von Köln nach Düsseldorf beträgt 45 km. Er ist aufgrund der langen Verhandlung 7 Stun-den fort. Er ist mit dem eigenen PKW gereist. Parkgebühren hat er nicht entrichtet.

Bitte berechnen Sie die Reisekosten für RA Müller.

Lösungsvorschlag:

RA Müller hat Anspruch auf Ersatz seiner Fahrtkosten sowie eines Tage- und Abwesen-heitsgeldes. Diese berechnen sich wie folgt:

Fahrtkosten 45 km hin und zurück, somit × 2 = 90 km × 0,30 €, Nr. 7003 VV RVG	€	27,00
Tage- und Abwesenheitsgeld für 7 Stunden, Nr. 7005 Nr. 2 RVG	€	40,00
Zwischensumme	€	67,00
19 % Umsatzsteuer, Nr. 7008 VV RVG	€	12,73
Summe	€	**79,73**

Wir halten fest:

Mit den Gebühren werden auch allgemeine Geschäftskosten entgolten, diese können nicht gesondert berechnet werden (z.B. Raum- oder Personalkosten, Vorbem. 7 Abs. 1 VV RVG)

- Eine Geschäftsreise liegt vor, wenn das Reiseziel außerhalb der Gemeinde liegt, in der sich die Kanzlei oder die Wohnung des Rechtsanwalts befindet, Vorbem. 7 Abs. 2 VV RVG.
- Sofern der Rechtsanwalt mit einer Geschäftsreise mehrere Geschäfte erledigt, hat er die Reisekosten nach dem Verhältnis der Kosten zu verteilen, die bei gesonderter Ausführung der einzelnen Geschäfte entstanden wären, Vorbem. 7 Abs. 3 VV RVG.
- Kopiekosten können gesondert abgerechnet werden. Bei einigen Kopien sind al-lerdings 100 Seiten kostenfrei zu fertigen. Die abzurechnenden Seiten werden mit

0,50 € für die ersten 50 Seiten berechnet, jede weitere Seite mit 0,15 €. Bei Farbkopien können für die ersten 50 Seiten 1,00 € und für jede weitere Seite ab der 51. Kopie 0,30 € abgerechnet werden.

- Der Rechtsanwalt kann auf seine Gebühren eine Pauschale für Entgelte für Post- und Telekommunikationsdienstleistung (PT-Pauschale) in Höhe von 20 % der Gebühren, höchstens 20,00 € je Angelegenheit abrechnen, Nr. 7002 VV RVG.
- Der Rechtsanwalt kann allerdings anstelle der PT-Pauschale nach Nr. 7002 VV RVG die tatsächlich entstandenen Entgelte für Post- und Telekommunikationsdienstleistungen nach Nr. 7001 VV RVG in voller Höhe abrechnen.
- Fährt der Rechtsanwalt bei einer Geschäftsreise mit dem eigenen Pkw, kann er 0,30 € pro gefahrenen Kilometer abrechnen, Nr. 7003 VV RVG; bei Benutzung eines anderen Verkehrsmittels kann er diese Kosten in voller Höhe, soweit sie angemessen sind, berechnen, Nr. 7004 VV RVG.
- Das Tage- und Abwesenheitsgeld nach Nr. 7005 VV RVG beträgt bei einer Geschäftsreise von bis zu 4 Stunden 25,00 €, mehr als 4 bis 8 Stunden 40,00 € und mehr als 8 Stunden 70,00 €. Dabei kann bei Auslandsreisen ein Zuschlag von 50 % berechnet werden, Anm. zu Nr. 7005 VV RVG.
- Sonstige Auslagen anlässlich einer Geschäftsreise, wie z.B. Parkgebühren, können in voller Höhe berechnet werden, Nr. 7006 VV RVG, soweit sie angemessen sind.
- Zu den Auslagen gehört auch eine im Einzelfall gezahlte Prämie für eine Haftpflichtversicherung für Vermögensschäden, soweit die Prämie auf Haftungsbeträge von mehr als 30 Mio. € entfällt, Nr. 7007 VV RVG.
- Der Auftraggeber schuldet auch die Umsatzsteuer auf die Vergütung nach Nr. 7008 VV RVG in voller Höhe (derzeit 19 %). Ausnahme: Der Rechtsanwalt ist Kleinunternehmer und nicht umsatzsteuerpflichtig; der Mandant befindet sich in einem sog. Drittland (nicht EU); der Mandant ist eine Firma, befindet sich im EU-Ausland und führt dort die Umsatzsteuer ab (Reverse-Charge-System).

Kapitel 21
Hebegebühr

1. Entstehung

Die Hebegebühr ist in Nr. 1009 VV RVG geregelt.

Die Hebegebühr **entsteht**:

- Für die Auszahlung oder Rückzahlung von entgegengenommenen Geldbeträgen, vgl. dazu Anmerkung Abs. 1 zu Nr. 1009 VV RVG.
- Unbare Zahlungen stehen baren Zahlungen gleich, Anmerkung Abs. 2 S. 1 zu Nr. 1009 VV RVG.
- Die Hebegebühr kann bei der Ablieferung an den Auftraggeber entnommen werden, Anmerkung Abs. 2 S. 2 zu Nr. 1009 VV RVG.
- Erfolgt die Aus- oder Rückzahlung in mehreren Beträgen gesondert, wird auch die Hebegebühr von jedem Betrag gesondert erhoben, Anmerkung Abs. 3 zu Nr. 1009 VV RVG.
- Für die Ablieferung oder Rücklieferung von Wertpapieren oder Kostbarkeiten entsteht die Hebegebühr nach dem Wert, Anmerkung Abs. 4 zu Nr. 1009 VV RVG.

Die Hebegebühr **entsteht nicht**:

- wenn Kosten an ein Gericht oder eine Behörde weitergeleitet oder
- eingezogene Kosten an den Auftraggeber abgeführt oder
- eingezogene Beträge auf die Vergütung verrechnet werden, Abs. 5 der Anmerkung zu Nr. 1009 VV RVG.

2. Höhe

Die Höhe beträgt:

- bis einschließlich 2.500,00 €	– 1 % (Nr. 1009 Nr. 1 VV RVG) von dem Mehrbetrag
- bis einschließlich 10.000,00 €	– 0,5 % (Nr. 1009 Nr. 2 VV RVG)
- von dem Mehrbetrag über 10.000,00 €	– 0,25 % (Nr. 1009 Nr. 3 VV RVG

Übungsfall:

Prüfen Sie, ob RA Huber für folgende Vorgänge eine Hebegebühr berechnen kann.

a) Zahlung von Gerichtskosten an die Justizkasse

b) Rückerstattung von zu viel gezahlten Gerichtskosten an den Mandanten

c) Weiterleitung des von der gegnerischen Versicherung gezahlten Schmerzensgeldes per Überweisung an den Auftraggeber

d) Überweisung der durch den Gerichtsvollzieher eingetriebenen Hauptforderung an den Auftraggeber

---

Lösungsvorschlag:

a) Nein, denn nach Abs. 5 der Anmerkung zu Nr. 1009 VV RVG entsteht die Hebegebühr nicht, soweit Kosten an ein Gericht weitergeleitet werden.

b) Nein, denn nach Abs. 5 der Anmerkung zu Nr. 1009 VV RVG entsteht die Hebegebühr nicht, soweit eingezogene Kosten an den Auftraggeber abgeführt werden.

c) Ja, die Hebegebühr entsteht für die Auszahlung von entgegengenommenen Geldbeträgen, auch wenn dies unbar erfolgt, Abs. 1 u. 3 zu Nr. 1009 VV RVG.

d) Ja, die Hebegebühr entsteht für die Auszahlung von entgegengenommenen Geldbeträgen, auch wenn dies unbar erfolgt, Abs. 1 u. 3 zu Nr. 1009 VV RVG.

Achtung: Da es sich bei der Hebegebühr um eine Gebühr handelt, fallen auf diese
auch Auslagen und Umsatzsteuer an!

Prüfungstipp: Die Hebegebühr beträgt mindestens 1,00 €!

Übungsfall:

**RA Müller zahlt in einer Unfallsache folgende Beträge in zwei Schritten an seinen
Mandanten gesondert aus:**

a) von der Versicherung erstatteten Sachschaden 4.500,00 €

b) von der Versicherung erstattetes Schmerzensgeld 1.000,00 €

Bitte berechnen Sie die Hebegebühr für RA Müller.

Lösungsvorschlag:

a) 4.500,00 €:

Hebegebühr bis einschl. 2.500,00 € = 1 %, Nr. 1009 Nr. 1 VV RVG	€	25,00
Hebegebühr von 2.501,00 € bis 4.500,00 €, 0,5 %, Nr. 1009 Nr. 2 VV RVG	€	10,00
PT-Pauschale, Nr. 7002 VV RVG	€	7,00
Zwischensumme	€	42,00
19 % Umsatzsteuer, Nr. 7008 VV RVG	€	7,98
Summe	€	**49,98**

b) 1.000,00 €:

Hebegebühr bei 1.000,00 € = 1 %, Nr. 1009 Nr. 1 VV RVG	€	10,00
PT-Pauschale, Nr. 7002 VV RVG	€	2,00
Zwischensumme	€	12,00
19 % Umsatzsteuer, Nr. 7008 VV RVG	€	2,28
Summe	€	**14,28**

Wir halten fest:

- Die Hebegebühr erhält der RA für die Auszahlung oder Rückzahlung von entgegen-
genommenen Geldbeträgen, die er an den Auftraggeber abliefert.
- Die Hebegebühr fällt auch für unbare Zahlungen an.
- Die Hebegebühr entsteht neben anderen Gebühren.

- Die Hebegebühr entsteht gestaffelt in Höhe von 1 bis 0,25 % und ist von jeder gesonderten Weiterleitung zu berechnen, sofern die Zahlung an den RA auch gesondert erfolgte.
- Die Hebegebühr entsteht nicht, wenn der RA Kosten an ein Gericht oder eine Behörde weiterleitet, eingezogene Kosten an den Auftraggeber abführt oder eingezogene Beträge auf seine Vergütung verrechnet.
- Die Hebegebühr beträgt mindestens 1,00 €.
- Auf die Hebegebühr entstehen Auslagen und Umsatzsteuer.
- Jede Weiterleitung gilt als eigene gebührenrechtliche Angelegenheit, auf die gesondert PT-Pauschale und Umsatzsteuer berechnet wird.

Teil 2
Übungsklausuren mit Lösungsvorschlägen

1. Übungsklausur Rechtsanwaltsgebührenrecht I

Zeit: 90 Min.

Erlaubte Hilfsmittel:

Taschenrechner, Gebührentabelle, unkommentierte Textausgaben von RVG und GKG (Schönfelder)

Hinweis:

Bei Rahmengebühren geben Sie bitte, sofern nichts anderes in der Aufgabe vorgegeben ist, immer die Mittelgebühren an; bei der Geschäftsgebühr ist von der Regelgebühr auszugehen. Bitte geben Sie immer die gesetzlichen Bestimmungen an und begründen Sie Ihre Antworten.

Aufgabe 1:

RAin Klar hat ihren Mandanten im Prozess vor dem Landgericht Hamburg vertreten. Die Klage wurde abgewiesen, das Urteil im November 2014 zugestellt. RAin Klar stellt im Januar 2015 ihre Rechnung. RAin Klar bittet Sie, die Verjährungsfrist zu notieren.

Aufgabe 2:

Ihr Arbeitgeber, RA Müller hat ein erstes Beratungsgespräch mit dem Mandanten geführt. Er hat für ihn weder Telefonate geführt, noch sonst irgendwelche Auslagen gehabt. Nun muss dem Mandanten die Kostenrechnung übermittelt werden. Weil die erbrechtliche Beratung des Mandanten sehr werthaltig und aufwendig war, möchte Ihr Chef, dass so viel wie möglich abgerechnet wird. Sie möchten, dass die Auszubildende Ihrer Kanzlei das Erstellen von Vergütungsrechnungen übt und beauftragen sie, die Vergütungsrechnung vorzubereiten. Ihre Auszubildende legt folgende Rechnung vor:

Gebühr für eine Erstberatung, § 34 I 1 RVG	€	190,00
PT-Pauschale, Nr. 7002 VV RVG	€	20,00
Zwischensumme	€	210,00
19 % Umsatzsteuer, Nr. 7008 VV RVG	€	39,90
Summe	€	249,90

Prüfen Sie den Rechnungs-Entwurf und erklären Sie Ihrer Auszubildenden etwaige Fehler.

Aufgabe 3:

In einer Zivilsache hat das LG Flensburg ein Urteil erlassen und den Beklagten antragsgemäß verurteilt, 60.000,00 € nebst Zinsen in Höhe von 5 Prozentpunkten über dem Basiszinssatz hieraus seit dem 14.01.2015 an den Kläger zu bezahlen. Das Gericht berechnet 1.998,00 € Gerichtskosten für das Verfahren. Sie erhalten den Auftrag, die Gerichtskostenberechnung auf ihre Richtigkeit hin zu überprüfen.

Aufgabe 4:

RA Huber soll für seinen Mandanten eine Geschäftsreise von München nach Hamburg vornehmen. Er beauftragt Sie, zu prüfen, ob die Reisekosten vom Mandanten schon vor Antritt der Reise verlangt werden können. Präsentieren Sie das Ergebnis dieser Prüfung und was Sie darauf hin veranlassen.

Aufgabe 5:

In einer außergerichtlichen Angelegenheit ist eine Geschäftsgebühr Nr. 2300 VV RVG in Höhe von 2,3 aus einem Gegenstandswert von 7.000,00 € entstanden. Der Schuldner zahlt einen Teilbetrag in Höhe von 3.000,00 €. Wegen des Restbetrages wird eine Klage erhoben.

Nehmen Sie die Anrechnung der Geschäftsgebühr auf die Verfahrensgebühr des gerichtlichen Verfahrens vor (keine vollständige Berechnung erforderlich).

Aufgabe 6:

RA Korsch erhebt Klage auf Zahlung von 3.000,00 €. Nach Zustellung der Klage wird diese um den Betrag von 1.300,00 € erweitert. Es findet ein Termin zur mündlichen Verhandlung statt. Der Beklagte erscheint nicht, so dass antragsgemäß Versäumnisurteil ergeht. Gegen dieses Versäumnisurteil wird Einspruch eingelegt. Im anschließenden Termin zur mündlichen Verhandlung wird die Sach- und Rechtslage erörtert. Die Parteien schließen sodann einen Vergleich, wonach der Beklagte zur Abgeltung der streitgegenständlichen Forderung einen Betrag von 2.400,00 € an den Kläger bezahlt.

Bitte erstellen Sie die Vergütungsrechnung für RA Korsch.

Aufgabe 7:

In einem Klageverfahren vor dem LG Düsseldorf wird Ihr Mandant, der Beklagte, antragsgemäß verurteilt, an den Kläger 8.000,00 € nebst Zinsen zu bezahlen. Gegen das im schriftlichen Verfahren zuvor ergangene Versäumnisurteil wurde durch Ihre Kanzlei Einspruch eingelegt und sodann zur Hauptsache verhandelt. Darüber hinaus fanden zwei Termine statt, in denen Zeugen vernommen wurden. Im Entscheidungsverkündungstermin hat das Gericht schließlich der Klagepartei Recht gegeben. Der klägerische Prozessbevollmächtigte beantragt nunmehr die Kostenfestsetzung. Das Gericht übermittelt die im Rahmen des Kostenfestsetzungsantrags erstellte nachstehende Kostenberechnung der Gegenseite mit der Aufforderung, Stellung zu nehmen.

Gegenstandswert: 8.000,00 €

1,3 Verfahrensgebühr (§§ 2 II, 13 I RVG), Nr. 3100 VV RVG	€	592,80
0,5 Terminsgebühr (§§ 2 II, 13 I RVG), Nr. 3105 VV RVG	€	228,00
1,2 Terminsgebühr (§§ 2 II, 13 I RVG), Nr. 3104 VV RVG	€	547,20
0,3 Zusatzgebühr für besonders umfangreiche Beweisaufnahmen (§§ 2 II, 13 I RVG), Nr. 1010 VV RVG	€	136,80
PT-Pauschale, Nr. 7002 VV RVG	€	20,00
Zwischensumme	€	1.524,80
19 % Umsatzsteuer, Nr. 7008 VV RVG	€	289,71
Summe	€	**1.814,51**

Prüfen Sie die Kostenberechnung der Gegenseite und erstellen Sie ggf. eine berichtigte Kostenaufstellung und begründen Sie diese.

Aufgabe 8:

In einem Klageverfahren vor dem Landgericht Traunstein ist ein Anspruch von 12.000,00 € rechtshängig. In der mündlichen Verhandlung macht das Gericht einen Vergleichsvorschlag. Der Klägervertreter weist darauf hin, dass noch weitere bisher nicht rechtshängige Ansprüche von 24.000,00 € fällig geworden sind. Diese nicht rechtshängigen Ansprüche, für die Klageauftrag besteht, werden in Höhe von 24.000,00 € im Termin ebenfalls erörtert. Die Parteien schließen sodann einen Vergleich, nach dem der Beklagte zur Abgeltung aller Ansprüche einen Betrag in Höhe von 18.500,00 € an den Kläger bezahlt.

Bitte erstellen Sie die Vergütungsrechnung des Klägervertreters.

Aufgabe 9:

Gegen ein Urteil in 1. Instanz wird fristwahrend Berufung eingelegt. Nach Rücksprache mit dem Mandanten soll das Berufungsverfahren nicht durchgeführt werden, sodass die Berufung zurückgenommen wird. Der Gegenstandswert des Rechtsanwalts des Berufungsklägers hat 2.455,00 € betragen.

Bitte berechnen Sie die Vergütung des Rechtsanwalts des Berufungsklägers.

Aufgabe 10:

In einer Zwangsvollstreckungs-Angelegenheit stehen folgende Beträge offen:

- Hauptforderung gemäß Vollstreckungsbescheid 697,30 € nebst Zinsen i.H.v. 5 Prozentpunkten über dem Basiszinssatz i.H.v. 1,98 €
- Kosten des Mahnverfahrens 152,57 €
- bisherige Vollstreckungskosten 57,30 €

a) Berechnen Sie den Gegenstandswert und gehen Sie dabei davon aus, dass der RA einen Antrag auf Erlass eines Pfändungs- und Überweisungsbeschlusses stellen möchte.

b) Berechnen Sie die Gerichtskosten für den Antrag auf Erlass eines Pfändungs- und Überweisungsbeschlusses.

Aufgabe 11:

In einer Zwangsvollstreckungs-Angelegenheit hat der Gerichtsvollzieher einen Breit-
wandbildschirm im Wert von 3.500,00 € gepfändet. Der Gläubiger stellt einen Antrag
auf Zulassung der Austauschpfändung nach § 811a ZPO. Die Vollstreckungsforderung
beträgt einschließlich Kosten und Zinsen 7.395,00 €.

Bitte erstellen Sie die Vergütungsrechnung für den RA des Gläubigers.

Lösungsvorschlag
Rechtsanwaltsgebührenrecht I

Lösungsvorschlag 1:

Anwaltliche Vergütungsansprüche verjähren in drei Jahren, § 195 BGB – regelmäßige Verjährungsfrist – wobei die Verjährungsfrist mit dem Schluss des Jahres zu laufen beginnt, in dem der Anspruch entstanden (fällig geworden) ist. Der Lauf der Verjährungsfrist ist von der Mitteilung der Berechnung nicht abhängig, § 10 I 2 RVG, sondern vielmehr von der Fälligkeit. Da der Rechtszug 2014 beendet und die Vergütung damit fällig wurde, § 8 I 2 RVG, verjährt die Forderung zum 31.12.2017. Dies ist daher als Verjährungsfrist zu notieren.

Lösungsvorschlag 2:

Die Auszubildende hat korrekt max. 190,00 € angesetzt für ein erstes Beratungsgespräch, § 34 I 3 RVG, denn offensichtlich wurde keine Gebührenvereinbarung getroffen. In einem erbrechtlichen Mandat ist der Mandant Verbraucher und daher ist die Kappungsgrenze von 190,00 € zu beachten, wenn es sich um erstes Beratungsgespräch handelt. Die Auszubildende hätte aber keine PT-Pauschale ansetzen dürfen, denn Auslagen waren keine angefallen und nur für das Übersenden der Rechnung allein kann der Anwalt keine Auslagen berechnen, Anm. zu Nr. 7001 VV RVG. Hier müsste daher die PT-Pauschale aus der Rechnung entfernt werden. Dann würden sich ein Nettobetrag in Höhe von 190,00 €; 19 % Umsatzsteuer in Höhe von 36,10 € und ein Bruttobetrag in Höhe von 226,10 € ergeben.

Lösungsvorschlag 3:

Für die Klage beim Zivilgericht sind in diesem Fall 3,0 Verfahrensgebühren nach Nr. 1210 KV GKG aus einem Wert von 60.000,00 € zu bezahlen. Sie betragen somit 1.998,00 €. Da das Gericht durch Urteil entschieden hat, findet auch keine Gerichtskostenermäßigung statt. Der Wert ist mit 60.000,00 € anzunehmen, da die Zinsen als Nebenforderung keine Berücksichtigung finden, § 43 I GKG. Nach all dem sind die Gerichtskosten in diesem Fall richtig berechnet.

Lösungsvorschlag 4:

Die Reisekosten gehören zu den Auslagen nach Teil 7 VV RVG. Gemäß § 9 RVG kann der Rechtsanwalt von seinem Auftraggeber für voraussichtlich entstehende Auslagen einen angemessenen Vorschuss verlangen. Dem Mandanten sollte daher eine Vorschussrechnung über die Reisekosten übermittelt werden mit der Bitte, diese vorab zu zahlen.

Lösungsvorschlag 5:

2,3 Geschäftsgebühr Nr. 2300 VV RVG aus 7.000,00 € = 931,50 € anzurechnen hiervon 1/2 = 1,15, jedoch maximal 0,75 nach Vorbem. 3 Abs. 4 VV RVG aus 4.000,00 € (da nur über diesen Betrag ein gerichtliches Verfahren anhängig wird) = 189,00 €.

Lösungsvorschlag 6:

Gegenstandswert: 4.300,00 €, § 2 I RVG

1,3 Verfahrensgebühr		
(§§ 2 II, 13 I RVG), Nr. 3100 VV RVG	€	393,90
1,2 Terminsgebühr		
(§§ 2 II,13 I RVG), Nr. 3104 VV RVG	€	363,60
1,0 Einigungsgebühr		
(§§ 2 II, 13 I RVG), Nr. 1003 VV RVG	€	303,00
PT-Pauschale, Nr. 7002 VV RVG	€	20,00
Zwischensumme	€	1.080,50
19 % Umsatzsteuer, Nr. 7008 VV RVG	€	205,30
Summe	**€**	**1.285,80**

Lösungsvorschlag 7:

Gegenstandswert: 8.000,00 €

1,3 Verfahrensgebühr		
(§§ 2 II, 13 I RVG), Nr. 3100 VV RVG	€	592,80
1,2 Terminsgebühr		
(§§ 2 II, 13 I RVG), Nr. 3104 VV RVG	€	547,20
PT-Pauschale, Nr. 7002 VV RVG	€	20,00
Zwischensumme	€	1.160,00
19 % Umsatzsteuer, Nr. 7008 VV RVG	€	220,40
Summe	**€**	**1.380,40**

Der Ansatz einer 0,5 Terminsgebühr nach Nr. 3105 VV RVG ist falsch. Zwar ist zunächst eine solche Gebühr für den Antrag auf Erlass eines Versäumnisurteils entstanden, nach dem Einspruch wurde aber zur Hauptsache verhandelt. Daher scheidet die 0,5 Terminsgebühr aus; abgerechnet werden kann nur eine 1,2 Terminsgebühr nach Nr. 3104 VV RVG.

Der Ansatz einer 0,3 Zusatzgebühr für besonders umfangreiche Beweisaufnahmen scheidet hier ebenfalls aus, da mindestens 3 gerichtliche Termine stattfinden müssen, in denen Zeugen oder Sachverständige vernommen werden, Nr. 1010 VV RVG. Vorliegend fanden aber nur zwei Termine statt. Die Gebühr kann daher nicht angesetzt werden.

Erläuterung:

Damit ergibt sich eine Zwischensumme in Höhe von 1.160,00 € nebst 19 % Umsatzsteuer, d.h. 220,40 € und eine korrekte Endsumme von 1.380,40 €. Dies muss hier aber nicht mehr gesondert aufgeführt werden, da es sich aus der korrigierten Abrechnung direkt ergibt. Eine Doppelbewertung scheidet aus.

Lösungsvorschlag 8:

Gegenstandswert: 12.000,00 €/24.000,00 €, § 2 I RVG

1,3 Verfahrensgebühr aus 12.000,00 €				
(§§ 2 II, 13 I RVG), Nr. 3100 VV RVG	€	785,20		
0,8 Verfahrensgebühr aus 24.000,00 €				
(§§ 2 II, 13 I RVG), Nr. 3101 Nr. 2 VV RVG	€	630,40		
insgesamt	€	1.415,60		
§ 15 Abs. 3 RVG höchstens:				
1,3 aus 36.000,00 € =			€	1.316,90
Zwischensumme (Übertrag)			€	1.316,90

Zwischensumme (Übertrag)	€	1.316,90
1,2 Terminsgebühr aus 36.000,00 €		
(§§ 2 II, 13 I, 15 V I RVG), Nr. 3104 VV RVG	€	1.215,60
1,0 Einigungsgebühr aus 12.000,00 €		
(§§ 2 II, 13 I RVG), Nr. 1003 VV RVG	€ 604,00	
1,5 Einigungsgebühr aus 24.000,00 €		
(§§ 2 II, 13 I RVG), Nr. 1000 VV RVG	€ 1.182,00	
insgesamt	€ 1.786,00	
§ 15 Abs. 3 RVG höchstens:		
1,5 aus 36.000,00 € =	€	1.519,50
PT-Pauschale, Nr. 7002 VV RVG	€	20,00
Zwischensumme	€	4.072,00
19 % Umsatzsteuer, Nr. 7008 VV RVG	€	773,68
Summe	€	**4.845,68**

Lösungsvorschlag 9:

Gegenstandswert: 2.455,00 €, § 2 I RVG		
1,6 Verfahrensgebühr		
(§§ 2 II, 13 I RVG), Nr. 3200 VV RVG	€	321,60
PT-Pauschale, Nr. 7002 VV RVG	€	20,00
Zwischensumme	€	341,60
19 % Umsatzsteuer, Nr. 7008 VV RVG	€	64,90
Summe	€	**406,50**

Lösungsvorschlag 10:

a) Der Gegenstandswert bestimmt sich nach § 25 I Nr. 1 RVG nach dem Betrag der zu vollstreckenden Geldforderung einschließlich der Nebenforderungen und beträgt somit 697,30 € + 1,98 € + 152,57 € + 57,30 € = 909,15 €

b) Die Gerichtskosten betragen 20,00 €, Nr. 2111 KV GKG.

Lösungsvorschlag 11:

Da hier die Pfändung nur einen bestimmten Gegenstand betrifft, ist dessen Wert maßgebend, da er geringer ist als der Betrag der zu vollstreckenden Geldforderung einschließlich der Nebenforderungen. Da das Verfahren auf Zulassung der Austausch-pfändung nach § 811a ZPO eine besondere Angelegenheit darstellt, § 18 I Nr. 7 RVG, entstehen hier die Gebühren besonders.

Gegenstandswert: 3.500,00 €, § 25 I Nr. 1 RVG		
0,3 Verfahrensgebühr		
(§§ 2 II, 13 I RVG), Nr. 3309 VV RVG	€	75,60
PT-Pauschale, Nr. 7002 VV RVG	€	15,12
Zwischensumme	€	90,72
19 % Umsatzsteuer, Nr. 7008 VV RVG	€	17,24
Summe	€	**107,96**

2. Übungsklausur
Rechtsanwaltsgebührenrecht II

Zeit: 90 Min.

Erlaubte Hilfsmittel:

Taschenrechner, Gebührentabelle, unkommentierte Textausgabe von RVG und GKG (Schönfelder)

Hinweis:

Bei Rahmengebühren geben Sie bitte, sofern nichts anderes in der Aufgabe vorgegeben ist, immer die Mittelgebühren an. Bitte geben Sie immer die gesetzlichen Bestimmungen an und begründen Sie Ihre Antworten.

Aufgabe 1:

Bitte berechnen Sie die Gerichtskosten für folgende Tätigkeiten/Verfahren:

a) Klageeinreichung, Streitwert: 26.324,00 €   *3,0 GKG*

b) Antrag auf Erlass eines Mahnbescheides, Streitwert: 620,00 €   *0,5 GKG*

c) Einreichung eines Antrags auf Durchführung eines selbständigen Beweisverfahrens, Streitwert: 12.400,00 €   *3,0 GKG*

d) Einstweiliges Verfügungsverfahren, Entscheidung durch Beschluss, Streitwert: 50.000,00 €

e) Einstweiliges Verfügungsverfahren, Entscheidung durch Urteil, Streitwert: 50.000,00 €

f) Beendigung eines Klageverfahrens durch Vergleich, Streitwert: 14.200,00 €   *3,0 - 2,0*

= 1,0

Aufgabe 2:

Bitte berechnen Sie den Gegenstandswert für eine Klage (1 Klage) mit folgenden Anträgen (= objektive Klagenhäufung):

• Antrag auf Zahlung einer Rente wegen Verletzung des Körpers, in Höhe von monatlich 1.250,00 €

• Schmerzensgeldanspruch, in Höhe von 20.000,00 €

• Schadensersatzansprüche (Heilbehandlungskosten etc.), in Höhe von 56.000,00 €

• Fahrtkosten für Arztfahrten, in Höhe von 3.694,00 €.

Aufgabe 3:

Die Auszubildende Ihrer Kanzlei hat in der Schule gerade das Thema „Hebegebühr" durchgenommen. Sie ist sich sehr unsicher, wann denn nun diese Hebegebühr konkret anfällt und bittet Sie um Erläuterung zu folgenden Beträgen:

a) Weiterleitung eines Schmerzensgeldbetrags, der von der gegnerischen Haftpflichtversicherung auf dem Konto des Anwalts eingegangen ist, an den Mandanten   *✓*

b) Einzahlung von Gerichtskosten bei der Oberjustizkasse Bamberg, die der Mandant vorschussweise auf das Kanzleikonto eingezahlt hat   *✗*

c) Weiterleitung von Ratenzahlungen des Schuldners an den Mandanten   *✓*

d) Überweisung der Gerichtsvollzieherkosten   *✗*

e) Zahlung von Unterhaltsbeträgen, die der Unterhaltspflichtige für die unterhaltsberechtigte Mandantin auf dem Kanzleikonto eingezahlt hat, an die Mandantin. ✓

Aufgabe 4:

In einer mietrechtlichen Angelegenheit wird eine Räumungsklage erhoben. Die monatliche Miete beträgt 1.250,00 € inkl. 250,00 € Nebenkosten, über die eine jährliche Nebenkostenabrechnung erteilt wird. *1250 – 250 = 1000 × 12*

Bitte berechnen Sie den Gegenstandswert für die Räumungsklage und geben Sie an, welche Gerichtskosten für die Räumungsklage einzuzahlen sind.

Aufgabe 5:

Das Landgericht Köln hat nach mündlicher Verhandlung eine Klage kostenpflichtig abgewiesen. Im Berufungsverfahren vor dem Oberlandesgericht Köln kommt es zu einer mündlichen Verhandlung. Das Oberlandesgericht Köln verweist die Sache an das erstinstanzliche Gericht, das Landgericht Köln, zurück, da nach Ansicht des Oberlandesgerichts Köln die Beweisaufnahme durch das Landgericht Köln fehlerhaft durchgeführt worden war. Das Landgericht Köln bestimmt nach Zurückverweisung einen neuen Termin zur mündlichen Verhandlung und Beweisaufnahme. Es werden 3 Zeugen vernommen. Nach Abschluss der Beweisaufnahme verkündet das Landgericht ein der Klage stattgebendes Urteil.

Die Werte werden für die I. und II. Instanz auf 6.320,00 € festgesetzt.

Bitte erstellen Sie die Vergütungsrechnung des Klägervertreters, der in allen Rechtszügen den Kläger vertreten und die dort anberaumten Verhandlungstermine wahrgenommen hat.

Aufgabe 6:

In einem zivilgerichtlichen Verfahren wird dem Beklagten eine Klage über eine Forderung in Höhe von 2.320,00 € zugestellt. Der Beklagte befindet sich bei Zustellung der Klage im Urlaub. Die Frist zur Anzeige der Verteidigungsabsicht wird von ihm versäumt. Auf Antrag des Klägers ergeht sodann Versäumnisurteil im schriftlichen Verfahren. Gegen dieses Versäumnisurteil legt der Beklagte nach Rückkehr aus seinem Urlaub Einspruch ein. Das Gericht bestimmt Termin zur mündlichen Verhandlung. Der Beklagte erscheint zu diesem Termin jedoch nicht. Er hat auch keinen anwaltlichen Vertreter bestellt. Es ergeht sodann im Termin auf Antrag des Klägers ein zweites Versäumnisurteil.

Bitte berechnen Sie die Vergütung für den Klägervertreter.

Aufgabe 7:

Rechtsanwalt Panzer soll für seinen Mandanten einen Antrag auf Bewilligung von Prozesskostenhilfe stellen. Sein Mandant, Anton Tarn, möchte eine Schadensersatzklage mit einem Gegenstandswert in Höhe von 14.320,00 € einreichen, wenn ihm die begehrte Prozesskostenhilfe bewilligt wird. Auftragsgemäß beantragt Rechtsanwalt Panzer zunächst nur die Bewilligung von Prozesskostenhilfe für dieses Klageverfahren. Das Gericht lehnt jedoch mangels Erfolgsaussichten die begehrte Prozesskostenhilfe ab.

a) Welche Vergütung kann Rechtsanwalt Panzer gegenüber seinem Mandanten beanspruchen? Erstellen Sie die Kostenrechnung.

b) Ihre Auszubildende fragt Sie, ob Rechtsanwalt Panzer einen Vergütungsanspruch gegenüber der Staatskasse hat.

Aufgabe 8:

Ihr Arbeitgeber, RA Müller, möchte, dass Sie eine Aufstellung fertigen, aus der sich die Kosten für bestimmte Vollstreckungsmaßnahmen ergeben, denn er hat Sorge, dass die übrigen

Mitarbeiter in der Kanzlei in Vollstreckungsmandaten zu wenig abrechnen (keine vollständige Gebührenrechnung erforderlich, lediglich Aufstellung fertigen und Angabe der Gebühr mit Gebührensatz und VV-Nummer sowie ges. Bestimmung).

a) Antrag auf Erlass eines Pfändungs- und Überweisungsbeschlusses

b) Antrag auf Erteilung einer weiteren vollstreckbaren Ausfertigung nach § 733 ZPO

c) Beantragung eines vorläufigen Zahlungsverbots und sodann Beantragung eines Pfändungs- und Überweisungsbeschlusses (derselbe Gegenstand)

d) Zwangsvollstreckungsauftrag gegen Schuldner als Eheleute und Gesamtschuldner

e) Zwangsvollstreckungsauftrag im Auftrag zweier Gläubiger als Gesamtgläubiger wegen derselben Forderung gegen einen Schuldner

f) Antrag auf Bestimmung eines Termins zur Abgabe der Vermögensauskunft.

Aufgabe 9:

Otto Pflaume sucht Rechtsanwalt Baum am 27.08. auf und bittet ihn um Rat. Otto Pflaume ist sehr verärgert über seinen Nachbarn, der mehrere Sträucher zu nah an der Grundstücksgrenze gepflanzt hat und möchte nun wissen, ob und was er hiergegen unternehmen kann. Otto Pflaume legt RA Baum einen Berechtigungsschein für die Inanspruchnahme von Beratungshilfe vor.

Bitte berechnen Sie die Vergütung für Rechtsanwalt Baum gegenüber der Staatskasse.

Aufgabe 10:

Rechtsanwältin Dr. Grün wird beauftragt, die Erfolgsaussichten einer Berufung gegen ein Urteil des Landgerichts Konstanz zu prüfen. Der Gegenstandswert beträgt 22.000,00 €. Rechtsanwältin Dr. Grün kommt zu dem Ergebnis, dass eine Berufung allenfalls wegen eines Teilbetrags in Höhe von 12.000,00 € Aussicht auf Erfolg bietet. Sie empfiehlt daher ihrem Mandanten, nur eine Teilberufung einzulegen. Der Mandant beauftragt Rechtsanwältin Dr. Grün schließlich damit, die Berufung wegen dieses Teilbetrags in Höhe von 12.000,00 € einzulegen. Nach mündlicher Verhandlung im Berufungsverfahren ergeht ein Urteil zu Gunsten des Berufungsklägers.

Bitte erstellen Sie die Vergütungsrechnung für Rechtsanwältin Dr. Grün.

Aufgabe 11:

Rechtsanwalt Müller erhält Klageauftrag. Gegenstandswert: 11.000,00 €. Bevor er die Klage einreichen kann, ruft der Mandant an und erklärt, dass ein Betrag von 3.000,00 € gezahlt worden ist. Die Klage muss daher lediglich noch in Höhe von 8.000,00 € eingereicht werden, was auch geschieht. Es findet eine streitige Verhandlung statt. Das Gericht entscheidet durch Urteil.

Bitte berechnen Sie die Vergütung von Rechtsanwalt Müller.

Lösungsvorschlag
Rechtsanwaltsgebührenrecht II

Lösungsvorschlag 1:

a) Streitwert: 26.324,00 €, § 34 I GKG
3,0 Verfahrensgebühr, Nr. 1210 KV GKG (406,00 € × 3)   €   1.218,00

b) Streitwert: 620,00 €, § 34 I GKG
0,5 Verfahrensgebühr, Nr. 1100 KV GKG
rechnerisch 26,50 €,
jedoch gem. Nr. 1100 KV GKG, mindestens   €   32,00

c) Streitwert: 12.400,00 €, § 34 I GKG
1,0 Verfahrensgebühr, Nr. 1610 KV GKG   €   267,00

d) Streitwert: 50.000,00 €, § 34 I GKG
1,5 Verfahrensgebühr, Nr. 1410 KV GKG (546,00 € × 1,5)   €   819,00

e) Streitwert: 50.000,00 €, § 34 I GKG
3,0 Verfahrensgebühr, Nr. 1412 KV GKG (546,00 € × 3)   €   1.638,00

f) Streitwert: 14.200,00 €, § 34 I GKG
3,0 Verfahrensgebühr, Nr. 1210 KV GKG   €   879,00
Erstattung 2,0 Verfahrensgebühr,   ./. €   586,00
verbleibt 1,0 Verfahrensgebühr, Nr. 1211 Nr. 3 KV GKG   €   293,00

Lösungsvorschlag 2:

Antrag auf Zahlung einer Rente
3,5 × 12 × 1.250,00 € =   €   52.500,00
§§ 23 I 1 RVG, 48 I 1 GKG, 9 ZPO
Schmerzensgeldanspruch, § 2 I RVG   €   20.000,00
Schadensersatzansprüche, § 2 I RVG   €   56.000,00
Fahrtkosten für Arztfahrten, § 2 I RVG   €   3.694,00
Summe, § 22 I RVG   **€ 132.194,00**

Erläuterung: Aus der Aufgabenstellung ergibt sich das Wort „Gegenstandswert". Gemeint ist daher der Wert für die Berechnung der Anwaltsgebühren, so dass § 23 I 1 RVG mit anzugeben ist; ebenso gilt bei der Wertaddition § 22 I RVG als Spezialvorschrift. Wird nach dem Streitwert gefragt, ist z.B. der Wert für die Gerichtskosten in streitigen Zivilsachen gemeint, d.h. die Angabe von § 23 I 1 RVG wäre überflüssig (falsch), es reicht dann allein die Angabe des/der GKG-Bestimmungen. Statt § 22 I RVG wäre dann § 39 I GKG zu zitieren.

Lösungsvorschlag 3:

a) Ja, der Rechtsanwalt kann eine Hebegebühr nach Nr. 1009 VV RVG verlangen, da gem. Anm. Abs. 1 zu Nr. 1009 VV RVG die Gebühr für die Auszahlung von entgegengenommenen Geldbeträgen erhoben wird. Der Anwalt hat den Schmerzensgeldbetrag für den Mandanten entgegengenommen und ausgezahlt (weitergeleitet).

b) Nein, in diesem Fall kann der Rechtsanwalt keine Hebegebühr nach Nr. 1009 VV RVG verlangen, da es sich hier um Gerichtskosten handelt und gem. Anm.

Abs. 5 zu Nr. 1009 VV RVG die Hebegebühr nicht entsteht, soweit Kosten an ein Gericht weitergeleitet werden.

c) Ja, der Rechtsanwalt kann eine Hebegebühr nach Nr. 1009 VV RVG verlangen, da gem. Anm. Abs. 1 zu Nr. 1009 VV RVG die Gebühr für die Auszahlung von entgegengenommenen Geldbeträgen erhoben wird. Zudem kann der Rechtsanwalt für jede Rate gesondert die Hebegebühr verlangen, gem. Anm. Abs. 3 zu Nr. 1009 VV RVG.

d) Nein, der Rechtsanwalt kann in diesem Fall keine Hebegebühr nach Nr. 1009 VV RVG verlangen, da er hier lediglich Kosten verauslagt und keine Weiterleitung von Beträgen an den Mandanten erfolgt.

e) Ja, der RA kann eine Hebegebühr nach Nr. 1009 VV RVG verlangen, da gem. Anm. Abs. 1 zur Nr. 1009 VV RVG die Gebühr für die Auszahlung von entgegengenommenen Geldbeträgen erhoben wird. Der Anwalt hat den Schmerzensgeldbetrag für den Mandanten entgegengenommen und ausgezahlt (weitergeleitet).

Lösungsvorschlag 4:

Der Gegenstandswert für die Räumungsklage ist gem. §§ 23 I 1 RVG, 41 II 1 GKG das auf ein Jahr entfallende Entgelt. Von der monatlichen Miete sind die Nebenkosten abzuziehen, da diese gesondert abgerechnet werden, § 41 I 2 GKG.

1.250,00 € – 250 € = 1.000,00 €
1.000,00 € × 12 = 12.000,00 €

Der Gegenstandswert beträgt 12.000,00 €.

An Gerichtskosten sind 3,0 Verfahrensgebühren nach Nr. 1210 KV GKG in Höhe von 801,00 € (267,00 € × 3) einzuzahlen.

Lösungsvorschlag 5:

a) Vergütungsrechnung Klägervertreter I. Instanz:
Gegenstandswert: 6.320,00 €, § 2 I RVG

1,3 Verfahrensgebühr (§§ 2 II, 13 I RVG), Nr. 3100 VV RVG	€	526,50
1,2 Terminsgebühr (§§ 2 II, 13 I RVG), Nr. 3104 VV RVG	€	486,00
PT-Pauschale, Nr. 7002 VV RVG	€	20,00
Zwischensumme	€	1.032,50
19 % Umsatzsteuer, Nr. 7008 VV RVG	€	196,18
Summe	**€**	**1.228,68**

b) Vergütungsrechnung Klägervertreter II. Instanz:
Gegenstandswert: 6.320,00 €, § 2 I RVG

1,6 Verfahrensgebühr (§§ 2 II, 13 I RVG), Nr. 3200 VV RVG	€	648,00
1,2 Terminsgebühr (§§ 2 II, 13 I RVG), Nr. 3202 VV RVG	€	486,00
PT-Pauschale, Nr. 7002 VV RVG	€	20,00
Zwischensumme	€	1.154,00
19 % Umsatzsteuer, Nr. 7008 VV RVG	€	219,26
Summe	**€**	**1.373,26**

c) Verfahren vor dem Landgericht Köln nach Zurückverweisung, § 21 I RVG:

Gegenstandswert: 6.320,00 €, § 2 I RVG

1,3 Verfahrensgebühr (§§ 2 II, 13 I RVG), Nr. 3100 VV RVG	€	526,50
abzgl. 1,3 Verfahrensgebühr (§§ 2 II, 13 I RVG), Nr. 3100 VV RVG gem. Vorbem. 3 VI VV RVG	./. €	526,50
Zwischensumme	€	0,00
1,2 Terminsgebühr (§§ 2 II, 13 I RVG), Nr. 3104 VV RVG	€	486,00
PT-Pauschale, Nr. 7002 VV RVG	€	20,00
Zwischensumme	€	506,00
19 % Umsatzsteuer, Nr. 7008 VV RVG	€	96,14
Summe	€	**602,14**

d) Gesamtbetrag   € **3.204,08**

Lösungsvorschlag 6:

Gegenstandswert: 2.320,00 €, § 2 I RVG

1,3 Verfahrensgebühr (§§ 2 II, 13 I RVG), Nr. 3100 VV RVG	€	261,30
1,2 Terminsgebühr (§§ 2 II, 13 I RVG), Nr. 3104 VV RVG	€	241,20
PT-Pauschale, Nr. 7002 VV RVG	€	20,00
Zwischensumme	€	522,50
19 % Umsatzsteuer, Nr. 7008 VV RVG	€	99,28
Summe	€	**621,78**

Lösungsvorschlag 7:

a) Gegenstandswert: 14.320,00 €, §§ 2 I, 23a RVG

1,0 Verfahrensgebühr (§§ 2 II, 13 I RVG), Nr. 3335 i.V.m. 3100 VV RVG	€	650,00
PT-Pauschale, Nr. 7002 VV RVG	€	20,00
Zwischensumme	€	670,00
19 % Umsatzsteuer, Nr. 7008 VV RVG	€	127,30
Summe	€	797,30

b) Nein, Rechtsanwalt Panzer hat keinen Vergütungsanspruch gegenüber der Staatskasse. Rechtsanwalt Panzer wurde nicht im Wege der Prozesskostenhilfe beigeordnet (§ 45 I RVG). Es handelt sich hier lediglich um das Verfahren zur Bewilligung von Prozesskostenhilfe.

Lösungsvorschlag 8:

a) 0,3 Verfahrensgebühr Nr. 3309 VV RVG, § 18 I Nr. 1 RVG

b) besondere Angelegenheit gem. § 18 I Nr. 5 RVG, 0,3 Verfahrensgebühr Nr. 3309 VV RVG

c) 0,3 Verfahrensgebühr Nr. 3309 VV RVG (aber für vorläufiges Zahlungsverbot und PfÜb gesamt nur eine Verfahrensgebühr), § 18 I Nr. 1 RVG

d) 0,3 Verfahrensgebühr Nr. 3309 VV RVG für jeden Schuldner gesondert (2 gebührenrechtliche Angelegenheiten), § 18 I Nr. 1 RVG

e) 0,6 erhöhte Verfahrensgebühr Nr. 3309, 1008 VV RVG, § 18 I Nr. 1 RVG

f) besondere Angelegenheit gem. § 18 I Nr. 16 RVG, 0,3 Verfahrensgebühr Nr. 3309 VV RVG

Lösungsvorschlag 9:

Beratungshilfegebühr		
(§§ 2 II), Nr. 2501 VV RVG	€	35,00
PT-Pauschale, Nr. 7002 VV RVG	€	7,00
Zwischensumme	€	37,00
19 % Umsatzsteuer, Nr. 7008 VV RVG	€	7,03
Summe	**€**	**44,03**

Lösungsvorschlag 10:

Vergütungsrechnung für die Prüfung der Erfolgsaussichten eines Rechtsmittels:

1. Außergerichtliche Tätigkeit:
Gegenstandswert: 22.000,00 €, § 2 I RVG
0,75 Gebühr für die Prüfung der
Erfolgsaussichten eines Rechtsmittels

(§§ 2 II, 13 I RVG), Nr. 2100 VV RVG	€	556,50
PT-Pauschale, Nr. 7002 VV RVG	€	20,00
Zwischensumme	€	576,50
19 % Umsatzsteuer, Nr. 7008 VV RVG	€	109,54
Summe	**€**	**686,04**

2. Vergütungsrechnung für die Berufungsinstanz:
Gegenstandswert: 12.000,00 €, §§ 23 I 1 RVG, 47 GKG
1,6 Verfahrensgebühr

(§§ 2 II, 13 I RVG), Nr. 3200 VV RVG	€	966,40
abzgl. 0,75 Gebühr für die Prüfung der		
Erfolgsaussichten eines Rechtsmittels		
(§§ 2 II, 13 I RVG), gem. Anm. zu Nr. 2100 VV RVG		
aus 12.000,00 €	./. €	453,00
Zwischensumme	€	513,40
1,2 Terminsgebühr		
(§§ 2 II, 13 I RVG), Nr. 3202 VV RVG	€	724,80
PT-Pauschale, Nr. 7002 VV RVG	€	20,00
Zwischensumme	€	1.258,20
19 % Umsatzsteuer, Nr. 7008 VV RVG	€	239,06
Summe	**€**	**1.497,26**

Lösungsvorschlag 11:

Gegenstandswert: 8.000,00 €/3.000,00 €, § 2 I RVG
1,3 Verfahrensgebühr aus 8.000,00 €

(§§ 2 II, 13 I RVG), Nr. 3100 VV RVG	€ 592,80		
0,8 Verfahrensgebühr aus 3.000,00 €			
(§§ 2 II, 13 I RVG), Nr. 3200 VV RVG	€ 160,80		
Zwischensumme	€ 753,60		
Zwischensumme (Übertrag)		€	753,60

Zwischensumme (Übertrag)	€	753,60

§ 15 III RVG höchstens:

1,3 Verfahrensgebühr aus 11.000,00 € = 785,20 € = hier keine Kürzung

1,2 Terminsgebühr aus 8.000,00 €

(§ 2 II, 13 I RVG), Nr. 3104 VV RVG	€	547,20
PT-Pauschale, Nr. 7002 VV RVG	€	20,00
Zwischensumme	€	1.320,80
19 % Umsatzsteuer, Nr. 7008 VV RVG	€	250,95
Summe	€	**1.571,75**

Teil 3
Die etwas andere
Prüfungsvorbereitung

1. Häufig gestellte Fragen

Leider gibt es keine bundeseinheitlichen Regelungen betreffend erlaubter Verweise in Gesetzen etc. Dies führt dazu, dass unter Prüflingen teilweise eine große Unsicherheit herrscht, was denn nun erlaubt ist, und was nicht. Zu beachten ist, dass Dinge, die in dem einen Kammerbezirk erlaubt sind, noch lange nicht für die anderen Kammerbezirke gelten müssen. Bei wichtigen Fragen, die Ihnen Ihre Lehrer nicht beantworten können, sollten Sie sich daher rechtzeitig an die entscheidenden Stellen wenden. Dies sind in der Regel die Prüfungsausschüsse. Entsprechende Anfragen können Sie daher an die für Sie zuständige Rechtsanwaltskammer, z.Hd. des Prüfungsausschussvorsitzenden bzw. Aufgabenausschusses richten. Bedenken Sie bitte, dass diese Ausschüsse oft nur alle paar Monate tagen und wenden Sie sich rechtzeitig mit Ihren Fragen an sie. Vorteilhaft ist es, wenn Sie alle diesbezüglichen Fragen in einem Brief von einem Vertreter/einer Vertreterin stellen lassen. Dies kann die/der jeweilige Klassensprecher/in sein, aber auch ein Vertrauenslehrer.

Grundsätzlich haben in einem Kammerbezirk alle Prüflinge dieselben Voraussetzungen, d.h. wichtige Entscheidungen werden üblicherweise allgemein bekanntgegeben.

Nun zu häufig gestellten Fragen:

a) Abkürzungen

Ist es möglich, einmal auf der 1. Seite der Prüfung zu schreiben: „Alle §§- und VV-Angaben beziehen sich, soweit nichts anderes angegeben auf das RVG?" und dann „RVG" nicht mehr hinter jede Gebühr zu schreiben? Ist eine sogenannte „Legende" zulässig?

Eine Standard-Antwort für die gesamte Bundesrepublik gibt es hierzu nicht, da die Prüfungsausschüsse diese Frage sehr individuell beantworten. Selbst wenn man Ihnen diese Vorgehensweise erlaubt, beachten Sie jedoch bitte, dass z.B. in der Gebührenrechts-Prüfung auch das GKG abgefragt wird. Es besteht die Gefahr, dass man in den Fällen, wo eben nicht das RVG gilt, auch vergisst, das GKG zu benennen. Das kann wichtige Punkte kosten. Gleiches gilt im Übrigen auch für die Abkürzung von Gebührenbezeichnungen (z.B. TG statt Terminsgebühr). Woher soll der Prüfer wissen, ob Sie bei „EG" die Einigungs- oder die Erledigungsgebühr meinen? Auch in einer Rechnung in der Praxis sind die Gebühren ja zu bezeichnen, vgl. § 10 RVG.

In einigen Kammerbezirken sind Abkürzungen aus diesem Grund verboten.

b) Ich hab nur eine „alte" RVG-Textausgabe. Reicht die aus?

Ganz klar: Nein! Sie sollten grundsätzlich mit ganz aktuellen Textausgaben arbeiten. Denken Sie auch bitte daran, dass Sie für die Gebührenrechts-Prüfung auch eine Ausgabe des GKG benötigen. In der Regel wird der Rechtsstand, der geprüft wird, in der Einladung zur Prüfung angegeben.

c) Darf ich schriftliche Anmerkungen in meinen Gesetzestexten haben?

In den Gesetzestexten dürfen grundsätzlich §§-Verweise angemerkt werden. Einige Prüfungsausschüsse erlauben „Ein-Wort-Hinweise", die sich aus dem Gesetz selbst auch ergeben, wie z.B. an den § 110 BGB das Wort „Taschengeldparagraf". Dies wird aber unterschiedlich gehandhabt, daher sollte auch hier unbedingt rechtzeitig eine Rückfrage erfolgen. Nicht erlaubt sind Erläuterungen und Kommentierungen (z.B. „Das gilt nicht für FG-Verfahren.").

d) Darf ich farbige Markierungen in meinen Gesetzestexten haben?

Der Verfasserin ist aus verschiedenen Kammerbezirken nichts Gegenteiliges bekannt. Auf keinen Fall dürfen sich aber aus farbigen Markierungen Schemata entnehmen lassen.

e) Darf ich mein Handy als Taschenrechner in der Prüfung benutzen?

Nein. Das ist grundsätzlich verboten.

f) Welche Hilfsmittel sind für die jeweilige Prüfung zugelassen?

Die zugelassenen Hilfsmittel ergeben sich aus der Prüfungsbenachrichtigung und sind zudem in der Regel oben auf dem Aufgabenblatt der Prüfung nochmals vermerkt. Achten Sie darauf, dass sich am Prüfungstag auf Ihrem Tisch nichts befindet, was nicht als Hilfsmittel zugelassen ist.

2. Last-Minute-Tipps für die Prüfung

Drei Wochen vor der schriftlichen Prüfung

- Gesetzestexte kontrollieren. Unerlaubte Anmerkungen ausradieren, oder – sofern dies nicht möglich ist – neue Gesetzestexte kaufen und diese mit den §§-Verweisen versehen. Hierdurch wird zusätzlich noch mal das Kurzzeitgedächtnis trainiert.
- **Achtung:** Gerade der Schönfelder ist mit aktuellster Ergänzungslieferung kurz vor Prüfungen gerne vergriffen! Unbedingt frühzeitig daran denken, eine aktuelle Version nachzubestellen, sofern dies notwendig ist.

Drei Wochen vor der mündlichen Prüfung

- Täglich die Nachrichten verfolgen. Gerne werden aktuelle Tagesgeschehen in die mündliche Prüfung aufgenommen, soweit sie den betreffenden Prüfungsbereich treffen, z.B. evtl. auch wichtige aktuelle Entscheidungen des Bundesverfassungsgerichts.

- Berichtsheft ok? Prüfen, ob alle notwendigen Unterschriften vorhanden sind und das Berichtsheft lückenlos geführt ist. Das Berichtsheft ist im fallbezogenen Einzelgespräch dem Prüfungsausschuss vorzulegen! Ohne korrektes Berichtsheft gibt es in der Regel keine Prüfungsbestätigung! In einigen Kammerbezirken muss das Berichtsheft mit der Anmeldung zur Prüfung eingereicht werden.

Der Abend vor der schriftlichen Prüfung

- Der letzte Tag sollte – wenn überhaupt – nur zum Wiederholen des bereits gelernten Stoffes genutzt werden. Am besten lenkt man sich jedoch mit den letzten Vorbereitungen ab.
- Hilfsmittel bereitlegen,
  - Taschenrechner (**Achtung:** am besten einen Rechner, der sowohl mit Solarenergie als auch Batterie funktioniert, keinesfalls nur auf Solarrechner verlassen – manche Prüfungsräume sind zu dunkel für Solarrechner, Batterien prüfen u. ggf. auswechseln)
  - Kalender (und zwar für das in der Prüfungseinladung ausgeschriebene Jahr, Feiertage/Samstage und Sonntage sollten deutlich erkennbar sein)
  - benötigte und als Hilfsmittel erlaubte Gesetzestexte
  - Regenschirm, Taschentücher, ggf. Asthmaspray, etc. nicht vergessen.
- Ausweis und Prüfungseinladung einpacken.
- Fahrtroute zum Prüfungsort bereitlegen.
- Handy aufladen, nur zum Eigengebrauch mitnehmen, nicht anrufen lassen! Telefonnummer der jeweiligen Rechtsanwaltskammer oder von Mitprüflingen mitnehmen, falls unterwegs Unvorhergesehenes passiert. Handy vor der Prüfung ausschalten!
- Rechtzeitig schlafen gehen, um am nächsten Tag ausgeschlafen zu sein. Sie sollten aber auch nicht ungewöhnlich früh schlafen gehen. Vertrauen Sie auf den Rhythmus Ihres Körpers und muten Sie ihm nicht ausgerechnet am Prüfungsvortag ganz neue Zeiten zu.
- 1 bis 2 Stunden vor dem Schlafengehen auf jeden Fall mit dem Lernen aufhören und entspannen (warmes Bad, Musik hören).
- Extreme Spannungen kann man gut mit Sport bekämpfen, z.B. Schwimmen gehen, Inlinern, Joggen, Walken, etc.
- Zwei Wecker stellen mit Abstand von 5 Minuten. Batterien prüfen.
- Das passende Outfit (ein bisschen Büro-Chic darf schon sein) vorbereiten und zurechtlegen (Alles gebügelt, Schuhe geputzt?).
- Genug Zeit am Morgen einplanen, damit keinesfalls Hektik aufkommt.
- Sollten Sie die halbe Nacht nicht geschlafen haben, nehmen Sie es gelassen. Der Körper pumpt uns in solchen Situationen regelmäßig mit so viel Adrenalin voll, dass ein kurzfristiges Schlafdefizit sich nicht negativ auswirkt.

Der Abend vor der mündlichen Prüfung

Die Vorbereitungen sind ähnlich wie bei der schriftlichen Prüfung. Besonderheit:

- Berichtsheft, Ausweis, Einladung zur Prüfung bereitlegen.

Der Prüfungstag

- Ordentlich frühstücken. Essen Sie, was Sie gewohnt sind. Ernährungsumstellungen am Prüfungstag sind nicht ratsam.
- Nicht zu viel Kaffee oder schwarzen Tee – macht nervös.
- Rechtzeitig zum Prüfungsort losfahren. Überschüssige Wartezeit kann man zu einem kleinen Spaziergang nutzen.

- Optimistisch sein und sich freuen, dass man es bald geschafft hat.
- Ruhig bleiben, tief durchatmen und los geht's ....

Die schriftliche Prüfung

- Legen Sie sich zu Beginn der Prüfung alle „Utensilien", die Sie benötigen, zurecht. Späteres Kramen in der Tasche ist nicht erlaubt, stört die anderen und macht Sie selbst unruhig.
- Hören Sie bei der Begrüßung durch die Aufsicht genau zu. In der Regel wird ein Mitglied des Prüfungsausschusses die Prüflinge begrüßen und wichtige Anweisungen erteilen. Achten Sie darauf, die richtige Anzahl von Aufgaben- und Lösungsblättern zu erhalten (wichtig!). Kopierfehler können vorkommen.
- Bearbeitungszeit einteilen.
- Leserlich schreiben – auch der Korrektor ist nur ein Mensch – schwer lesbare Schriften ärgern, weil das Korrigieren länger dauert. Problematisch wird es, wenn man tatsächlich nicht erkennen kann, was gemeint ist – da kann der Prüfer auch bei viel gutem Willen keine Punkte vergeben. Wenn Sie wissen, dass Ihre Schrift problematisch ist und dies auch nicht abstellen können, gönnen Sie Ihrem Prüfer wenigstens genügend Zwischenraum, d.h. bei Kästchenpapier bitte nicht jede Zeile beschreiben! Durchstreichen erkennbar, aber ordentlich vornehmen.
- Nicht vergessen, den vollen Namen und das Prüfungsfach auf das Lösungsblatt zu schreiben.
- Keinesfalls erst alle Aufgaben lesen, um zu sehen (und sich zu beruhigen), dass man alles kann – das kostet wertvolle Zeit – die Gefahr, Aufgabenstellungen zu verwechseln („Berechnen Sie bitte die Gebühren des Klägervertreters/Beklagtenvertreters") ist groß.
- Lösen Sie eine Aufgabe nach der anderen – Aufgaben, die Ihnen zu schwierig erscheinen oder bei denen Sie viel im Gesetz nachblättern müssen, hinten anstellen. Markieren Sie auf dem Aufgabenblatt die Aufgaben, die Sie ausgelassen haben (z.B. mit einem Kringel) und die, die Sie schon fertig gestellt haben (z.B. mit einem Haken oder Smiley).
- Denken Sie daran, die allgemeinen Vorgaben für die jeweilige Prüfung auch zu lesen! Diese befinden sich in der Regel oben auf dem Aufgabenblatt und geben Ihnen genaue Anweisungen, was zu tun ist (z.B. Berechnen Sie bei Rahmengebühren die Mittelgebühr! Oder: Lösungsschritte sind anzugeben. Oder: Bitte immer gesetzliche Bestimmungen angeben, außer es ist etwas anderes vermerkt.) Gerade §§ werden oft nicht angegeben, das kostet wertvolle Punkte!
- Wenn Zeitnot aufkommt, zumindest noch die Gebühren bezeichnen und mit VV-Nrn. oder §§-Angaben versehen – ausrechnen kann man dann immer noch, wenn Zeit bleibt.
- Wichtige Hinweise in Aufgaben markieren (Leuchtstift oder unterstreichen), um nichts zu übersehen.

Teil 3

Beispiele: RA Josef Huber **verklagt** im Auftrag der **Eheleute Müller** Otto Meier vor dem LG München I. Nach **gescheiterter Güteverhandlung** wird streitig verhandelt. Die Zeugen Schneidhuber werden gehört. Schließlich wird ein **Vergleich geschlossen**. Der Beklagte zahlt zur Abgeltung aller Ansprüche einen Betrag von 2.000,00 €. Gebührenrechtlich Wichtiges wurde unterstrichen:

verklagt	–	1. Instanz
Eheleute Müller	–	Erhöhung, Nr. 1008 VV RVG
Teilnahme Güteverhandlung	–	1,2 Terminsgebühr
Vergleich	–	1,0 Einigungsgebühr

Man kann aber auch z.B. auf dem Aufgabenblatt neben dem Wort „Eheleute" „Nr. 1008" vermerken. Das hilft auch, die Erhöhung nicht zu vergessen.

Das fallbezogene Fachgespräch

Das fallbezogene Fachgespräch wird sehr unterschiedlich als Prüfungsbereich durchgeführt. Bitte erkundigen Sie sich bei Lehrkräften und Prüfern, wie es in Ihrem Kammerbezirk „läuft". Einige Kammern führen Gruppen-, andere Einzelprüfungen durch. Das fallbezogene Fachgespräch trägt nicht mehr die Bezeichnung „mündliche Prüfung" und es soll hier nach der Prüfungsordnung auch nicht – ähnlich wie in einer schriftlichen Prüfung – reines Fachwissen abgefragt werden. Vielmehr geht es hier darum, festzustellen, ob ein Prüfling mit bestimmten Situationen, die sich im Kanzleialltag stellen, umgehen kann.

Der Prüfungsausschuss gibt beim fallbezogenen Fachgespräch einen Prüfungsbereich vor, zu dem entweder mit schriftlicher Vorbereitungszeit oder auch ohne eine solche ein fallbezogenes Situationsgespräch geführt wird. Die Prüfungszeit beträgt für einen Prüfling 15 Minuten. Im Hinblick auf diese strenge Zeitvorgabe haben viele Kammern Einzelprüfungen eingeführt – statt der früher häufig üblichen sog. Gruppenprüfen. Auch bei einer Einzelprüfung sollten Sie nicht besorgt sein. Der Vorteil bei der Einzelprüfung liegt darin, dass die Prüfungsdauer schneller vorbei ist. Werden z.B. vier Prüflinge gleichzeitig geprüft, so beträgt die Prüfungszeit pro Prüfling 15 Minuten, insgesamt ist man dann für die Dauer von einer Stunde der Prüfungssituation ausgesetzt. Bei einer Einzelprüfung ist man der Prüfungssituation nur 15 Minuten lang ausgesetzt. Die nachfolgenden Tipps finden daher nicht in jedem Fall Anwendung. Wer sich über das Thema „das Fallbezogene Fachgespräch" weiter informieren möchte, kann dies gerne auch in dem hierzu eigenen Werk „Fallbezogenes Fachgespräch" (ISBN 978-3-8114-0719-0) von mir und Frau Dives tun. Dieses kann ebenfalls beim C.F. Müller Verlag bezogen werden (Einzelbezug oder ohnehin im gesamten Bündel schon enthalten).

Prüfungstipps:

- Ruhig bleiben; die Prüfer sind auch nur Menschen.
- Prüfungsfragen mit eigenen Worten wiederholen: Man gewinnt Zeit und geht sicher, nicht am Thema vorbeizureden.
- Nachfragen, wenn man eine Frage nicht zu 100 % verstanden hat oder nicht genau weiß, worauf der Prüfer hinaus will.
- Laut und deutlich sprechen.
- Nicht zu schnell sprechen.
- Nicht zu kompliziert denken. Vom Einfachen zum Speziellen vorarbeiten.

- Halbwissen nicht von sich aus ansprechen, es sei denn, es wird konkret nach einem bestimmten Aspekt gefragt.
- Den Dialog mit dem Prüfer suchen. Durch geschicktes Einflechten des eigenen Wissens, kann man das Prüfungsthema manchmal in eine Richtung lenken, die einem liegt.
- Bereits Gesagtes unter Umständen mit anderen Worten noch mal wiederholen, denn oft will der Prüfer einen bestimmten Begriff hören.
- Beim fallbezogenen Fachgespräch wird besonders positiv bewertet:
  - authentische Aussagen, keine Phrasendrescherei
  - gute Begründungen
  - Argumentationsweise mit Schlussfolgerungen
  - Transfer auf Praxissituationen
- Nicht von scheinbar klügeren Mitprüflingen (bei Gruppenprüfungen) nervös machen und sich verunsichern lassen.
- Fragen und Antworten der anderen Prüflinge (bei Gruppenprüfungen) genau mitverfolgen, da unbeantwortete Fragen oft weitergegeben werden.
- Und bitte: Lassen Sie sich Ihr Wissen nicht aus der „Nase ziehen". Sprechen Sie mit Ihrem Prüfer. Er möchte mehr als nur zwei Worte von Ihnen hören.
- Und schließlich nach der Prüfung: Dem Prüfling Mut machen, der nach einem dran ist und schon bibbernd vor der Tür wartet. Auf keinen Fall sollten Sie andere Prüflinge, die die Prüfung noch vor sich haben, durch negative Aussagen verunsichern. Denken Sie immer dran: Sie haben das fallbezogene Fachgespräch hinter sich, der andere hat es noch vor sich. Gar nicht böse oder schlimm gemeinte Aussagen können dann den Kollegen oder die Kollegin aus dem Konzept bringen. Man ist vor einer Prüfung in einer „Ausnahmesi-tuation" und oft empfindlicher als sonst.
- Wichtige Hinweise und Prüfungstipps erhalten Sie zum fallbezogenen Fachgespräch auch im Werk „Mandantenbetreuung", das in der gleichen Reihe erschienen ist.

VIEL ERFOLG UND GLÜCK
BEI DER PRÜFUNG!

Teil 4
Anhang Familiensachen

1. Fragliche Prüfungsrelevanz

Die Familiensachen sind während der Ausbildung Bestandteil des Lernfeldes 13. Hier soll die Vergütung und Wertermittlung in Familiensachen vermittelt werden. In der ReNoPatAusbVO, die am 01.08.2015 in Kraft getreten ist, findet sich jedoch kein Hinweis auf eine etwaige Prüfungsrelevanz dieses Themas. Da nicht ausgeschlossen ist, dass die Familiensachen in einzelnen Kammerbezirken noch prüfungsrelevant sind, finden Sie nachstehend ein eigenes Kapitel zu diesem Thema. Damit ist meinerseits aber keine Empfehlung ausgesprochen, dieses Thema weiterhin zu prüfen. Dies bleibt selbstverständlich der Auslegung der einzelnen Kammern vorbehalten. Unterrichtsrelevant wird das Thema allerdings, da in Lernfeld 13 aufgenommen, wohl sein.

2. Das FamGKG

Das FamFG (Verfahrensrecht für Familiensachen und andere Angelegenheiten der freiwilligen Gerichtsbarkeit) ist zum 01.09.2009 in Kraft getreten. Das FamGKG ebenfalls; es behandelt die Gerichtskosten in Familien- und Lebenspartnerschaftssachen.

Das Kostenverzeichnis des FamGKG hat 2 Teile.

Die Gebühren richten sich nach dem Wert des Verfahrensgegenstands (**Verfahrenswert**), soweit nichts anderes bestimmt ist, § 3 I FamGKG. Die Kosten werden nach dem Kostenverzeichnis der Anlage 1 zum FamGKG erhoben, § 3 II FamGKG.

Aufgepasst: In Ehesachen, Folgesachen und Lebenspartnerschaftssachen sind lediglich **zwei** volle Gebühren mit dem Antrag einzuzahlen, Nr. 1110 KV FamGKG, Anlage 1 zu § 3 II FamGKG.

Übungsfall:

RA Müller reicht für seine Mandantin Scheidungsantrag beim Amtsgericht Garmisch-Partenkirchen ein. Bitte berechnen Sie die Gerichtskosten für den einzureichenden Antrag. Der Wert beträgt 13.400,00 €.

Lösungsvorschlag:

Wert: 13.400 €, §§ 23 I RVG, 43 I 2 FamGKG. Es sind nach Nr. 1110 KV FamGKG, Anlage 1 zu § 3 II GKG 2,0 Gebühren aus diesem Wert, somit 586,00 € einzuzahlen.

Wir halten fest:
- Die Gerichtskosten für Familiensachen sind im FamGKG geregelt.
- In Familiensachen sind die Gerichtskosten niedriger als in Zivilsachen; so zahlt man für einen Scheidungsantrag beispielsweise nur 2,0 Gebühren als Vorschuss ein.

• Wird in einer Familiensache ein Mahnbescheid beantragt, z.B. für Zugewinnausgleichsansprüche, richten sich die Gerichtskosten nach dem GKG und nicht dem FamGKG.

3. Einzelne Wertvorschriften des FamGKG

a) Stufenantrag

• **§ 38 FamGKG – Stufenantrag**
  Wird mit dem Antrag
  – auf Rechnungslegung oder
  – auf Vorlegung eines Vermögensverzeichnisses oder
  – auf Abgabe einer eidesstattlichen Versicherung der Klageantrag auf Herausgabe desjenigen verbunden, was der Antragsgegner aus dem zugrunde liegenden Rechtsverhältnis schuldet, ist für die Wertberechnung nur einer der verbundenen Ansprüche, und zwar der höhere, maßgebend, § 38 FamGKG.

b) Ehesachen

• **Ehesachen, § 43 FamGKG**
  – Berücksichtigung alle Umstände des Einzelfalls
  – insbesondere Umfang und Bedeutung der Sache und Einkommens- und Vermögensverhältnisse der Ehegatten; für Einkommensverhältnisse Einsatz des in drei Monaten erzielte Nettoeinkommens der Ehegatten
  – Mindestwert: 3.000,00 €
  – Höchstwert: 1 Mio. €

Übungsfall:

20 Jahre waren Roland Kochl und Angela März verheiratet, dann trennen sie sich. Roland Kochl beauftragt Rechtsanwalt Super, Scheidungsantrag einzureichen, als das Trennungsjahr vorüber ist. Zum Zeitpunkt des Antrags beläuft sich das monatliche Nettoeinkommen beider Ehegatten auf 15.400,00 €.

Bitte berechnen Sie den Gegenstandswert.

Lösungsvorschlag:

Gegenstandswert: 15.400,00 € × 3 = 46.200,00 €, §§ 23 I 1 RVG, 43 I 1 FamGKG.

---

c) Kindschaftssachen

• Bestimmte Kindschaftssachen, § 45 FamGKG
  In einer Kindschaftssache, die
  – die Übertragung oder Entziehung der elterlichen Sorge oder eines Teils der elterlichen Sorge, § 45 I Nr. 1 FamGKG
  – das Umgangsrecht einschließlich der Umgangspflegschaft, § 45 I Nr. 2 FamGKG oder
  – die Kindesherausgabe, § 45 I Nr. 3 FamGKG betrifft,
  beträgt der Verfahrenswert 3.000 €.

Aha: Eine Kindschaftssache nach Absatz 1 ist auch dann als ein Gegenstand zu bewerten, wenn sie mehrere Kinder betrifft, § 45 II FamGKG.

> **Achtung:** Ist der nach Absatz 1 bestimmte Wert nach den besonderen Umständen des Einzelfalls unbillig, kann das Gericht einen höheren oder einen niedrigeren Wert festsetzen, § 45 III FamGKG.

Die obige Wertregelung gilt in isolierten Verfahren, d.h., solchen, die nicht im Verbund mit der Ehescheidung anhängig gemacht werden. Bei dem Wert des § 45 FamGKG handelt es sich nicht um einen Festwert. Vielmehr bestimmt § 45 III FamGKG, dass der Wert höher oder niedriger festgesetzt werden kann, wenn er nach den besonderen Umständen des Einzelfalls unbillig wäre.

- **Sorgerecht im Verbund, § 44 II 1 FamGKG**
  - Erhöhung des Wertes je Kindschaftssache (z.B. Sorgerecht, Umgangsrecht, Kindesherausgabe) um 20 %; höchstens um 3.000,00 €; eine Kindschaftssache gilt auch dann als ein Gegenstand, wenn mehrere Kinder betroffen sind.

Übungsfall:

Im Scheidungsverfahren Kochl/März (siehe oben) beantragt Herr Kochl mit Einreichung des Scheidungsantrags die Übertragung des Sorgerechts für das Kind Anton auf sich alleine.

Bitte berechnen Sie den Gegenstandswert für die Folgesache Sorgerecht.

Lösungsvorschlag:

Gegenstandswert: 20 % von 46.200,00 € = 9.240,00 €, jedoch Höchstwert: 3.000,00 €, §§ 23 I 1 RVG, 44 I 1 FamGKG

---

d) Versorgungsausgleichssachen

- Versorgungsausgleich, § 50 I FamGKG
  - In Versorgungsausgleichssachen beträgt der Verfahrenswert für jedes Anrecht 10 Prozent bei Ausgleichsansprüchen nach der Scheidung für jedes Anrecht 20 Prozent des in drei Monaten erzielten Nettoeinkommens der Ehegatten. Der Wert nach Satz 1 beträgt insgesamt mindestens 1.000 €, § 50 I FamGKG.

Übungsfall:

Im Scheidungsverfahren Kochl/März soll der Versorgungsausgleich zwischen den Eheleuten durchgeführt werden. Es sind ausschließlich Anrechte beider Ehegatten gegenüber dem gesetzlichen Rentenversicherungsträger, die Deutsche Rentenversicherung Bund, auszugleichen.

Bitte berechnen Sie den Gegenstandswert für den Versorgungsausgleich

Lösungsvorschlag:

Gegenstandswert Ehefrau:
10 % von 46.200,00 € = 4.620,00 €, §§ 23 I 1 RVG, 50 I FamGKG

> Gegenstandswert Ehemann:
> 10 % von 46.200,00 € = 4.620,00 €, §§ 23 I 1 RVG, 50 I FamGKG.
> Addiert: 9.240,00 €, § 22 I RVG

e) Verbundverfahren

- Gegenstandsaddition im Verbund, § 44 II 2 FamGKG
  Werte der Folgesachen werden zum Verbund addiert
  Für die vorhergehende Familiensache Kochl/März bedeutet dies:

Wert der Scheidungssache, § 43 I FamGKG	46.200,00 €
Wert des Sorgerechts, § 44 I FamGKG	9.240,00 €
Wert des Versorgungsausgleiches, § 50 I FamGKG	9.240,00 €
Summe, § 22 I RVG, § 33 I FamGKG	64.680,00 €

f) Unterhaltssachen

- Unterhaltssachen, § 51 I u. II FamGKG
  - *„(1) ¹In Unterhaltssachen und in sonstigen den Unterhalt betreffenden Familiensachen, soweit diese jeweils Familienstreitsachen sind und wiederkehrende Leistungen betreffen, ist der für die ersten zwölf Monate nach Einreichung des Antrags geforderte Betrag maßgeblich, höchstens jedoch der Gesamtbetrag der geforderten Leistung. ²Bei Unterhaltsansprüchen nach den §§ 1612a bis 1612c des Bürgerlichen Gesetzbuchs ist dem Wert nach Satz 1 der Monatsbetrag des zum Zeitpunkt der Einreichung des Antrags geltenden Mindestunterhalts nach der zu diesem Zeitpunkt maßgebenden Altersstufe zugrunde zu legen.*

    (2) ¹Die bei Einreichung des Antrags fälligen Beträge werden dem Wert hinzugerechnet. ²Der Einreichung des Antrags steht die Einreichung eines Antrags auf Verfahrenskostenhilfe gleich, wenn der Antrag wegen des Hauptgegenstands alsbald nach Mitteilung der Entscheidung über den Antrag auf Bewilligung der Verfahrenskostenhilfe oder über eine alsbald eingelegte Beschwerde eingereicht wird. 3Die Sätze 1 und 2 sind im vereinfachten Verfahren zur Festsetzung von Unterhalt Minderjähriger entsprechend anzuwenden.“

> **Übungsfall:**
>
> **Während der Trennungszeit beantragt Frau Schön gegen ihren getrennt lebenden Mann einen Beschluss beim Familiengericht, wonach Herr Schön monatlich 389,00 € Unterhalt zahlen soll.**
> **Bitte berechnen Sie den Gegenstandswert für das Unterhaltsverfahren.**
>
> Gegenstandswert: 12 × 389,00 € = 4.668,00 €, §§ 23 I 1 RVG, 51 I 1 FamGKG.

Prüfungstipp: Achten Sie darauf, dass es nicht auf das ankommt, was das Gericht entscheidet, sondern vielmehr darauf, was für die ersten 12 Monate nach Antragseinreichung gefordert wird.

Wir halten fest:

- Für die Berechnung der Gerichtskosten in Familiensachen hat der Gesetzgeber zum 01.09.2009 ein eigenes FamGKG geschaffen.
- Dieses FamGKG geht den Bestimmungen des GKG als Spezialgesetz vor. D. h. Das GKG gilt definitiv nur für Mahnverfahren in Familiensachen und ansonsten für Familiensachen **nicht**.
- Das GKG hat zum 01.09.2009 zahlreiche Änderungen erfahren – hinzu kommt, dass nochmals mehrere Änderungsgesetze dafür gesorgt haben, dass auch im FamGKG schon vieles wieder geändert wurde. Es ist deshalb zwingend notwendig, mit einem aktuellen Gesetz zu arbeiten, da es sonst zu Verwirrungen kommt.

g) Einstweilige Anordnungen gemäß § 41 FamGKG

Betrifft die Tätigkeit eine einstweilige Anordnung in einer Angelegenheit nach dem FamFG, ist der Wert in der Regel unter Berücksichtigung der geringeren Bedeutung gegenüber der Hauptsache zu ermäßigen. Dabei ist von der Hälfte des für die Hauptsache bestimmten Werts auszugehen, § 41 S. 1 u. 2 FamGKG.

Aha: Einstweilige Anordnungen bedürfen seit dem 01.09.2009 keiner parallel anhängigen Hauptsache bzw. eines parallel anhängigen PKH-Verfahrens (vgl. dazu § 49 FamFG). Einstweilige Anordnungen sollen durch diese neue Strukturierung gestärkt werden. Aus diesem Grund ist auch eine kostenrechtliche Änderung erforderlich gewesen. Einstweilige Anordnungen lösen daher regelmäßig Gerichtsgebühren aus. Da einstweilige Anordnungsverfahren in Familiensachen ein anhängiges Hauptsacheverfahren nicht mehr erfordern, wurde der Gegenstandswert für einstweilige Anordnungen angehoben.

Übungsfall:

Rechtsanwalt Freundlich beantragt für seine Mandantin die Übertragung der elterlichen Sorge für das gemeinschaftliche minderjährige Kind Chantal auf die Antragstellerin. Im Hinblick auf die Eilbedürftigkeit der Angelegenheit macht er das gerichtliche Verfahren als einstweiliges Anordnungsverfahren anhängig.

Bitte berechnen Sie den Gegenstandswert des RA für dieses Verfahren.

Lösungsvorschlag:

Da es sich vorliegend um ein isoliertes Sorgerechtsverfahren handelt, würde der Wert der Hauptsache nach § 23 I 1 RVG, § 45 I Nr. 1 FamGKG 3.000,00 € betragen. Da nach § 41 S. 1 FamGKG von der Hälfte des Hauptsachewerts auszugehen ist, beträgt der Wert in dieser Angelegenheit 1.500,00 €.

Hinweis: Inzwischen gibt es Rechtsprechung, die auch einen höheren Wert als den hälftigen Gegenstandswert der Hauptsache für einstweilige Anordnungen annimmt, wenn durch die einstweilige Anordnung ein Hauptsacheverfahren entbehrlich wird. Diese Rechtsprechung ist aber nicht einheitlich. In **Prüfungsaufgaben** sollten Sie daher immer von der gesetzlichen Regelung ausgehen, sofern die Aufgabenstellung keine andere Lösung zulässt. Interpretieren Sie in Aufgaben nichts hinein! Im vorliegenden Fall wäre die Frage wie im Lösungsvorschlag angegeben zu lösen.

4. Gebührenanfall

Im FamFG werden die Verfahren in

- Familiensachen
- Verfahren in Betreuungs- u. Unterbringungssachen
- Verfahren in Nachlass- und Teilungssachen
- Verfahren in Registersachen, unternehmensrechtliche Verfahren
- Verfahren in weiteren FG-Angelegenheiten
- Verfahren in Freiheitsentziehungssachen
- Aufgebotssachen

geregelt.

Aber: Welche Angelegenheiten fallen unter den Begriff „Familiensachen"?

Nach § 111 FamFG sind Familiensachen:

1. Ehesachen
2. Kindschaftssachen
3. Abstammungssachen
4. Adoptionssachen
5. Ehewohnungs- und Haushaltssachen
6. Gewaltschutzsachen
7. Versorgungsausgleichssachen
8. Unterhaltssachen
9. Güterrechtssachen
10. sonstige Familiensachen
11. Lebenspartnerschaftssachen

Diese Familiensachen werden mit den Gebühren des Teil 3 VV RVG abgegolten, siehe dazu auch Kapitel 10 und 11. Damit können folgende Gebühren in diesen Familiensachen beispielhaft entstehen:

I. Instanz:
1,3 Verfahrensgebühr, Nr. 3100 VV RVG
1,2 Terminsgebühr, Nr. 3104 VV RVG
0,5 Terminsgebühr, Nr. 3105 VV RVG
1,0 Aussöhnungsgebühr, Nr. 1003 VV RVG

II. Instanz:
1,6 Verfahrensgebühr, Nr. 3200 VV RVG
1,2 Terminsgebühr, Nr. 3202 VV RVG
0,5 Terminsgebühr, Nr. 3203 VV RVG
1,3 Aussöhnungsgebühr, Nr. 1004 VV RVG

Für die außergerichtliche Tätigkeit können entstehen:
0,5 bis 2,5 Geschäftsgebühr Nr. 2300 VV RVG
1,5 Aussöhnungsgebühr Nr. 1001 VV RVG
ggf. 1,5 Einigungsgebühr, Nr. 1000 VV RVG

Aha: Eine Erhöhung nach Nr. 1008 VV RVG dürfte in Familiensachen eher nicht anfallen, da es dem Rechtsanwalt verboten ist, beide Ehegatten als Auftraggeber zu vertreten (Verbot der widerstreitenden Interessen – Interessenkollision).

Übungsfall:

Frau Ernst begehrt in einem gerichtlichen Verfahren von ihrem getrennt lebenden Ehemann Trennungsunterhalt für sich sowie Kindesunterhalt für ihre gemeinsame Tochter Anna. Für Frau Ernst wird ein monatlich zu zahlender Unterhalt in Höhe von 500,00 € geltend gemacht. Für Anna ein solcher in Höhe von 300,00 €. Rückstand besteht bzgl. des Trennungsunterhalts für 5 Monate, für den Kindesunterhalt für 2 Monate. Nachdem der Unterhaltsantrag dem Antragsgegner zugestellt worden ist, bestimmt das Gericht Termin zur mündlichen Verhandlung. Der Antragsgegner erkennt im Termin die geltend gemachten Unterhaltsbeträge in voller Höhe an.

Bitte berechnen Sie die Vergütung der anwaltlichen Vertreterin von Frau Ernst und Tochter Anna.

Lösungsvorschlag:

Gegenstandswerte:
Trennungsunterhalt

500,00 € × 12 =	€ 6.000,00
Kindesunterhalt	
300,00 € × 12 =	€ 3.600,00
Rückstand Trennungsunterhalt	
500,00 € × 5 =	€ 2.500,00
Rückstand Kindesunterhalt	
300,00 € × 2 =	€ 600,00
Gesamtbetrag	
§§ 22 I RVG, 23 I RVG, 51 I 1 und 51 II 1 FamGKG	**€ 12.700,00**
1,3 Verfahrensgebühr	
(§§ 2 II, 13 I RVG), Nr. 3100 VV RVG	€ 785,20
1,2 Terminsgebühr	
(§§ 2 II, 13 I RVG), Nr. 3104 VV RVG	€ 724,80
PT-Pauschale, Nr. 7002 VV RVG	€ 20,00
Zwischensumme	€ 1.530,00
19 % Umsatzsteuer, Nr. 7008 VV RVG	€ 290,70
Summe	**€ 1.820,70**

Übungsfall:

Vier Jahre nach der Scheidung beantragt Frau Lustig das alleinige Sorgerecht für ihren Sohn Ralf, nachdem seinerzeit die Eheleute das gemeinsame Sorgerecht beibehalten hatten. Es kommt zu einem Gerichtstermin mit anschließender Anhörung der Eheleute und des Sohnes Ralf. Das Amtsgericht Gelsenkirchen entscheidet schließlich zu Gunsten der Antragstellerin durch Beschluss.

Bitte erstellen Sie die Vergütungsrechnung des RA für Frau Lustig.

Lösungsvorschlag:

Gegenstandswert: 3.000,00 €, §§ 23 I 1 RVG, 45 I Nr. 1 FamGKG

1,3 Verfahrensgebühr	
(§§ 2 II, 13 I RVG), Nr. 3100 VV RVG	€ 261,30
Zwischensumme (Übertrag)	€ 261,30

Zwischensumme (Übertrag)	€	261,30
1,2 Terminsgebühr		
(§§ 2 II, 13 I RVG), Nr. 3104 VV RVG	€	241,20
PT-Pauschale, Nr. 7002 VV RVG	€	20,00
Zwischensumme	€	522,50
19 % Umsatzsteuer, Nr. 7008 VV RVG	€	99,28
Summe	**€**	**621,78**

Übungsfall:

Herr Fröhlich möchte sich scheiden lassen. Er lebt von seiner Frau bereits 1 Jahr getrennt. Das Kind Florian lebt bei Herrn Fröhlich. RA Kurz reicht die Scheidung ein und beantragt die Durchführung des Versorgungsausgleichs (gesetzliche Rentenversicherung – Ansprüche nur von Herrn Fröhlich) sowie die Übertragung der elterlichen Sorge auf seinen Mandanten. Das Gericht entscheidet nach Verhandlung und Anhörung des Kindes antragsgemäß.

Bitte berechnen Sie die Vergütung von RA Kurz.

(Anm.: Hier treffen mehrere Probleme aufeinander. Zunächst sind die Gegenstandswerte auszurechnen. Erst dann kann die Vergütung berechnet werden.)

Lösungsvorschlag:

Gegenstandswert: Ehescheidung (mangels Angaben): Mindestwert: 2.000,00 €, §§ 23 I 1 RVG, 43 I 2 FamGKG + Versorgungsausgleich Mindestwert: 1.000,00 €, §§ 23 I 1 RVG, 50 I FamGKG (10 % des Wertes der Ehesache = 200,00 €; hier kommt der Mindestwert zum Tragen) + Sorgerecht (im Verbund 20 % des Wertes der Ehesache): 400,00 €, §§ 23 I 1 RVG, 44 II FamGKG = **3.400,00 €**, § 44 I FamGKG, § 22 I RVG

1,3 Verfahrensgebühr		
(§§ 2 II, 13 I RVG), Nr. 3100 VV RVG		
aus 3.400,00 €	€	327,60
1,2 Terminsgebühr		
(§§ 2 II, 13 I RVG), Nr. 3104 VV RVG		
aus € 3.400,00	€	302,40
PT-Pauschale, Nr. 7002 VV RVG	€	20,00
Zwischensumme	€	650,00
19 % Umsatzsteuer, Nr. 7008 VV RVG	€	123,50
Summe	**€**	**773,50**

Abwandlung:

Angenommen, in der obigen Angelegenheit würde die Vergütung aus der Staatskasse gezahlt, da Verfahrenskostenhilfe (VKH) bewilligt worden ist.

Bitte erstellen Sie die Vergütungsrechnung des RA Kurz gegenüber der Staatskasse.

Lösungsvorschlag:

Gegenstandswert: 3.400,00 € (Berechnung wie zuvor)

1,3 Verfahrensgebühr (§§ 2 II, 13 RVG), Nr. 3100 VV RVG	€	327,60
1,2 Terminsgebühr (§§ 2 II, 13 RVG), Nr. 3104 VV RVG	€	302,40
PT-Pauschale, Nr. 7002 VV RVG	€	20,00
Zwischensumme	€	650,00
19 % Umsatzsteuer, Nr. 7008 VV RVG	€	123,50
Summe	€	**773,50**

Hinweis: Seit 01.08.2013 gilt die Wahlanwalts-Tabelle für Werte bis 4.000,00 € auch in VKH-Sachen.

Prüfungstipp: Zitieren Sie immer die Tabelle, die auch Anwendung findet, so wie hier § 13 RVG. § 49 RVG wäre falsch!

Wichtig: Wenn es heißt, „aus dem Wert der Ehesache", dann ist damit nicht der gesamte Gegenstandswert einschließlich aller Folgesachen gemeint, sondern vielmehr exakt nur der Gegenstandswert der Ehesache.

5. Aussöhnungsgebühr

Achtung: Aus dem Wert der Ehesache oder Lebenspartnerschaftssache kann der RA niemals eine Einigungsgebühr verdienen, vgl. dazu Anmerkung Abs. 5 zu Nr. 1000 VV RVG.

Was heißt das? Wir müssen bedenken, dass der Gesetzgeber etwas anderes meint, wenn er von der „Ehesache" spricht als wir häufig in der Praxis. Sagen wir „Ehesache Müller", so meinen wir beispielsweise die dicke Scheidungsakte Müller mit den 7 Folgesachen. Spricht der Gesetzgeber von Ehesache, dann meint er auch nur die Ehesache (ohne Folgesachen). Was Ehesachen sind oder sein können, ergibt sich aus § 111 Nr. 1 i. V. m. § 121 FamFG:

Unter Ehesachen versteht man nach dem FamFG:

- Verfahren auf Scheidung der Ehe (§ 121 Nr. 1 FamFG)
- Verfahren auf Aufhebung der Ehe (§ 121 Nr. 2 FamFG)
- Verfahren auf Feststellung des Bestehens oder Nichtbestehens einer Ehe zwischen den Beteiligten (§ 121 Nr. 3 FamFG).

Und: Ein Verbundverfahren (Ehesachen und Folgesachen wie z.B. Unterhalt) ist nur mit der klassischen Scheidung möglich! Vgl. dazu § 137 I FamFG!

Also nochmals: Eine Einigungsgebühr kann aus dem Wert der Ehesache nicht (und zwar NIE!) entstehen (ein bisschen scheiden lassen geht halt nicht)!

Aber: Der RA kann bei entsprechender Tätigkeit aus dem Wert der Ehesache (auch Lebenspartnerschaftssache) eine Aussöhnungsgebühr verdienen.

Voraussetzungen:

- Mitwirkung des Rechtsanwalts
- ernster Wille zumindest eines Ehegatten, sich scheiden zu lassen

• Fortsetzung der Ehe oder Lebenspartnerschaft bzw. Wiederaufnahme der ehelichen Lebensgemeinschaft

---

Übungsfall:

Eheleute Bissig wollen sich scheiden lassen. Frau Bissig erteilt RA Zügig Auftrag, den Scheidungsantrag einzureichen. Da es in der Ehe schon lange kriselte (Frau Bissig wollte eine Putzfrau, ihr Mann war dagegen), haben beide den Versorgungsausgleich ausgeschlossen. Der Familienrichter genehmigt den Ausschluss des Versorgungsausgleichs. Es sind keine Kinder vorhanden. Das Gericht hört die Eheleute im Termin an, der Wert für das gesamte Verfahren einschl. Versorgungsausgleich (Wertanteil: 1.000,00 €) wird auf 12.000,00 € festgesetzt. Die Ehe wird rechtskräftig geschieden. Welche Vergütung kann RA Zügig berechnen?

Lösungsvorschlag:

Gegenstandswert: 12.000,00 €, §§ 23 I 1 RVG, 43 I, 50 I FamGKG

1,3 Verfahrensgebühr (§§ 2 II, 13 I RVG), Nr. 3100 VV RVG	€	785,20
1,2 Terminsgebühr (§§ 2 II, 13 I RVG), Nr. 3104 VV RVG	€	724,80
PT-Pauschale, Nr. 7002 VV RVG	€	20,00
Zwischensumme	€	1.530,00
19 % Umsatzsteuer, Nr. 7008 VV RVG	€	290,70
Summe	€	**1.820,70**

Abwandlung 1:

Fall wie zuvor. Nach Einreichung des Scheidungsantrags gelingt es RA Zügig noch vor dem Verhandlungstermin die Eheleute auszusöhnen. Er kann nun berechnen:

Lösungsvorschlag:

Gegenstandswert: 12.000,00 €, §§ 23 I 1 RVG, 43 I, 50 I FamGKG

1,3 Verfahrensgebühr aus 12.000 € (§§ 2 II, 13 I RVG), Nr. 3100 VV RVG	€	785,20
1,0 Aussöhnungsgebühr aus 11.000 € (§§ 2 II, 13 I, Nr. 1001 VV RVG), Nr. 1003 VV RVG	€	604,00
PT-Pauschale, Nr. 7002 VV RVG	€	20,00
Zwischensumme	€	1.409,20
19 % Umsatzsteuer, Nr. 7008 VV RVG	€	267,75
Summe	€	**1.676,95**

Abwandlung 2:

Fall wie zuvor. Allerdings versöhnen sich die Eheleute im Verhandlungstermin, nachdem die Anträge gestellt waren, denn als sie sich nach 8 Monaten das erste Mal auf dem Gerichtsflur wiedertrafen, entflammte die alte Liebe wieder neu. Der Anwalt des Ehemannes hatte zuvor intensiv die Aussöhnungsbereitschaft gestärkt und somit an der Aussöhnung mitgewirkt.

Lösungsvorschlag:

Gegenstandswert: 12.000,00 €, §§ 23 I 1 RVG, 43 I, 50 I FamGKG

1,3 Verfahrensgebühr aus 12.000 € (§§ 2 II, 13 I RVG), Nr. 3100 VV RVG	€	785,20
1,2 Terminsgebühr aus 12.000 € (§§ 2 II, 13 I RVG), Nr. 3104 VV RVG	€	724,80
1,0 Aussöhnungsgebühr aus 11.000 € (§§ 2 II, 13 I, Nr. 1001 VV RVG), Nr. 1003 VV RVG	€	604,00
PT-Pauschale, Nr. 7002 VV RVG	€	20,00
Zwischensumme	€	2.134,00
19 % Umsatzsteuer, Nr. 7008 VV RVG	€	405,46
Summe	€	**2.539,46**

Hinweis: Die Aussöhnungsgebühr entsteht nur aus dem Wertanteil der Ehesache.

6. Zusammenfassung

Wir halten fest:

- In Familiensachen berechnet sich der Gegenstandswert nach dem FamGKG.
- Bei der Wertberechnung ist zu unterscheiden, ob ein Hauptsacheverfahren, ein Verbundverfahren oder eine einstweilige Anordnung anhängig ist.
- Die Scheidungssache und die Folgesachen sind dieselbe Angelegenheit nach § 16 Nr. 4 RVG, mit der Folge, dass die einzelnen Gegenstandswerte zu addieren sind und der RA nach § 15 II RVG die Gebühren nur einmal erhält.
- Die Lebenspartnerschaftssache und die Folgesachen sind dieselbe Angelegenheit nach § 16 Nr. 4 RVG, mit der Folge, dass die einzelnen Gegenstandswerte zu addieren sind und der RA nach § 15 II RVG die Gebühren nur einmal erhält.
- Aus dem Wert der Ehesache oder LPart-Sache kann eine Einigungsgebühr nicht entstehen.
- Bei entsprechender Mitwirkung an einer Aussöhnung kann der RA ggf. eine Aussöhnungsgebühr nach Nr. 1001 VV RVG berechnen, sie beträgt, wenn noch kein gerichtliches Verfahren anhängig ist 1,5. Ist ein gerichtliches Verfahren anhängig beträgt die Aussöhnungsgebühr nach Nr. 1003 VV RVG 1,0 in der ersten und 1,3 in der Rechtsmittelinstanz.
- Rechnet man ein Verbundverfahren ab, so sind die Werte der jeweiligen Gegenstände (z.B. Unterhalt, Sorgerecht etc.) einzeln zu ermitteln. Sodann addiert man die Gegenstandswerte nach § 44 I FamGKG und erstellt eine Gebührenabrechnung, vgl. auch: § 22 I RVG.
- In einstweiligen Anordnungsverfahren wird der Wert in der Regel die Hälfte des Hauptsachewertes betragen. Der Gesetzgeber bestimmt, dass von der Hälfte auszugehen ist. Das Gericht kann allerdings auch einen anderen Wert bestimmen, wenn es dies für gerechtfertigt hält. Ist in der Abschlussprüfung nichts Besonderes angegeben, kann man ebenfalls vom hälftigen Wert der Hauptsache ausgehen.
- Mehrere Kinder führen in einer Kindschaftssache nicht zu einer Multiplikation des Wertes.

Stichwortverzeichnis

Stichwortverzeichnis

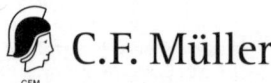